Jaco le Magnifique

Journal d'un pilote de la France Libre

GÉNÉRAL JACQUES ANDRIEUX

COMPAGNON DE LA LIBÉRATION

Jaco le Magnifique

Journal d'un pilote de la France Libre

COLLECTION LES AILES de l'Histoire

HEIMDAL

Coordination : Jean-Charles Stasi
Maquette et mise en page : Paul Gros // paulvgros@gmail.com

Avant-Propos

Alors que l'on fêtait, à l'automne 1965, le 25e anniversaire de la Bataille d'Angleterre, alors qu'à la même époque la mode des livres de souvenirs de guerre commençait à s'estomper, un ouvrage de ce type, *Le Ciel et l'enfer*, fait grand bruit, est un réel succès de librairie et, consécration suprême, fait passer son auteur, Jacques Andrieux, à la télévision dans la célèbre émission de Pierre Desgraupes, *« Lectures pour tous »*.

Quelques années plus tard, à la fin de mon adolescence, quand j'ai commencé à lire ce livre, je ne savais pas qu'il allait influer certains choix de ma vie. En premier lieu, écrire sur ces pilotes de chasse de la Seconde Guerre mondiale. Bien sûr, j'avais lu *Le Grand Cirque* de Pierre Clostermann avec son écriture à la Hemingway. Bien sûr, j'avais lu *Les Carnets de René Mouchotte*, empreints d'une lucide sagesse à la Montaigne. Bien d'autres ont assouvi mon plaisir de lire, de voyager, d'apprendre, de connaître encore et encore, comme *Un du Normandie-Niemen* de Roger Sauvage et son écriture classique et pleine d'élégance où *Jean Maridor, chasseur de V1*, avec toutes les qualités de conteur de Marcel Jullian. Si chacun des livres cités garde sa saveur unique, *Le Ciel et l'enfer* reste un livre cardinal pour moi, et pour ceux qui s'intéressent à la partie aérienne de la Seconde Guerre mondiale.

Ce n'est qu'en 2001 que j'ai rencontré pour la première fois le général Andrieux. Pour ceux qui ont eu cette chance, ils ne peuvent oublier, sa voix de baryton, sa bonne humeur communicative et, surtout, cette présence et cette prestance qui en disent long sur le personnage. Très vite, ce héros en chair et en os m'a pris en estime, très vite il m'a demandé de l'appeler Jaco, très vite il m'a parlé de son livre et de son désir de le rééditer. La tâche me semblait ardue et ma réponse resta silencieuse pendant un certain temps. À l'été 2004, je passais mes vacances avec ma famille à Saint-Georges-de-Didonne, pour peaufiner la biographie que je consacrais à Jacques Andrieux. La maladie rongeait son corps, qui gardait malgré toute sa superbe ; il se savait condamné à court terme. C'est là qu'il me demanda une dernière fois si je voulais bien rééditer son livre. J'acceptais et lui faisais la promesse, avec la proposition d'en changer le titre, s'il était d'accord. Quand je proposai au général Andrieux le titre de *Jaco le Magnifique*, qui correspondait plus à ce que j'avais lu et relu maintes fois de ce texte, il y eut d'abord un petit sourire de satisfaction et à sa suite un « croyez-vous ? » de bon aloi ; il semblait acquiescer ce choix.

Donner un nouveau titre à un article ou à un livre déjà existant, c'est le donner à lire d'une autre manière, d'un autre point de vue et, ici, livrer un nouvel éclairage sur le personnage. La spécificité de ce livre, sa valeur cardinale, apparaissent au travers une écriture vive, simple et sans fioritures. Mais aussi dans le souffle qu'exhale la narration. Il y a un autre point qui fait que nous nous sentons proches de notre héros. Parmi tous les grands livres de récits historiques francophiles dont l'arrière-plan est l'Angleterre, *Jaco le Magnifique* est le seul à nous faire pénétrer d'une manière simple et vivante dans le jargon fleuri et exotique de la *RAF* Dès les premiers chapitres, nous voyons ce jeune sergent français dans la *Royal Air Force* se transformer, malgré lui en chevalier du ciel. Au cours de ses missions, nous le suivons, nous sommes à côté de lui. Il nous fait partager son quotidien, avec son désir de laver un affront, avec ses doutes, avec la présence d'êtres chers dans ses pensées, avec l'amitié, avec la fraternité d'armes qui l'animait, avec ses joies, avec la vie et la mort.

L'histoire de Jacques Andrieux s'intègre naturellement dans l'Histoire tout court. Ce récit au panache flamboyant, haletant, est parcouru par une grande force qui nous séduit, par un souffle plein de vie : celui de Jaco le Magnifique.

Many Souffan

Préface

de Joseph Kessel, de l'Académie Française

Ce livre relate une belle et grande aventure.

L'évasion hasardeuse sur un voilier breton vers les derniers rivages où l'on pouvait se battre pour la liberté...

Les découvertes et l'apprentissage que fait un pilote français, transplanté soudain en terre britannique, dans l'aviation anglaise, des appareils, des camarades, des chefs, des bases... Les combats incessants qu'il livre dans les escadrons de la *RAF*, les risques terribles et les victoires nombreuses, éclatantes, que lui valent son savoir, son adresse et sa chance... Combats où, seul, un fil aussi ténu que les fils de la Vierge, sépare la vie de l'anéantissement... où la rapidité prodigieuse des mouvements, les voix au microphone, une tactique disciplinée, l'instinct de la chasse et, souvent, la peur, forment, en une seconde, un seul réflexe... Jeux de la bonne étoile – retours sur un avion démantelé – et jeux des plaisirs élémentaires qui effacent les soucis, la pensée du matin suivant, alors qu'une place occupée joyeusement pour le repas de midi à la table fraternelle, s'est trouvée vide le soir. Car « Demain est un autre jour ».

Oui, on trouve tout cela dans le livre du général Andrieux, et bien d'autres éléments précieux qui s'intègrent à l'histoire d'un homme, et à l'Histoire tout court.

Mais plus émouvant encore, et à mon sens plus admirable que la trame pourtant si riche de ce récit, est l'essence de jeunesse qui émane de chaque page.

Je ne crois pas qu'elle les imprègne par la volonté de l'auteur. Il conte simplement, rapidement. Aucun détour ni recherche.

L'écriture est vive, dure, drue. C'est pourquoi, sans doute, l'âge, les sentiments, les réflexes, les songes qu'il avait à l'époque où ses souvenirs se situent, ne cessent de courir comme un filigrane éclatant et tendre entre les lignes qui en font foi vingt-cinq ans plus tard.

***

Il est bien envoûtant le souffle qu'exhale, à travers un quart de siècle, ce printemps d'une vie intrépide. Une sorte d'hallucination m'en a fait mesurer le pouvoir.

Je lisais un chapitre où le général Andrieux raconte la joie, le bonheur de ses muscles, de ses nerfs et de son esprit, lorsqu'il prenait son *breakfast* avant de partir en patrouille au lever du jour.

Et tout à coup, je me suis trouvé à la fois sur un terrain d'Angleterre en 1942, et un autre, de Champagne, celui-là, et en 1917. Et j'étais en même temps le pilote de chasse du *91 Squadron* et l'aspirant observateur de la S.39.

Une aube d'été... Au-dessus de l'horizon, le soleil n'est encore qu'une frange de feu. Sous ses premiers rayons, la plaine et les collines rémoises sortent lentement de l'ombre... Pas un nuage... Jour parfait pour le vol et la guerre. Un champ d'aviation tapissé d'herbe... Les hommes dorment encore dans leurs baraquements, les machines reposent sous les hangars.

Sauf un avion, son mécanicien et un équipage désigné pour la première mission de la journée, la mission de l'aurore. Le biplace vibre et gronde. Le mécano essaie son moteur. Le sous-lieutenant pilote et l'aspirant observateur déjeunent en hâte de saucisson et de vin blanc. Les fenêtres sont grandes ouvertes. Dans la pièce grise entrent toutes les fraîcheurs et tous les baumes de l'aube. Le bruit du moteur a la cadence majestueuse et magique de l'orgue et du tonnerre. Quelques instants encore et il va emporter les équipages dans les nuées au creux des cockpits sans autre toit que le ciel, sur les lignes interdites à tous, hormis les guerriers ailés, dans la gloire du matin et l'orgueil du défi.

Et les deux jeunes hommes se sentent les rois audacieux de la vie, et il leur semble que le saucisson et le vin en sont la substance et l'ambroisie merveilleuses.

***

1917 ou 1942... Mitrailleuses légères ou canons terrifiants... 160 kilomètres à l'heure ou 600... Œufs au bacon et thé noir ou vin blanc et saucisson... Observation ou chasse... Peu importe. Je sais que le sous-lieutenant Andrieux devant son *breakfast*, prêt à sauter dans son *Spitfire*, et l'aspirant que j'étais, et qui prenait son petit déjeuner avant de rejoindre la carlingue d'un Salmson, ont entendu, au plus profond de leur être, un même chant à nul autre pareil : celui du matin, du risque et de la jeunesse.

Je croyais l'avoir oublié, après tant et tant d'années. Il a surgi dans ma mémoire. J'en remercie le général Andrieux. Le général, ou le sous-lieutenant ? Je ne sais plus très bien.

Joseph Kessel

Prologue

On ne m'enlèvera pas de l'esprit que certain coup de pied dans les fesses eut, sur mon avenir immédiat, une répercussion valable.

Je ne prétends pas que le corniaud d'Allemand qui m'a frappé a déclenché en moi des réflexes guerriers. Il m'a simplement déterminé à agir vite. Au bout de tant d'années, je crois que je lui en suis encore reconnaissant. L'affaire a pour cadre une petite ville de Bretagne et sa place du Marché. J'ai vingt-trois ans. Je suis le fils du chirurgien de la ville. On vient de me démobiliser : vaincu parmi d'autres vaincus. Le fait est que je n'ai même pas eu à combattre. Et ma rancœur est grande. D'autant plus grande que je ne sais pas tout à fait à qui m'en prendre. Mais il est un point sur lequel je suis sans le moindre doute. Je ne suis qu'un vaincu provisoire. Je le sens, je le sais... Il m'a suffi de me retrouver dans ma Bretagne natale, au milieu des Allemands, pour ressentir un étouffement, une gêne profonde, impossibles à supporter longtemps...

Mon geste est idiot. Je parle de celui qui m'a valu un solide coup de botte. Rien n'aurait pu m'empêcher de l'accomplir. Un samedi, jour de marché. Soleil d'été, paysannes assises entre leurs paniers d'œufs et de beurre... Deux Allemands marchent devant moi d'un pas tranquille. C'est plus fort que moi. La pointe de mon pied droit cueille le talon le plus proche. Le bidasse réséda part en piqué dans le vaste panier d'une paysanne ahurie. Gros émoi dans le marché. Une lourde main me tombe sur l'épaule. Je n'ai pas le temps d'expliquer que je ne l'ai pas fait exprès, ce qui serait faux. Je reçois un formidable coup de pied au derrière. Le soir même, je cire les bottes de ma victime à la *Kommandantur*. Et quelques autres aussi. J'ai tout le temps de ruminer ma colère. De penser à ce que je veux réaliser. J'ai ma place à prendre parmi ceux qui poursuivent la lutte. Dans très peu de temps je veux être auprès d'eux.

Prendre la mer. Rejoindre l'Angleterre et les *boys* du *Fighter Command**.

Voici des mots faciles à écrire... J'enrage devant mon impuissance. Il leur faut des pilotes là-bas. Et je suis pilote. Les vingt trois années qui sont derrière moi se sont déroulées dans la quiétude familiale ou à peu près. Puisque nous devons passer quelques heures ensemble au milieu de ces souvenirs, mieux vaut que je me présente tout de suite.

Je suis né le 15 août 1917. Un jour consacré à la Sainte Vierge et aux petites filles. Je devais être une fille. Mon père l'avait décidé. Il était au front. Médecin et chirurgien en première ligne dans un poste de secours. Ma mère lui a désobéi pour la première fois ce jour-là. Dans la maison bourgeoise de Lorient où j'ai atterri, toute la parenté latérale, ascendante, collatérale et descendante a constaté, avec le vieux médecin – accoucheur, que la fille attendue était un gros garçon. Consternation générale. Ma mère déclare bravement qu'elle préviendra elle-même le combattant. Mon père vient, assez longtemps après, en permission. Il n'a rien

---

* Pour les mots suivis d'un astérisque, consulter le lexique.

oublié de sa déconvenue. Sa réaction est étonnante. Il affirme, selon des témoins sérieux, que je n'ai rien d'un garçon mais que je ressemble fort à une jolie petite fille. Ma mère, pour lui être agréable, laisse pousser mes cheveux. Ils tombent bientôt en vagues sur mes épaules. Avant que j'atteigne mes huit ans, on ne sait pas très bien si je suis un garçon ou une fille. En ce qui me concerne je n'ai aucune inquiétude. Je dépasse d'une demi-tête les garçons de mon âge. Je me fais respecter. Malgré ma longue chevelure de fille...

Une petite sœur arrive. Elle prend ma place. Je redeviens un garçon. Mon père me le fait sentir très vite, à sa manière, directe, persuasive. Je quitte le collège mixte, si agréable. À partir de cet instant je dois être – c'est un ordre – le premier de ma classe. Je passe à la tondeuse.

Ma mère disparaît après une courte maladie. Ma sœur et moi, nous sommes confiés à une nounou bretonne, absolument illettrée et qui parle un curieux et savoureux mélange de français et de breton. Je vois peu mon père, très pris par sa profession. Mes notes ne lui paraissent jamais suffisantes. Il est vrai que je suis très demandé sur les terrains de sport. Un jour, mon père décide que je serai médecin. Les Pères Jésuites sont chargés de me faire aimer le grec et le latin. Mais là où je suis vraiment très fort c'est en football, en hockey et en volley-ball. Je prends la médecine en horreur par la faute des langues mortes. Lindbergh, Costes et Bellonte, Nungesser et Coli comptent seuls pour moi. À la veillée j'écoute, ravi, les grandes personnes rappeler les exploits de Guynemer, de Fonck et de beaucoup d'autres...

Quand je me souviens de cette période de ma vie, je sens encore une sorte de frustration. Je refais le compte des heures de conversation que je n'ai pas eues avec mon père. Ses occupations étaient devenues plus importantes. Son second mariage fut un heureux événement pour ma sœur et moi. Nous l'avons retrouvé.

C'était un bonheur sans égal pour moi que de lui parler. Je l'admirais. Il était sévère. Mais il avait l'amour des causes justes, une grande noblesse de caractère, une bonté naturelle.

La médecine s'éloigne lentement. L'heure du choix arrive. À la fin de mes études je veux choisir ma voie. Je retarde longtemps le moment fatal où je vais devoir m'expliquer. Enfin nous nous y mettons tous, ma belle-mère, ma sœur et la nounou. Je joue franc jeu : *« Je veux être pilote. »* Tempête, maelstrom, apocalypse...

En 1937 me voilà à Istres, La Mecque des pilotes. La « Brigade des Touristes » est un club très fermé. On y transforme un certain nombre de pilotes civils en pilotes militaires. Je rencontre là des amis agréables parmi lesquels Yves Brière qui devait mourir, trois ans plus tard, en combat aérien pendant la bataille de Grande-Bretagne.

***

Munich ! Nous savons que rien ne pourra nous éviter la guerre.

La guerre ! D'abord la « drôle de guerre », après le rapide et sanglant drame polonais. La guerre ! Mon amour c'est la « chasse »... Je n'appartiens pas à la « chasse » et ma mortification est grande. Je suis toujours un pilote militaire, « sans spécialité ». Au cours d'une permission, mon père, alors médecin commandant Andrieux, chef d'une antenne chirurgicale, me redonne courage et confiance. Je me plains des chefs qui me laissent inactif. Il me répond avec sagesse que cette guerre sera sans limites. Elle finira en conflit mondial.

Je n'aime pas du tout me souvenir de l'effondrement de la France, de la défaite, de notre humiliation...

La Bretagne en septembre 1940. Je dois ressembler à un jeune fauve tombé dans une trappe. Je prospecte la côte nord avec un ami qui a pris la même décision que moi. J'essaie, en vain, de trouver des contacts pour gagner l'Espagne. J'enrage d'autant plus que la BBC donne, chaque soir, des messages qui concernent des évasions réussies. Le bruit court dans les ports de Bretagne que les Allemands vont tenter l'invasion de l'Angleterre. Des exercices ont eu lieu. Les marins rient doucement. Ils ramassent des cadavres allemands dans leurs filets... Sur une indication sûre, je recherche un constructeur de bateaux de la région de Morlaix. Sans résultat. Méfiance. Bouches cousues. En novembre, je reviens dans le Finistère. On s'habitue à moi, à force de me voir. Des lambeaux de nuages gris flottent au ras de la mer et écorchent les collines en fer à cheval qui entourent le port de Douarnenez. Dans les bistrots, on discute en breton devant moi. Je prends part à la conversation. Une pinasse est partie aux beaux jours. Avec des passagers de qualité pour l'Angleterre. Elle a coulé entre l'île de Sein et le cap de la Chèvre. La plupart des gars ont été pris par la Gestapo. Les autres ont eu de la chance. On ne sait plus rien. Les bateaux sortent en flottilles, surveillées au large par les Allemands.

Je découvre, chez un vieux pêcheur, deux Anglais rescapés de Dunkerque et candidats à la traversée. Il y a aussi Delecray, un Parisien, qui voudrait bien ressembler à un Breton. Un autre garçon vient du centre de la France. Me voilà chef de groupe. Je me retrouve un soir, avec mes gars, dans un bistrot du port de Douarnenez. J'attends un patron-pêcheur. Il arrive très tard, surexcité. Je comprends vite que l'opération projetée avec un tel citoyen est impossible. On le fait boire toute la nuit. À l'aube, j'apprends que «notre» bateau a rompu ses amarres dans le port. C'est la police maritime allemande qui est allée le déséchouer... Je me retrouve avec mes deux Anglais chez Mme Celton à Camaret. Déçu. J'essaierais bien l'Espagne. Mais je n'ai pas le droit de laisser tomber mes amis.

C'est par Mme Celton et sa fille Ambroisine que je finis par faire la connaissance d'Émile Marzin. C'est un homme carré, habitué à commander en mer et à terre. Il a l'esprit vif, une droiture sans réserve et, de surcroît, il est homme de cœur et bon Français.

Terriblement méfiant, Marzin. Ses bateaux sont au sec, sur béquilles.

C'est folie de vouloir quitter Camaret. Marzin ne veut pas être mêlé à cette aventure. Il a deux Allemands chez lui. Il est père de famille. Arguments valables. Je le sens tout de même décidé à nous aider. Par Ambroisine, j'ai fait la connaissance d'un équipage d'Audierne, des jeunes pêcheurs, patron en tête, volontaires pour l'évasion. Et si Marzin me «vendait» un de ses langoustiers? C'est fait. La vente est faite officiellement à l'Inscription Maritime de Crozon. Le bateau s'appelle *l'Émigrant.* On peut trouver mieux comme nom. Il appartient désormais à M. Jacques Andrieux, armateur à Lorient, ce qui n'est pas absolument imaginaire. Je suis né en effet à Lorient et il y a eu des armateurs dans ma famille. On met *l'Émigrant* à l'eau. On l'arme, on révise ses superstructures au nez et à la barbe des Allemands. C'est long. Les sous-officiers allemands passent chaque jour le long du quai et jettent un coup d'œil aux travaux. Ils ne s'intéressent pas à nous. Mais nous savons très bien que le bateau sera visité soigneusement avant de pouvoir quitter le port. J'ai mon plan. Il faut planquer à bord tous ceux qui ne sont pas officiellement sur le rôle de l'équipage. Un vieux menuisier, à moitié sourd et muet, installe le long de la «caisse à eau» une cloison derrière laquelle nous serons cachés.

Il faut ensuite quitter le port sous un bon prétexte: celui, par exemple, de faire monter un moteur à Lorient. J'ai deux voyageurs supplémentaires. Deux jeunes Français auxquels vont se joindre deux jeunes Anglais. Ils appartiennent, disent-ils, à un réseau anglais. Leur bateau a été détruit. Ils veulent regagner l'Angleterre. Quatre de plus. D'abord je refuse. Puis je réfléchis que la position de ces garçons est dramatique. J'accepte.

Le bateau est à l'eau. L'équipage à bord. La population a semblé dans l'ignorance de ce qui se prépare. Mais au moment de garnir la cambuse, il apparaît que toute la ville veut participer à ce ravitaillement. Cognac, couvertures, rhum, vin, champagne et légumes frais... Les dons anonymes pleuvent. D'accord avec Marzin, le jour J sera le 16 décembre. L'hiver a ralenti la vie du port. Le suroît siffle par-dessus les toits des maisons basses. La houle est forte au large. On ne nous accostera pas. L'ordre est donné. Nous embarquons dans la nuit du 15 au 16. La veille, j'ai eu une fameuse frousse. L'officier du port, que l'on dit redoutable, a fait savoir au patron que je devais aller en personne, moi, l'armateur, chercher l'autorisation de sortir du port. Pour le patron de *l'Émigrant*, c'est un très mauvais signe. Il m'accompagne. Nous voilà en présence de l'homme redoutable. Je lui explique pourquoi le bateau doit aller à Lorient. Il pose un doigt sur le nom du bateau et demande avec un terrible accent: *« Qu'est-ce que cela veut dire,* Émigrant*? »* Je sens la planète déraper sous mes pieds. Le patron est livide... Mais je réussis à me reprendre. Et j'explique: *« Un émigrant, c'est quelqu'un qui s'en va... à Lorient. »* Il dit plusieurs fois: *«Ach so, Ach so... »* Je ne saurai jamais ce qu'il a compris. L'interprète, rigide, glacial, me dit que l'équipage ne pourra prendre le bateau en charge qu'après une visite approfondie du bord... Demain matin à huit heures! Je ne sais plus comment j'ai quitté ce bureau. Franchement j'ai peur. Ma responsabilité est entière. Nous sommes armés et nous avons décidé de vendre chèrement notre vie...

Au cours de la nuit, l'embarquement s'est bien passé. On s'est servi d'une petite barque entre deux patrouilles, après avoir vu s'éloigner dans l'ombre les silhouettes massives des Allemands flanqués de leurs chiens d'attaque. Nous voilà embarqués et «cloués» derrière les cloisons. Il faut attendre. Le silence est complet à bord, seulement troublé parfois par les miaulements du petit chat offert par Mme Marzin.

L'attente de l'aube est longue derrière les fausses cloisons, accroupis en chien de fusil, le revolver sur les genoux. On devine enfin, derrière les planches, les premières lueurs du jour qui percent. Un clapotis assez fort heurte la coque du bateau. La mer est revêche. Un certain temps s'écoule encore, j'entends le patron qui s'affaire et l'équipage qui se donne une contenance... Si jamais les Allemands observaient à la lunette de marine? ...

« Ça y est, les voilà ! »

Le patron a hurlé sourdement l'avertissement. Dieu que c'est long ! Ces minutes sont interminables. On n'entend rien avec ce vent qui siffle dans le gréement et le bruit de l'eau qui résonne contre les murailles du bateau.

L'émotion me serre les tempes... Un canot accoste brutalement. Un silence de destin pèse pendant quelques secondes sur le bateau. Un bruit de bottes dans le faux pont... Le patron parle, parle... sans arrêt. De tout, de rien, de la pluie et du beau temps. Les Allemands continuent leur inspection.

J'entends un miaulement, c'est le chaton qui joue son rôle. On s'extasie en commun sur sa beauté. Un espoir passe dans mon esprit... et si tout allait bien? Puis... les bottes s'éloignent vers le poste d'équipage, où les Allemands posent des questions. Les bottes reviennent, elles suivent le bastingage, elles s'arrêtent à la hauteur de l'échelle de coupée où est amarré le petit canot, qui cogne brutalement contre le flanc du bateau. Une voix gutturale dit : « Bon voyache »... les marins répondent. C'est fou ce qu'on peut être aimable avec l'ennemi dans un moment comme celui-là. Les bruits de bottes se situent le long de l'échelle... les derniers bruits de bottes... Il est huit heures quarante-cinq, quand nous entendons la chaîne de l'ancre « raguer » dans l'écubier.

L'Émigrant frémit. Sous l'effet de ses voiles, il vire presque sur place, prend doucement de la gîte... La mer éclate sur ses flancs. Le cap droit sur le goulet, c'est fait : l'*Émigrant* vogue vers l'Angleterre, vers la Liberté.

1.
Londres sous le « Blitz »

Ce n'est pas moi qui ai vu le premier les côtes d'Angleterre. Le patron de l'*Émigrant* a hurlé :

— Cornouailles droit devant...

C'est aussitôt du délire. Le bateau fonce dans une houle assez forte. L'Angleterre est là. C'est cette ligne sombre à l'horizon. À bord, on s'embrasse tous. On saute comme des gosses. On crie n'importe quoi dans le vent. Le patron enlève sa blouse de marin et son tricot. Il tourne comme une toupie pour libérer le drapeau tricolore entourant ses hanches. En un instant les couleurs flottent au mât, claquent dans le vent. Nous pleurons tous.

On nous accueille comme des héros. Encadrés par des hommes du service de sécurité, nous partons pour Londres. Je suis le seul pilote du groupe. Je perds rapidement de vue mes amis qui partent vers différents dépôts. En ce qui me concerne, je peux citer en référence deux pilotes déjà en opérations. Aussi je coupe aux longs interrogatoires de *Patriotic School*. Je signe mon engagement dans les Forces Aériennes Françaises Libres. Premier travail : un uniforme « Chez Nichols »... argent de poche et quelques jours de permission à Londres.

Londres est en plein blitz. Des plaies béantes sont ouvertes dans la ville géante. Sur des magasins éventrés un écriteau : *Business as usual* (on travaille comme de coutume). La nuit, c'est terrible. D'abord le *black-out* le plus total. Mais il ne dure guère. Bruits lointains de moteurs... Salves rageuses de la DCA... Tout de suite la ville s'éclaire... Incendies monstrueux de la City sous l'avalanche des bombes. À Piccadilly, à minuit, je lis un journal dans une hallucinante lumière rouge. Tout brûle. Ce soir c'est l'East End populeux qui prend. Les métros-abris sont pleins à craquer. Les Londoniens, dont le courage et la bonne volonté sont immenses, ont pris l'habitude de dormir à même le ciment. La *Luftwaffe* peut essayer de détruire Londres, elle ne parviendra jamais à briser la résistance d'une nation réputée pour être la plus entêtée du monde. J'ai voulu entrer à nouveau dans la guerre. Je suis servi : ronronnement saccadé des Dornier et des Heinkel, les pinceaux féeriques des projecteurs, les traceuses qui raient la nuit. Les grondements de la DCA et, par-dessus tout, les sifflements des bombes, les explosions, les éclairs bleuâtres. L'odeur âcre de la bombe au phosphore vous prend à la gorge... Un tas invraisemblable de morceaux de ferraille tombe du ciel... On dirait des pièces de monnaie qui tintent sur les toits... Des flammes jaillissent, s'emparent de tout. C'est l'enfer. On m'a promis que je serai présenté au général de Gaulle, au chef des Français Libres ! Le message me parvient. Me voici à Carlton's Garden. C'est le capitaine Bouderie, de l'Armée de l'Air, qui m'accueille. Avec lui, j'arrive un peu ému dans le bureau de l'officier d'ordonnance. L'attente est brève. Me voici devant le Général. Il me questionne sur mon évasion. Je lui dis tout. Il sourit doucement quand il apprend le nom de notre bateau, il me laisse parler. Je lui dis mon désir ardent de me battre. Il me répond qu'il faut m'armer de patience pour une lutte longue et dure. Sa confiance dans la victoire finale est totale. Tout apparaît simple et clair. Les événements sont en marche. Rien ne pourra plus empêcher la défaite de l'Axe. Il me rend ma liberté après une longue et affectueuse poignée de main et quelques mots de félicitations.

Je vis, avec un camarade, mon premier Noël anglais dans une famille qui a voulu recevoir deux Français. Nos hôtes ne parlent pas notre langue. Notre anglais se réduit à quelques mots appris durant nos lointaines heures studieuses. Cependant tout se passera le mieux du monde.

Odiham : espoir

Odiham, 15 janvier 1941... C'est la base *RAF* de départ pour les pilotes Français Libres... un dépôt où nous allons être testés, dépatouillés.

Le sergent Hubidos est mon voisin de lit. Il est jovial et plein d'humour. Au bout du dortoir, des pilotes forment un petit clan à part : Yves Mahé, Antoine Rousselot, Le Plan, Fifres, Azard, Sabbadini, Risso, Maridor, de la Poype, de Brettes et Philippe Béraud. Ils m'adoptent. Tous veulent se battre. La camaraderie règne. Parfaite.

Odiham est une base ancienne de la *RAF*, au sud-ouest de Londres. Le camoufleur a rendu plus sinistres encore ses bâtiments noircis par les fumées. C'est vraiment lugubre. Mais l'espoir fait vivre. Et pour l'espoir, nous ne craignons personne. Odiham, base de départ pour les Français et pour les Belges. Le capitaine de Rancourt commande l'École. Son premier souci est de calmer les impatiences. Nous voudrions déjà être tous en opérations... Pour nous, Français, ce ne sont pas les problèmes techniques qui sont les plus ardus : voler, manœuvrer, tirer... Non, en dépit du fait que la manette des gaz sur avion anglais est inversée, la grande difficulté, c'est, avant tout, l'emploi de la langue anglaise qui se transforme vite en un curieux charabia absolument particulier à la *RAF*...

Le barrage est sérieux. Je l'apprécie à sa juste valeur. Les conditions d'admission en écoles sont formelles : d'abord connaissance de l'anglais. C'est le B.A. BA des écoles de la *RAF* ! Je me mets à l'anglais à haute dose, quatre heures de cours réglementaires par jour. Je ne trouve pas cela suffisant. Avec deux autres camarades, je fréquente, pour le bon motif, une vieille Anglaise acariâtre qui nous fait mourir au travail. Elle appartient au Bureau des Bonnes Œuvres locales. Les résultats qu'elle obtient sont surprenants. Et pendant tout ce temps, les *Tiger Moth* de l'École tournent au-dessus de nos crânes. Cela ne se passe pas sans casse. Ainsi, Mallet se tuera. Et il y en aura beaucoup d'autres...

C'est à Londres que nous passons nos week-ends. Il y a un certain nombre de clubs où l'on rencontre des Français, Polonais, Belges, Tchèques, Canadiens. On les visite soigneusement, un à un. Une sorte de course contre la montre pour ne pas en rater un. Il y a le Hollywood dont la patronne, Yvonne Ignatoff, est une fort jolie fille, la Bougie, le Café de Paris qui encaisse une torpille, Snake Hills Johnson, le chef d'orchestre, est tué avec tous ses *boys*. Dans la salle comble, de nombreux pilotes américains, volontaires de l'*Eagle Squadron*, sont fauchés... Il y a aussi le Wellington et le Studio. Et les restaurants français reçoivent notre visite... au début du mois... Visite à « solde entière » pour Prunier, l'Escargot... Une victoire aérienne vaut un « dîner » gratuit. Dans cette tournée générale des clubs je perfectionne mon anglais...

Un soir où j'estimais nécessaire un effort supplémentaire dans la connaissance de la langue du Grand William, j'invitai pour *the last drink* une jeune et jolie fille de type légèrement eurasien. L'hôtel, confortable, était situé dans un coin calme de Londres, du côté de Russel Square. Le scotch diminuait. Les heures passaient.

Alerte, sirènes... coups de canons, déshabillage... explosions. Routines habituelles des nuits de Londres... J'étais surpris de constater le nombre de robes et de combinaisons auxquelles j'avais successivement à faire. Renseignements pris, la jeune personne déclara que par ces temps troublés, il était bon d'avoir sur soi la totalité de sa garde-robe.

Le lendemain matin, à l'heure sacrée du *breakfast*, je sonne. En vain... J'ouvre la porte. Le couloir est vide. Pas une seule paire de chaussures... Il doit être tard. J'ouvre la fenêtre. Rayon de soleil. Fraîcheur dans la chambre. Du balcon, j'apprécie le calme extraordinaire qui règne sur la petite place... Vraiment le dimanche anglais, je vous jure... Tout à coup, j'aperçois une silhouette casquée... L'homme, sifflet à la bouche, me fait de grands signes. Il me montre un point dans l'espace. À une corniche de l'immeuble voisin, une torpille aérienne se balance tranquillement au bout des suspentes de son parachute retenu au passage. L'Eurasienne et moi avons certainement battu tous les records de rhabillage ce matin-là...

Sur la base elle-même, la vie n'était pas plus calme. Un *Junkers 88* faisait un passage avec « toc-toc surprises » pendant nos leçons d'anglais... Un *Messerschmitt* s'en prenait à un innocent avion d'école. Nous perdons ainsi Eno et son instructeur anglais... Mais l'anglais entre dans nos crânes. Les lieutenants Feuvrier et Schaffner et le sergent-chef Boutin se débarrassent de nous avec joie... En route pour le deuxième échelon...

À Ternhill, l'entraînement est intense, jour et nuit. Le jargon *RAF* règne sur tout. Les examens de fin de stage sont naturellement en anglais. Toute la brigade craint la note éliminatoire. Les accidents aériens font de larges trous dans la promotion. Le 23 août 1941, Le Bihan percute la montagne et se tue. Le 11 octobre, Linden se met en vrille. Le 22, Delecray disparaît. L'entraînement progresse. Nos avions sont de plus en plus compliqués.

Nous avons des satisfactions. Ainsi, par exemple, mon rang et mes notes m'ont permis de choisir la chasse. J'attends, maintenant, sans patience aucune, le moment de voler sur cet avion, si maniable, si agressif : le *Spitfire*.

2.
Perranporth...

Bon Dieu que c'est long ! Comme je voudrais exhaler ma colère contre l'Allemand au manche d'un *Spit,* aux côtés des camarades de la *RAF* ! Le cycle d'entraînement se termine toujours par un lâcher en solo sur monoplace. Quel que soit l'appareil, c'est toujours pour le pilote un sacré moment à passer. La minute de vérité. Même quand on connaît le matériel par cœur... Même quand on peut faire « l'amphi-cockpit » les yeux fermés en accrochant instantanément du bout des doigts les « bidules » du tableau de bord. La vie du chasseur dépend de cet automatisme, dépend aussi et surtout de la rapidité de son esprit à juger une situation, de sa vitesse de réaction et de sa maîtrise à se discipliner...

Gavé de *Hurricane,* j'arrive un jour à Cardiff, à l'*Operational Training Unit* de Llandlow. Deux attractions majeures : les *Spit* et « Taffy » Jones, le commandant de la base, DSO, MC et DFC, un colonel à puissante moustache et forte personnalité. Pilote chevronné, il bégaie : article I de son règlement : *« Vous n'avez pas le droit de vous tuer ! »* Article II, un peu en corollaire : *« Il est interdit de casser un avion.»* Seulement, voilà, en dépit de ce règlement spécial, il y avait en même temps la montagne, la mer et un joli temps de cochon. Les accidents sont nombreux malgré la valeur réelle de notre encadrement. Le 31 octobre, quelques jours avant la fin du stage, le sergent J.C. Berre percute la montagne. On a retrouvé le corps de notre camarade et l'avion après deux jours de recherches, tant la montagne était inaccessible. La dépouille du pilote fut exposée au milieu du camp, sur l'ordre du commandant de la base, et les pilotes durent défiler devant elle. Je me souviendrai de ce moment-là. Le lendemain un autre camarade se tue, panne de moteur au décollage. Le même jour, Arnaud de Saxcé doit sauter en parachute. Puis c'est Charles Ingold qui disparaît. L'expérience du *Spit* se paie.

J'ai pour moi une plus grande habitude du vol que la plupart de mes camarades. Mes notes de fin de stage devraient me permettre de choisir mon affectation. Je voulais la région de Douvres. On m'envoie au fond des Cornouailles.

Perranporth ! Vous connaissez? C'est le bout du monde. Je parviens au petit matin dans une gare-jouet. Avec mon ami Roland Leblond, affecté aussi au *130 Squadron.* Camionnette. La base. Le terrain est en bordure des falaises. Le vent du large règne en maître. La mer fait un bruit infernal à quatre-vingts mètres au-dessous de la muraille. Quand règne la tempête, tout tremble ! Les trois pistes sont longues à souhait. Mais deux d'entre elles débouchent sur des à-pics...

Accueil très relativement agréable du commandant :

— Croyez-vous qu'il y ait encore beaucoup de Français à être affectés dans mon unité ?...

Je viens de passer une mauvaise nuit dans le train et ma réponse est rapide :

— Je ne sais pas, Sir... De toute façon, en ce qui me concerne, je n'ai pas demandé à être affecté ici...

Quelques minutes plus tard, je comprends mieux l'inquiétude du commandant. Nous retrouvons Leguie, Guinamard, Gallay...

Heureusement, l'accueil du *Squadron* est tout autre. Deux escadrilles ou *Flight.* Roland et moi nous sommes à *B Flight.* Les anciens sont cordiaux et compréhensifs. Magasin d'habillement : équipement de vol, blouson en mouton fourré, un long pull de grosse laine, des bottes de cuir noir fourrées, des gants et le serre-tête avec masque à oxygène. La panoplie du parfait chasseur !

Là-dessus s'amène le *Flight Officer* Williams, dit Willy, *Intelligence Officer* du *130 Squadron.* L'homme à tout faire. Sourire. Sympathie. Tout de suite un ami. Willy est dans le civil journaliste. Il s'adapte à toutes les situations. Son réflexe professionnel lui fait mettre le doigt, dans un compte rendu de vol, sur l'élément de valeur. Dynamique, amical, il nous fait avaler sans grand mal les *standing orders* (ordres permanents). Nous sommes bons pour les vols de familiarisation. Après un certain nombre d'amphis sur *Spit V**, le commandant d'escadrille me désigne pour un vol. Le temps me semble bien mauvais. Mais qui s'en soucie autour de moi ? Hop... En l'air. Et tout se passe bien. J'en arrive à ne plus interroger le ciel et j'accumule les heures de vol... Je suis prêt pour la première opération...sur la France !

Leblond et moi avons déniché une chambre, très confortable, chez une dame du pays, gentille, qui a une fille de dix-huit ans qui apprend le français. Nous perfectionnons notre anglais d'une façon bien plus agréable qu'avec la vieille demoiselle acariâtre de Londres...

Il y a aussi un ménage tchèque dans la maison... Le mari est pilote au *130 Squadron* Nous nous entendons très bien... Notre entraînement se poursuit...

Ça y est ! Demain je survole la France ! C'est le *Flight Commander* Philip Arnott qui m'a inscrit sur les ordres... *Sweep* * sur Brest, avec les trois *Squadron* de la *Wing.* Je ne ferme pas l'oeil de la nuit. La bagarre ! Je suis attaqué dès que j'essaie de m'assoupir par des nuées de *Messerschmitt* qui dégringolent, en grappes, du soleil. C'est ça la veillée d'armes ? Je suis debout bien avant l'heure... Et ce ramasseur des pilotes qui n'arrive pas ! Enfin, *breakfast*. Puis salle du *briefing*, illuminée comme pour une fête. Willy le *Spy* (« l'espion ») bourdonne autour des cartes directrices. Traits rouges du parcours. Dans la base très courte du triangle, Brest à un angle, Morlaix à l'autre. Des chiffres rouges dans un cercle indiquent le nombre d'avions ennemis sur chaque terrain breton. Bigre, mais c'est toute la *Luftwaffe*. J'ai un petit choc au creux de l'estomac. Je ressens cette nausée qui reviendra si souvent. Elle cessera quand je serai dans l'avion, bien « brélé » sur mon siège, au moment précis où le mécanicien dira en levant le pouce : *« O.K. Sir »*. Mais pour l'instant, la petite boule est au creux de mon estomac...

J'en ai connu des *briefings* ! Mais le premier vous reste dans la mémoire. Je suis assis comme un écolier bien sage à côté de mon chef de patrouille. Tous debout. Voici le *Wing Commander*. *« Sit down, Chaps ! »* Les ordres tombent avec précision. Cap vers Brest. Cap retour enregistré ainsi que la fréquence radio de détresse. J'inscris tout à l'encre sur le dos de ma main gauche. J'admire le calme de mon chef de patrouille. Vieux baroudeur pour qui cela est vol de routine :

— *The time is now zero eight thirty-five minutes and twenty seconds. We well « press tit » at 42'. Any questions ?* (Il est maintenant huit heures trente-cinq minutes et vingt secondes. Nous mettons les moteurs en marche à quarante-deux... Pas de questions ?)

J'en avais des quantités à poser. Mais je me retiens. Équipement. Nous vidons nos poches. Nous prenons notre pochette d'évasion. Mise en route. Décollage. Je grimpe dans le ciel, suspendu à l'aile de mon *leader*. Montée en formation... Tout ça comme dans un rêve. Maintenant je suis calme. Plus de goût amer dans la bouche, plus d'estomac serré. Un coup d'œil aux instruments. Tout va bien. La bouteille à oxygène débite régulièrement. Le moteur tourne rond sur le réservoir supplémentaire. Je vois le *leader* regarder sa carte. À quoi peut-elle bien servir au-dessus de cette flotte ? Les camarades sont autour de moi, en formation parfaite... Rien à craindre... je pense à la bagarre... La traversée est longue. Brest est là-bas, dans son découpage de côtes, comme suspendue à ses ballons de protection. Les ordres dans les écouteurs. J'entends mal. J'ai confiance en mon chef de patrouille. La formation reste entière. La côte surgit sous mon aile gauche. Mais c'est la côte française. Je veux la regarder cette France que j'ai quittée pour me battre ! En même temps, je me souviens que je dois surveiller le ciel, derrière moi. J'essaie. Je le fais très mal. Soudain, il y a des flocons noirs devant les avions de tête. Je n'aime pas ça. Cette France qui paraît si paisible. La *Flak* (*Flug Abwehr Kanone* – DCA allemande) s'arrête, puis recommence à tirer. Je n'ai plus le temps de rêver. Le *leader* nous entraîne dans de nombreuses évolutions. J'écoute les ordres. J'obéis. Mais mon inexpérience freine encore mes mouvements. C'est déjà tout ? Le *Sweep* me semble d'une trop grande brièveté sur la France. Le retour, par contre, est interminable. Après l'atterrissage, toujours brélé dans mon *Spit*, je rêve au bonheur qui m'a assailli au-dessus de la France...

À partir de cet instant, je vole en opération le plus souvent possible... En peu de temps, je deviens chef de patrouille.

3.
Ambiance

Quand les Américains nous ont rejoints dans cette guerre, ils ont été effarés des conditions météo que les Anglais admettaient comme valables. Nuages bas, visibilité extrêmement réduite, il fallait se contenter de tout. Les vols effectués dans ces conditions, sur les côtes de France, étaient dangereux et délicats. Mais les Allemands utilisaient eux aussi le mauvais temps.

Un jour je me pose, au retour d'une reconnaissance effectuée le long des côtes de France. Au moment où je coupe mon moteur, j'entends un grondement qui ne ressemble pas du tout au bruit du *Spit*. Le vent souffle en tempête. Je situe le «piège» derrière un nuage. Exactement à ce moment-là, il sort de son nuage et pique sur moi en ferraillant les avions au parking. Le *Ju 88* passe au ras des bâtiments. La défense du terrain n'a pas le temps de tirer un seul coup de canon ou de mitrailleuse. J'ai eu tout juste la possibilité de plonger entre les jambes de mon avion. Quelques appareils sont touchés. L'Allemand a déjà disparu.

Toute une journée nous recherchons l'équipage d'un *Halifax* qui a sauté en pleine nuit, au large. Mer houleuse, vent dur. On ratisse de la Bretagne aux Cornouailles. Rien trouvé. Pauvres gars. Les Tchèques du *310 Squadron* tombent sur un *Heinkel 111*, protégé par des chasseurs, alors qu'ils rentrent d'un *Sweep*. Le *Heinkel* est abattu près de nos côtes. Un Tchèque disparaît. C'est notre camarade et ami de palier. Sa femme sait quand nous rentrons le malheur qui la frappe. Avec des gestes d'automate, elle empile ses souvenirs d'un trop court bonheur dans un sac. Elle veut regagner Londres et retrouver des compatriotes... Dans cet hiver sinistre et glacial, dans ce décor impitoyable, je lis et relis les *Lettres de mon moulin*... Provence, soleil, optimisme... Je ne sais pas pourquoi j'achète un atlas... Que vaudra-t-il après cette guerre ?

12 février 1942. Temps magnifique. Je suis en alerte avant le jour. Ciel sombre. Pas un nuage. Couche épaisse de brume sur la mer. Ma patrouille est en *stand by*. C'est-à-dire en position de décollage immédiat. Nous sommes assis et brélés dans nos avions, mon coéquipier et moi. Tout sommeille autour de nous. Soudain tout s'anime : *Scramble*, klaxon d'alerte, deux fusées rouges partent de la tour de contrôle. Mon mécano saute sur le starter, pouce en l'air, l'hélice broute, puis démarre. Mon numéro 2 me suit. Il est là à quelques mètres. Entrée de piste : 54 secondes depuis l'alerte et nous sommes en l'air ! Mon numéro 2 me dit :

— *O.K. Jaco ?*

Je réponds en levant le pouce. Il rentre son train. J'appelle le contrôleur. Réponse instantanée :

— *Steer 120° – angels 15 – Something for you – I will call you for more « info » in a minute.* (Cap 120°. Altitude 15000 pieds. Quelque chose pour vous. Je vous appellerai pour plus de renseignements dans une minute.)

Bon. Tout va bien. En gros c'est le cap de Cherbourg. Mais que se passe-t-il ? Mon train refuse de rentrer, la vitesse ne monte pas. Jack, dans mon aile, a déjà compris et s'écarte. Ma température moteur augmente (une jambe baissée couvre en partie le radiateur). J'essaie à nouveau de rentrer le train. Rien à faire. La mort dans l'âme, j'appelle le contrôleur pour lui demander de *scrambler* la deuxième patrouille. Mais c'est le sol qui parle :

— *Jaco, Toothpaste calling. You may turn back, bogies have faded away.* (Jaco, Thoothpaste vous appelle. Vous pouvez rentrer. Les salopards ont disparu.)

Je me pose sans difficulté. Le moteur commençait à chauffer dur. Et on n'en parle plus. Le soir, cependant, j'apprends avec stupeur que le *Scharnhorst*, le *Gneisenau* et le *Prinz Eugen* ont forcé le Channel. C'est un chasseur en reconnaissance météo qui, aux environs de onze heures du matin, a surpris les trois « cathédrales » entourées de vaisseaux légers et de dragueurs au large de Boulogne. Je devine son émoi quand il appelle son contrôleur pour lui dire ce qu'il voit. L'armada file vers un refuge allemand à la faveur de la brume. Mon *Scramble* raté du matin avait été provoqué par les chasseurs allemands de protection. Le lendemain seulement, l'Angleterre apprend l'évasion des trois bâtiments ennemis qui ont réussi à quitter Brest et à passer sous le nez de la *Home Fleet* sans avoir été éventés. Il a fallu un malheureux chasseur novice – il venait d'être affecté à son unité – pour découvrir les mastodontes en face de Boulogne. La *RAF* déclencha la poursuite. Six *Swordfish* de l'Aéronavale (avions torpilleurs) attaquèrent malgré la DCA intense et la protection d'innombrables chasseurs. Le 13 février au matin, criblés d'éclats, les trois navires rejoignaient la côte du Reich. Ils n'avaient pas d'avaries majeures. Dix morts et soixante-dix blessés. Le problème de l'escorte avait été résolu par le colonel Galland avec beaucoup de minutie et de hardiesse. D'après lui, nous avons engagé deux cent cinquante avions contre les bateaux. Nous en aurions perdu quarante et les Allemands vingt.

Ce soir-là, on se console à la bière au Stork Club. C'est la *farewell party* d'un commandant d'escadrille, le *Flight Lieutenant*

Watts, garçon sympathique. J'y vais avec Blondy et le *Flight Sergeant* Saunders. Blondy est mon ami Roland Leblond. Il a, paradoxalement, les cheveux aile de corbeau. Taille moyenne, râblé, sec, taillé en lutteur de foire, esprit vif, excellent pilote, rageur, increvable et combatif. Voilà Blondy dont la joie de vivre fait plaisir. Sa façon de prononcer l'anglais lui joue des tours.

Il entre dans une épicerie, un jour, et dit: *« I want some matches. »* La brave mémère plus cornish qu'anglaise ne comprend pas. Blondy insiste. Elle disparaît dans l'arrière-boutique et revient... avec un morceau de fromage. Blondy s'étrangle de fureur. Il parle anglais, non? Alors il répète sa phrase en insistant sur le dernier mot. Un peu affolée la brave femme se reprécipite dans le fond de la boutique et revient avec... un plus gros morceau de fromage. Blondy va mourir de colère. Subitement il se calme, tire son paquet de cigarettes et fait mine d'allumer une Player's. Hurlement de la mémère: *« "Matches"*, dit-elle, dans un hoquet de joie, *and not "much cheese" »* (« Des allumettes », et non « beaucoup de fromage »). Tel est Blondy, mon ami. En anglais tout est évidemment une question de prononciation.

Ce soir-là, au Stark, il fait trop calme. Les *boys* discutent gravement le coup autour du piano. Quelques filles, toujours les mêmes, se tiennent prudemment à l'écart. Le passage des bateaux ennemis, le manque de réaction de la *Navy*, la chute de Singapour, il y a de quoi assombrir une soirée... Bill, le barman, essaie bien de recréer l'ambiance. En vain. Et c'est à ce moment précis que trois fringants jeunes officiers de la *Navy* ouvrent la porte du bar. Silence profond. Les regards des *boys* convergent vers les trois pauvres « rameurs ». On entend un mot désagréable pour la *Navy*. C'est une ruée qui ne dure qu'un temps record. Les trois gars sont éjectés, le postérieur meurtri. Bill n'a pas eu le temps d'intervenir. Ce soir-là, la cote d'alerte est atteinte bien avant l'heure fatidique du *« Time, Gentlemen, Time »* du barman. La *party* se prolonge très tard dans la nuit.

Le 15 février, je réussis à faire passer un message radio à mes parents. Mais l'entendront-ils ? Le 16, un escadron de *Hurribombers* se pose sur le terrain, bombes chargées à bord. Ça sent le bon petit coup. Blondy et moi on ne quitte plus le commandant d'escadrille. On lui colle aux fesses. À force de nous voir il comprendra. Peut-être, même, arriverons-nous à lui tendre nos tablettes, celles où figurent nos noms, mine de rien, au moment où il inscrira les partants... Le *Flight Lieutenant* Watts comprend :

— *Jaco, go away, not today*. (Jaco, allez-vous-en. Pas aujourd'hui.)

Blondy et moi on va tout de même au *briefing*. Il s'agit d'attaquer à la bombe des mouilleurs de mines aux environs de Paimpol. Notre escadron fournit l'escorte. Attaque de bateaux, on sait ce que cela veut dire. Les anciens ont beaucoup de respect pour ce genre d'opération. Blondy et moi on n'a pas le courage de quitter la base avant leur retour. En tour de piste je les compte. Ils sont au complet...

4.
Un « Spit breton » sur Morlaix

Mon ami Andrews, un Australien nouvellement arrivé à *A Flight*, « répand » son *Spit* sur la piste en effectuant un essai. Chance inouïe, pas une égratignure ! Mauvais temps. Donc période calme. Chaque fois que c'est possible, le contrôleur nous envoie en reconnaissance météo sur le cap de Brest. L'espoir de découvrir un bateau allemand ou un *Ju 88* nous pousse à voler dans d'aussi mauvaises conditions. Un matin, en alerte à 15 minutes, avec le fidèle Blondy, je téléphone au secteur du groupe et réclame le contrôleur de service. Une vraie chance ! Je le connais. Il nous a dirigés, il y a quelques jours, avec beaucoup de brio, dans une interception.

— *Hello, Sir.*

— *Hello, Jaco.*

— *Fed up to be sitting here* (Je suis fatigué d'être assis ici). Peut-on aller faire un tour de l'autre côté ?

— Je ne pense pas que le temps soit suffisamment bon pour décoller.

— Ici en piste, ça va, ça se dégage...

— O.K., je vous donne l'autorisation. Décollez immédiatement. Silence radio. Vol au ras de l'eau jusqu'à la côte française. Vous prendrez le contact au retour en vue des côtes anglaises... J'alerte deux autres pilotes qui prennent notre place. Préparation. Facile. On volera en rase-flotte intégral pour passer sous les lobes des radars. Survol de la mer 42 minutes. Ça va être long ! Nous venons de bien loin. On doit d'abord se battre contre la mer et la « crasse » avant d'avoir affaire à l'ennemi. La mer ? Aucun pilote n'aime se frotter à elle. Par fort vent d'est, rien n'est moins plaisant. J'ai un parachute et un canot de caoutchouc qui se gonfle automatiquement au contact de l'eau. J'ai aussi une « Mae West » dont les formes rappellent la poitrine de la vamp américaine. Mon gilet de sauvetage porte mon nom. Je ne le prête pas. Pas plus que ma gourde en étain qui contient du rhum. On ne sait jamais ! J'en fais la « vidange » régulièrement tous les mois. Je glisse mes cartes entre la tige de mes bottes de vol et les jambes du pantalon. Nous volons tous en battle-dress gris-bleu de la *RAF*. Nous remplaçons souvent le blouson par un chandail en grosse laine. Avec les lunettes de protection contre le feu ou les effets d'un éclatement de verrière, j'ai aussi une visière de tennis sur mon serre-tête, instrument utile pour le vol en altitude et qui permet de « voir dans le soleil » sans être ébloui.

Les mécanos sont déjà au travail bien avant que *Private* Reeve, le planton des Opérations, les ait prévenus. Batterie, armement, contrôle de la radio et nettoyage au poil de la verrière. Coup de fil à Willy *le Spy*. À lui de jouer avec les autorités du *Squadron*. Il arrive, pose des questions :

— Qu'allez-vous foutre ? Vous avez provoqué cette opération alors qu'il est si facile de constater en regardant par la fenêtre qu'il fait un temps à ne pas mettre un terrier dehors...

Il rit quand je lui dis que nous allons lui chercher un peu de soleil en France. Nous sortons. Je respire profondément. Un sale vent nous colle de l'humidité au visage.

Stuffy (« l'empaillé ») donne les derniers coups de tournevis. C'est un rouquin à figure d'enfant. Il fait partie de cette race de gars à qui nous devons de partir confiants et dégagés de soucis techniques. C'est à cause d'eux que nous avons confiance dans nos machines. Si la mécanique lâche, ce ne sera pas de leur faute. J'ai toujours eu un sentiment de respect et d'admiration pour les mécanos. Surtout après un vol de deux heures au-dessus de la flotte. Ils sont nos amis, profonds et secrets. Une sorte de complicité les unit à nous. Silencieux, discrets, il faut voir leur tête quand l'un de nous ne rentre pas. On peut tout leur demander. Oui, nous, les pilotes, nous les traitons avec une réserve affectueuse et un grand respect.

Petit *briefing* avec Blondy. Vol au ras des flots. Vol au 180, c'est-à-dire d'abord plein sud. Distance quinze à vingt-cinq mètres entre nous. Changement de réservoir après 50 minutes de vol... En cas de pétard, maximum d'altitude et prendre la fréquence *D for dog*. Si nécessaire, appeler MAY DAY, MAY DAY (m'aidez, m'aidez). Mais surtout pas de radio sans nécessité absolue. Le prix du silence est inestimable dans ce genre de mission.

La tour le sait et nous donne le feu vert sans appel. Blondy est dans mon aile. Nous nous dandinons d'abord sur le sol. Puis, c'est le glissement habituel. Je contrôle la rentrée du train de Blondy. Il en fait autant pour moi. Cap au sud. Nuages très bas. Des paysans, déjà au travail, lèvent la tête vers les deux *Spit*, coincés entre les nuages sales et le sol. La mer. Coup d'œil à l'altimètre. Bigre... Les nuages sombres se confondent avec la mer. Attention aux crêtes des vagues. Blondy dégage un peu en hauteur. Mission possible. Je me l'affirme. Je le décrète. Et on continue. Trente-cinq minutes presque sans rien voir que ces vagues blanchâtres à quelques mètres au-dessous. Une ligne sombre droit devant. La Bretagne. Nous devons aborder la pointe. Je vais donc virer à gauche jusqu'à l'embouchure de la rivière de Morlaix. Les ordres sont : *« Ne survolez pas la côte, sauf si vous voyez un avion. »* C'est tentant. Elle est là, sombre et basse, avec son semis d'écueils. Blondy passe à ma gauche pour mieux surveiller le secteur. Nous sommes au ras des vagues. Plus bas que les falaises. La présence de Blondy me rend plus confiant. *Climbing up a bit.* (Montons un peu.) Blondy réagit. Je suis maintenant au-dessus de la côte. Prêt à la bagarre, corps et esprit tendus. « *Blondy, cannons on* ! » Nous retirons la sécurité de nos armes... Une paisible mission météo se transforme pour deux *Free French*, et parce qu'ils sont justement des *Free French*, en mission de combat. Attention les gars on va cogner ! La terre monte encore sous mes ailes. L'estuaire est proche. Il est temps de trouver un objectif. Justement, sur une levée de terrain, voici deux bâtiments qui ressemblent à une ferme bretonne. Il y a un petit mur de pierres basses qui les relient entre eux en forme d'U au milieu, il y a un disque noir, assez plat, ressemblant à une poêle à frire. Une antenne de radar au milieu de sa station ! Ma décision est prise. La mettre en l'air ! Instinctivement je rentre la tête dans les épaules. Je viens de me souvenir des hachures rouges de DCA qui marquent la carte de Willy le *Spy*. On va se faire tirer dessus. C'est couru.

Je laisse l'avion sur sa trajectoire. À un petit battement d'ailes, Blondy comprend. Large virage à l'intérieur des terres, Morlaix est là, je le devine, dans le trou de sa rivière. Je reviens sur l'objectif. Les repères sont bons.

— *O.K., Blondy, target ahead !* (O.K., Blondy, l'objectif droit devant.)

Je pousse ma manette des gaz. L'avion répond. J'ai la « poêle à frire » dans le cercle lumineux de mon collimateur. Je déclenche mon tir. Mes coups touchent l'œil du Cyclope. Ventre au sol, les gaz à fond, je fonce vers la mer. Les coups de Blondy portent comme les miens. Voilà une installation indisponible pour un bon bout de temps. Tout à coup, c'est l'enfer. Toute la DCA se déchaîne. Les traceuses entourent de très près nos avions. Je me recroqueville dans l'habitacle. Mitrailleuses lourdes, puis des 88 qui font des gros plouf dans l'eau. Je vois un grand nombre d'impacts autour de nous. Sale moment. Je grimpe un peu pour sortir de leur réglage :

— *O.K. Blondy ?*

— *Everything O.K., Jaco...* (Au poil, Jaco.)

On les a eus... Le parcours de retour nous semble incroyablement long. Nous volons en patrouille ouverte pour une meilleure surveillance de nos arrières... C'est qu'ils ont des chasseurs à Morlaix, à Brest et à Cherbourg... Heureusement, la météo ne s'est pas améliorée. Voici enfin la côte d'Angleterre avec le liséré blanc du ressac sur les rochers. J'appelle le contrôleur. Il me donne un cap vers la base. J'éprouve une sensation de bien-être. Blondy doit se dire aussi que nous avons bien travaillé. La météo est tellement moche que le contrôle doit nous prendre « par la main » pour nous amener « verticale base ».

Au son de ma voix, il se rend compte qu'il s'est passé quelque chose :

— Cap 335, dix miles de la base. Pas de pétard, Jaco ?

— O.K. Toothpaste 335, dix miles... Nous avons tiré...

— *Good show Jaco.*

Tour de piste. Roues sorties. Nous glissons vers la piste. L'air, grâce au sol, est davantage porteur. Roulage maintenant vers le *Dispersal*. L'œil de *Stuffy* est infaillible. Il a déjà repéré que la rustine de toile, qui couvre les canons et les mitrailleuses, est brûlée, noircie, en lambeaux. Les autres mécanos aussi. *Stuffy* se glisse sous le *Spit* et remet les armes à la sécurité. Puis il saute sur l'aile :

— Quoi de neuf, *Sir* ?

— Nous avons eu une antenne radar.

— Bon travail, *Sir*.

Willy le *Spy* arrive à son tour, il est notre frère, notre conseiller :

— Qu'est-ce que c'est ? Mais je pensais que vous n'aviez pas le droit de survoler la côte ?

Et il éclate de rire. Bon sang, j'avais complètement oublié cette consigne impérative. Blondy aussi. Nous n'avons préparé aucune réponse. Blondy, lui-même, n'a pas de réponse en réserve.

— O.K., je téléphonerai au contrôleur pour lui rendre compte que les deux *Free French* sont tombés « par hasard » sur une antenne radar.

Dans les jours qui vont suivre, nous aurons à affectuer de nombreuses missions au-dessus de l'eau en protection de convois qui naviguent sur deux rangs. C'est long. Et cela ne présente aucun intérêt pour des chasseurs. Mais il s'agit d'une protection indispensable.

Blondy et moi avons attendu notre solde pour partir en permission... Maigre solde... À peine de quoi passer quelques jours à Londres. Je pense, non sans colère, aux propos de la radio de Vichy. Nous sommes *« un ramassis de juifs, de mercenaires, d'aventuriers en mal de galons et de soldes »*. Les traitements à Radio-Paris doivent être plus élevés que nos pauvres pécules. Nous partons sans joie car le temps s'est mis au beau. Et les heures de vol en opération vont monter. Si nous n'avions pas peur du ridicule, nous reviendrions à la base.

5.
British only...

Je ne suis pas du tout satisfait de mes cinq jours de permission. Soho a été, une fois de plus, notre coin de prédilection... Londres, un curieux mélange d'uniformes, cinémas bourrés, magasins remplis, une vie intense, grouillante que le Blitz n'a pu atténuer. Des panneaux demandent aux ménagères de donner leurs vieilles casseroles d'aluminium pour faire des avions. Seul l'Eros de Piccadilly Circus est vraiment en guerre, sous sa charpente de protection et ses sacs de sable. Mais qui peut dire que l'amour a quitté Londres ? J'envie un peu les *Free French* qui se trouvent dans les unités de la *RAF* autour de Londres, à Biggin Hill, North Weald, Hornchurch, West Malling et Tangmere. Nous reprenons le train à Paddington, épuisés et sans un penny...

Nous retrouvons nos *Spit* avec joie. Aussitôt arrivés, exercice de combat aérien. On n'en fait jamais trop. C'est aussi l'avis de Leblond. C'est mon meilleur adversaire. Les *Dogfight* à coups de caméra contre lui sont profitables. Nous avons fait nôtre l'adage anglais : *Tenacity is as deadly a weapon as a gun* (La ténacité est une arme aussi mortelle qu'un canon). Mauvais temps. *Scramble* quand même. Nous réalisons tous des mises en route et décollages en moins d'une minute. Le vendredi 13 mars 1942, il ne se passera rien. Je pense à mon père avec inquiétude. Si Dieu me conserve en vie, quelle joie de les retrouver tous !

Le 14 mars, je suis en alerte avant l'aube.

— *Scramble Yellow section, steer one four zero angel five, booster* (Décollez section jaune, cap un quatre zéro, altitude cinq mille pieds. Pleins gaz).

J'éprouve toujours le même choc. Je n'arrive pas à débloquer mon cerveau. Mon estomac bascule dans le vide. Ma respiration est courte. Tout s'arrête dès que je suis installé dans le *Spit*. L'oxygène du masque me rend mon équilibre total. Nous sommes en montée rapide au-dessus de la mer. Les nuages forment écran :

— *Hello Jaco, bandit low down at two o'clock, flying East.*

(Jaco, l'ennemi est très bas à « deux heures », volant vers l'est.)

— *O.K. Toothpaste.*

Virage vers la gauche. Je soupçonne les « bandits » d'être venus renifler les convois de bateaux le long de la côte. J'espère bien les coincer entre la côte et moi. Il est difficile de repérer un avion volant bas au-dessus de l'eau. L'excitation est à son comble lorsque j'entends :

— *Jaco, look out at 10 o'clock. Five miles.* (Jaco, regardez à « 10 heures ». Cinq miles.) Ils sont bien sur ma gauche. Mon N° 2 passe sur ma droite. Deux paires d'yeux fouillent le ciel. La mer. Rien. Le contrôleur a donc la berlue.

— *Hello Jaco, sharp starboard. Steer two on five. Angel 8, bandit climbing*. (Virez sec à gauche, cap 215, huit mille pieds, l'ennemi grimpe.)

Ah le salaud ! Il nous passe dans le dos. Il monte et cherche l'abri des nuages. Je comprends qu'il s'agit d'un *Ju 88* venu chatouiller un convoi. Réaction :

— *O.K. Yellow 2, pull the plug. Climbing to.* (Jaune 2, mettez la surpuissance. On monte.) Mon *Spit* fait un bond. La surpuissance déclenchée. Du coin de l'œil, je surveille mon équipier :

— *Look out Jaco. Bandit pulling away.* (L'ennemi s'éclipse.)

Je lâche un juron bien français. Ce n'est pas possible...

— *Bandit steering one seven zero.* (L'ennemi est sur le cap 170.) *At one o'clock from you. No height. 2 miles.* (À « une heure » par rapport à vous, pas loin, deux miles.) Allons, je devrais le voir. Bon sang, que fait mon N° 2 ? Pourquoi ne le voit-il pas ? Je me colle sous les nuages à les effleurer, pour mieux voir.

— *Any fun Jaco ?*

Il y a un mélange de désespoir et de rage dans ma réponse :

— *Toothpaste, nothing doing.* (Toothpaste, rien à faire.)

Brusquement, je vois un léger tracé noir, un trait de fumée qui monte en biais vers les nuages, à deux kilomètres. Jamais je ne l'aurai avant son entrée dans le cumulus. Je deviens enragé. C'est bien un *Ju 88*. Je le vois mieux maintenant.

— *Toothpaste, tally-ho, tally-ho. Ju 88 going flat out for cloud cover.* (Toothpaste, taïaut, le *Ju 88* fonce vers le nuage.)

J'essaie de me mettre de très loin en position de tir en espérant qu'il ne m'a pas vu. Je gagne sur lui. Quinze cents mètres encore. Les nuages sont là qui absorbent ma proie. De rage, j'appuie sur la détente au moment où il disparaît dans la masse sombre en sachant pertinemment que je ne l'atteindrai pas. À la base notre interception a mis tout le monde en émoi. Le secteur nous dit que le *Ju* n'a attaqué aucun bateau.

Des jours passent. On a souvent l'impression que tout cela ne finira pas. Quand cela se gâte trop, Blondy et moi, nous allons au Stork Club où des filles du pays nous attendent pour la leçon d'anglais.

Le Poulennec se tue au décollage. Il n'a pu contrôler son *Spit* qui entre de plein fouet dans un abri bétonné. Un camarade qui disparaît, plein d'enthousiasme et de jeunesse. Le Père Godard, notre aumônier, seul représentant de notre état-major de Londres, vient bénir la dépouille. Le commandant Claisse du *66 Squadron*, auquel appartenait notre ami, assiste avec Leblond et moi aux obsèques. C'est émouvant et simple. À six pilotes, nous le portons à sa dernière demeure. En ce premier jour de printemps, le petit cimetière a un aspect tout neuf sous un rayon de soleil... La série noire continue. Encore deux pilotes du *72 Squadron*... au total sept en dix jours ! Soirée au Stork plus longue que d'habitude. Deux filles nouvelles.

Le 25 mars, un *Ju 88* s'échappe encore grâce au plafond bas. Le 29, *Scramble*... toujours pour un *Ju*. Leur survol de la côte est devenu si régulier qu'on les appelle ici le *milk train*. Toujours des nuages bas. Le soleil frappe la mer. La réverbération fait perdre le sens de l'horizontalité. Cela fait très mal aux yeux. Les bateaux des convois ont l'air de jouets posés sur une plaque de mercure. Je monte derrière mon *leader* dans un nuage. Je m'écarte un peu de lui car il fait sombre là-dedans. Je continue ma montée selon les instructions qui arrivent du sol... Cap, altitude, vitesse... C'est çe qu'on m'a appris. Le nuage reste dense. J'entends le contrôleur lancer une autre section. Vingt minutes de nuage. C'est raté pour nous. L'ennemi est sûrement au ras de l'eau. Les « rameurs » du convoi doivent nous bénir. Le contrôleur me prépare à la percée. Il va me ramener en ciel clair. Toujours dans le coton, j'écoute la conversation des gars de l'autre section. Je deviens furieux :

— *Can you see it Red One ? He is turning slowly left, right on the deck.* (Pouvez-vous le voir Red One ? Il tourne doucement à gauche, droit au-dessus de la surface.)

La voix légèrement voilée de Red One confesse qu'il ne voit rien. Mais Red 2 a la situation bien en mains :

— *O.K. Red One, follow me, getting in position.* (Ça va Red One, suivez-moi, je me mets en position.)

Puis le cri d'attaque qui me fait trembler :

— *Tallyho 1 000 yards, bandit Ju 88.*

Un silence suit. J'ai l'impression qu'on m'a volé ma proie. Enfin un hurlement...

Le 31 mars, c'est le coup dur. Bien sûr, on sentait bien qu'il y avait quelque chose en route depuis quarante-huit heures. Willy le *Spy* avait consenti à nous montrer une circulaire. Malte demande des pilotes... Malte ! Le soleil, la mer et le ciel bleus ! Et une bagarre constante avec des « scores » effarants possibles. Nous faisons des rêves fous, Blondy et moi. D'abord, il est question du départ de l'unité entière. Puis, seulement seize pilotes sur trente de l'escadron. On va essayer de resquiller deux places... Au dernier moment, message... Willy déclenche tout son humour pour ne pas nous faire trop de peine :

— *Sorry chaps... but British only.* (Désolé, les gars, mais les Anglais seulement.)

Catastrophe. Combattre et mourir pour Malte devient un privilège « british »... Tout de même, le *Squadron* avec ses pilotes et ses mécaniciens, c'est aussi notre famille à nous ! On connaît les désignations. Pour nous consoler, notre *Flight Commander* Philip Arnott, un peu notre grand frère et surtout notre ami, Tim Saunders, qui a l'air d'un gosse restent avec nous pour reformer le *Squadron*. Aux premières lueurs de l'aube qui pointe à travers les vitres du Stark Club, les seize *boys British only* attendent le signal du départ pour Malte, le soleil, les combats dans le bleu et... leur destin.

Je ne vous cache pas que Blondy et moi nous faisons tout ce que nous pouvons pour quitter l'escadron qui, amputé de ses meilleurs éléments, nous paraît maintenant une unité opérationnelle dérisoire. Nous tentons de regagner la région de Londres. L'état-major ? Un mur. Nous appelons désespérément le *Fighter Command* (le Commandement de la chasse). Nous voudrions rejoindre

Maridor et Demozay au *91 Squadron* à Hawkinge, à l'autre bout de l'Angleterre. Rien à faire. Nous faisons partie de l'armature de la nouvelle formation. Enfin, nous serons les anciens... avec des possibilités de missions supplémentaires.

Pâques ? Il paraît que c'était hier. J'ai reçu une carte d'une fille. Ça me rappelle les années heureuses de ma jeunesse, les cloches, la solennité de la fête religieuse, puis les cadeaux accrochés aux arbres du jardin. Où sont mon frère, ma sœur, mes parents, mon village, mes copains ?

J'essaie les nouveaux ailerons de mon avion. À vingt mille pieds, je passe sur le dos. Et je pique en tenant le piège bien au pied pour conserver une trajectoire rectiligne. La vitesse monte avec la terre : 300 miles, 350, 400, puis 440 miles (plus de huit cents km/h). Tout va bien. Je profite de ma vitesse pour faire deux ou trois boucles et tonneaux :

— *Hello Perranporth, Jaco calling. Pancake please.* (Hello Perranporth, Jaco appelle. Je désire atterrir.)

Aileron test O.K... Le temps se gâte. On colle des rustines sur les trous de ciel bleu. Des paquets de nuages bas se baguenaudent sur les collines comme d'énormes serpillières. Il est temps de rentrer. Le soir, au Stark, il y a des estivantes en vacances de Pâques. Plaisirs d'un soir...

6.
Les signes du destin

Je me souviendrai du dimanche 12 avril 1942. Quatre accidents. Deux mortels. J'ai bien failli compléter la liste en prenant la cinquième place. Deux pilotes du *310 Squadron* entrent en collision. Un des avions, gouvernes sectionnées, s'écrase au sol. Pilote tué. L'autre pilote se juge trop bas pour sauter. Il tente l'atterrissage sur la plage. Elle est encaissée, en bordure de la ville. Le pauvre gars essaie en vain de se présenter dans la plus grande longueur. Décision désespérée. Du haut de la falaise, je le vois faire son approche. L'avion ressemble à un jouet dans l'air calme. Les mouettes, dérangées, tourbillonnent en criant. Le gars est « trop long ». Aucune chance de se poser sur la plage. Aucune de repartir. La mer succède au sable fin. Le *Spit* se profile magnifiquement sur l'eau verte, puis il semble s'arrêter à bout de sustentation. Auréole d'écume blanche. Puis plus rien. Le lendemain, l'océan rend aux humains pilote et *Spitfire* et, comme pour nous narguer, les vagues coincent le bel avion et son infortuné pilote dans une faille énorme de la falaise, au pied même du mess des officiers.

Quant à moi, ce jour-là, mon nom n'est pas sur le Grand Livre du bon saint Pierre. Je rentre de mission avec mon équipier. Je lui demande de se poser le premier. Moi, j'ai encore ce qu'il faut d'essence pour aller me cacher dans un coin du ciel et m'entraîner avec mon *Spit*: une boucle et deux ou trois tonneaux. Puis je rentre. On me donne le feu vert. J'ouvre mon cockpit avant d'amorcer mon dernier virage. Grande caresse du vent humide. Je réduis doucement. J'abaisse le levier du train. Curieusement mou ! L'avion embarque dangereusement. Les lampes témoins du train sont vertes d'un côté, rouges à droite. Zut, je n'ai qu'une roue dehors... L'autre est seulement engagée. Elle obstrue l'entrée d'air du radiateur. Appel à la tour :

— *Hello Control, Jaco calling.* Ennuis de train. Jambe droite coincée à moitié sortie. Bientôt à sec d'essence...

— *Hello Jaco, Control calling. Stand by...*

Ils en ont de bonnes : *stand by* (attendez) ! Croient-ils que cela va pouvoir durer longtemps avec cette température moteur qui monte, 100, 110 puis 120° ? Et naturellement ma pression d'huile qui descend. Le trait rouge est atteint. Il faut agir avant l'incendie. Je secoue l'avion dans tous les sens pour tenter de faire descendre la «jambe». Rien à faire. Déjà une petite fumée blanche, vaporeuse, opaline, sort de la première pipe d'échappement. Je m'attaque au levier qui actionne, en principe, la sortie mécanique du train... Baudruche qui fuse et pas du tout le clic bien connu du train qui enfin se verrouille. La fumée blanche augmente. Il est temps de se jeter sur la piste avant que tout saute... Au sol je crois que j'ai déclenché la grande alerte. Le *flying control* a prévenu les pompiers, le *blood-wagon*, le toubib, mon commandant d'escadron et le Basier... Et :

— *Hello Jaco... Try to make a belly landing as smooth as you can...* (Essayez de vous poser sur le ventre aussi doucement que possible.) Coupez au dernier moment. Atterrissez sur l'herbe. *Waiting for you* (on vous attend).

Voilà. Tout cela est bien gentil. Mais je commence à avoir franchement chaud aux pieds. Allons-y.

— *Hello Control... Jaco calling. Coming in, one wheel half way down. Landing on the grass. Switching off.* (J'arrive avec une roue à moitié sortie. Atterrissage sur l'herbe. Terminé.)

J'arrache la prise de radio car je veux pouvoir sortir en vitesse si toutefois l'avion veut bien rester en position normale. Je vérifie la sécurité de la coupole vitrée. Je descends mon siège au maximum pour éviter de me défoncer la figure sur le collimateur. Je serre à fond les bretelles qui m'attachent au siège. Mes semelles de bottes sont brûlantes. J'essaie de me dominer. Mais le feu m'a toujours fait peur. Les vapeurs de glycol (le liquide du radiateur) me font pleurer. Au cours de mon dernier virage, du coin de l'œil, je vois les pompiers qui s'agitent. Je distingue la voiture du *Group Captain*. Cela me réconforte et me donne même un peu d'orgueil. Tout ce cirque pour moi. Attention pour la manœuvre, Jaco. Il faut jouer ça à la perfection. Toutes les consignes me reviennent d'un seul coup. Volets sortis, vitesse d'approche 160, au passage des balises (entrée de piste) 140, l'arrondi le plus bas possible, tenir bien l'avion au pied, couper les contacts, fermer l'essence... C'est payant l'entraînement. La piste se rapproche. Arrondi. L'avion est bien horizontal, très bas au-dessus du sol. La vitesse tombe très vite. Je lui refuse le sol. J'ai l'impression que mon fond de culotte racle le gazon. Brutalement, le choc. Ma roue droite a touché. Effet violent sur la droite. L'avion embarque. L'hélice vole en éclats en arrachant des mottes d'herbe. Le nez du *Spit* se pique dans le sol. L'aile gauche vire sur l'herbe. Je suis violemment projeté en avant. Je me souviens d'avoir pensé *« collimateur, attention, collimateur ! »* La queue se dresse derrière moi. Je me retrouve comme debout, les pieds arc-boutés sur les pédales du palonnier. Je réalise que si le mouvement s'accentue, c'est la mort car l'avion va passer sur le dos. Une sueur froide me court le long du cou... L'avion reste en équilibre au moins une seconde... Un siècle... Il retombe... en arrière. Choc terrible, magistral coup de pied au derrière... Silence. La fumée monte des tôles disloquées du moteur... Il y a un grésillement d'œufs dans la «poêle à frire»... Et alors... Je dors, non? Mais déjà je suis happé par l'équipe de secours sans avoir le temps de dire un mot. On m'allonge sur la civière de l'ambulance. En route pour le *Sick Quarter*. Dernière vision : mon *Spit* avalant une énorme ration de neige carbonique. Toute l'équipe médicale m'entreprend. Les «nurses» ont leur meilleur sourire. Mais le bonhomme est intact. Radio du bas du dos et mercurochrome sur les genoux... Oui, ce n'était pas inscrit ce jour-là.

Le lendemain, le lundi 13 avril 1942, le coup dur n'est pas pour Perranporth. Des *Hurricane*, vingt-quatre au total, armés chacun de quatre canons, doivent faire une démonstration de tir à Imber Dawn, près de Salisbury. Le haut commandement de la *RAF* a demandé à un certain nombre d'officiers généraux et supérieurs, triés sur le volet, surtout des chefs qui avaient joué un rôle important dans la campagne de Libye, de venir assister à cette manœuvre. C'est vous dire la qualité des témoins qui sont dans la tribune officielle. Les buts? Des vieux chars et des camions hors d'usage.

Les *Hurricane* décollent de Old Sarum, pas loin de Salisbury. Le temps est franchement médiocre, plafond bas, mauvaise visibilité. Les avions débouchent dans la plaine et, l'un après l'autre, font leur passe, détruisent les cibles... Le dernier est un peu à la traîne. Le pilote cherche les cibles. Dans la mauvaise visibilité, il devine une masse sombre... et déclenche son tir dans la tribune, semant le carnage. Terrible score : quarante officiers généraux ou supérieurs sont tués. Cinquante sont blessés...

7.
Routine entre Perranporth et Cherbourg

Ce matin-là, c'est le 12 avril 1942, on se lève de bonne heure. Je ne connais pas votre avis là-dessus, mais rien ne m'est plus désagréable qu'un réveil brutal :

— *Come on, chaps. Early breakfast for 130 Squadron. There is a show on.*

Évidemment si on déguste dès potron-minet l'œuf au bacon de Sa Majesté, c'est qu'il y a quelque chose dans la tête de ces messieurs. Cela ne me paraît pas très régulier. Quand on fait la guerre, on devrait avoir le droit de choisir où on va et ce qu'on fait... C'est ce que j'explique dans ma mauvaise humeur sans nuances à Blondy. Il rit et dit :

— La *« Form D »*, Jaco, c'est Willy qui l'a. À part le *Commanding Officer*, nul ne saura rien avant le *briefing*. Et je voudrais connaître l'imbécile qui a décidé que les journalistes (Willy le *Spy* appartient à cette honorable profession) sont par définition incapables de se taire.

On mange mal, bien que le *breakfast*, c'est connu, soit de loin ce que la cuisine « british » fait de mieux. Enfin la salle de *briefing*. Un vrai bain de lumière crue. Et les petits avions de chasse ennemis, suspendus par un fil, se dandinent au moindre souffle venu de la porte entrouverte. Il y a aussi les cartes avec les zones de Flak hachurées en rouge. Du côté de Brest et de Cherbourg le dessinateur s'est franchement régalé. En les regardant, mine de rien, les camarades pensent, comme moi, comme Blondy, à ces 88 qui vous pètent dans la figure au moment où on pense *Messerschmitt* et *Focke Wulf*...

Ça y est ! On est bons pour Cherbourg Maupertuis. Les traits de laine rouge sont éloquents à cet égard. Willy me semble un peu contracté en commençant son exposé après l'entrée du *Wing Commander*. Il s'agit bien de Maupertuis que je connais bien. Nous allons accompagner huit *Hurricane* bombardiers qui doivent y faire le sac. Nous formerons l'escorte rapprochée. Le *234 Squadron* fera la protection supérieure. Willy insiste tout particulièrement sur le nombre de chasseurs que les Allemands ont dans le coin. Le nombre me paraît formidable. Où sont donc ces gens-là quand nous survolons leur coin ? Le *Wing Commander* donne les ordres habituels et tactiques, altitude pour chaque unité, lieu de rendez-vous avec les *Hurribombers* et les caps aller-retour. Lui volera avec le *234 Squadron* L'escadre se posera sur un terrain intermédiaire pour refaire les pleins... Il donne l'heure à une seconde près. Et on fonce vers le dispersal et les avions.

Je vide mes poches, desserre ma cravate, passe mon foulard de soie blanche entre col et cou. Mae West, sous mes doigts voici ma gourde de rhum. Bon petit réconfort... Eh eh ! Sait-on jamais... Je trouverais odieux et ridicule de mourir de soif au milieu de tant de flotte... Ibsley... Une sorte de sursis. Il nous reste encore trente minutes de mer avant les hachures rouges. Et il y a les pauvres *Hurri* freinés par leurs bombes sous les plans... Des condamnés à mort que nous convoyons au supplice. C'est mon impression au moment de la dernière *cup of tea*. Je suis mal brêlé dans cet avion.

Les bretelles me font mal. La boucle me gêne juste au creux de l'estomac. Pourquoi penser à mon estomac à ce moment-là ? Enfin, le geste du *Commanding Officer* déclenche les douze appareils d'un seul coup. On « taxi » en zigzaguant pour mieux voir car le nez du *Spit* cache tout, en roulage au sol. Mon N° 2, que je surveille du coin de l'œil, se cramponne à mon plan. Je suis le troisième avion de *Red Section*. Hop, en l'air. Cap sur Cherbourg. La terre est loin. Tout est calme. Le mauvais moment est passé. Le goût amer dans la bouche a disparu. La rage de me battre me donne une force nouvelle.

— *Section eastern go*.

Encore cette fichue formation à la queue leu leu par sections de quatre avions ! L'indicateur de débit d'oxygène me semble capricieux. Pour me tranquilliser je pince, entre deux doigts, le tuyau qui relie mon masque à la bouteille. Arrêt du débit. Bon. Ça marche. Mon moteur tourne sur le réservoir supplémentaire.

Whisky *leader* appelle. Les *Hurriboys* sont à quatre heures par rapport à notre sens de marche. Virage à gauche de toute la formation. Les *Spit* enveloppent les chasseurs bombardiers. Ils foncent tout droit vers le sud. J'ai une profonde admiration pour ces huit pilotes, qui dans quelques minutes vont se trouver, avec leur « outil » périmé et leurs grosses bombes au derrière, dans les hachures rouges de Cherbourg, avant de larguer leurs œufs sur la base ennemie...

Ça va être l'enfer dans quelques instants... Les gars plongeront littéralement dans la Flak lourde et légère... J'espère bien que le *Commanding Officer* s'écartera pendant le travail des *Hurricane*. Ce serait idiot de s'exposer inutilement. Au retour, les garçons, avec leurs avions trop lents, vont dépendre entièrement de nous. Le *Wing Commander* a dit :

— *We have to stick to them at any cost.* (Nous devons les protéger de près à n'importe quel prix.)

Voyons la météo... ciel clair, brume légère, visibilité plutôt réduite dans les couches basses.. Nous sommes maintenant en « combat formation ». Je me sens à l'aise...

— Ouvrez l'œil, dit tout à coup le *Commanding Officer*. (On a l'impression d'une synchronisation parfaite.) Ouvrez les yeux, les amis. (Je ne fais que cela.)

Je distingue la ligne sombre du promontoire du Cotentin. Je devine Cherbourg et son terrain. Le contrôleur de secteur entre dans le coup :

— *Hello Whisky leader, contral calling. 25 + from Bernay, flying West and 10 + South of Cherbourg, 15,000 feet going West.* (Le contrôle à Whisky *leader*, 25 avions ont décollé de Bernay volant vers l'ouest. Il y en a dix au sud de Cherbourg volant vers l'ouest à 15 000 pieds...)

C'est de la mise en condition. Il nous casse les oreilles. Si d'ailleurs cela pouvait être vrai !

On est presque dans la zone de bombardement quand tout éclate. La Flak se déchaîne. Elle tire à la hauteur des *Hurricane*. Très près, mais derrière. À certains moments, j'entends les coups éclater tellement c'est près. Et les flocons noirs gagnent de plus en plus en précision.

Le *Wing Commander* donne ses ordres froidement, comme à l'exercice :

— *O.K. chaps, drop your babies...*

Tous les réservoirs s'envolent d'un seul coup. Les *Spit*, allégés, bondissent.

— *Come on up 234 Squadron...*

Les camarades du *234* se placent en protection dans le soleil.

Puis :

— *Look out now, red Flak* à « une heure »...

Oh ! que c'est mauvais ! Le sol marque par un obus rouge notre position. On va les avoir sur le dos dans un instant. Je mets mes armes sur feu et j'essaie de voir.

— *O.K. boys*, échelon à droite.

Les Hurricane se préparent à plonger :

— *Going down* (on pique).

Ils doivent quand même serrer les fesses en piquant dans ces gerbes de 88, qui explosent si près les unes des autres que je ne peux pas comprendre comment les huit avions s'enfoncent dans ce déchaînement sans être détruits. Brutalement, je suis sorti de mes réflexions par un énorme bang... Mon *Spit* passe presque sur le dos. Je rétablis. Le *Commanding Officer* a vu. Il sait tout.

— *What is the matter, Jaco ?* (Que se passe-t-il, Jaco ?)

— *O.K., Whisky leader. I thought my bloody tail came off!* (Tout va bien, Whisky *leader*. J'ai pensé que ma foutue queue était partie.)

Au même moment, je distingue les éclatements de bombes sur le terrain de Maupertuis et je me sens soulagé. Les installations en prennent un grand coup. Un camarade du *234* parle :

— *Hello Whisky leader*, quatre avions à « trois heures » et au-dessus.

Un autre pilote en signale dix à « quatre heures » dans le soleil... Si les salopards attaquent les gars du *234*, après ce sera notre tour... La joie m'envahit. Voilà enfin le grand jour. J'attends sans nervosité. Les gars du *234* parlent :

— *Look out, they are going down...* (Attention, ils dégringolent.)

— *Hello, Yellow leader, break right* (Yellow *leader*, dégagez à droite).

Puis le silence. Insupportable. Rien n'arrive. Une formation suit de près les *Hurricane* maintenant sur le cap retour. L'ennemi ne veut pas attaquer. Nous ne sommes que douze en protection directe. Alors ? Je ne comprends pas ce qui se passe au-dessus. Je ne vois rien. Je rage. Une Flak intense me remet l'esprit en place. Le quatrième *Hurricane* traîne un panache de fumée blanche... Touché les gars ! Nous sentons tous qu'il ne rentrera pas à sa base.

Son altitude diminue. La Flak s'acharne sur lui. L'encadre encore. Va-t-il être foudroyé dans le ciel? Pourra-t-il gagner le large? Sauter, pour le pilote, est la seule chance de salut...

— *Hello, Jaco. Take over this Hurriboy and stick with him. I will fly on top of you.* (Jaco, couvrez ce Hurriboy..., et collez à lui. Je volerai au-dessus de vous.)

Seigneur, cette Flak qui claque de partout ... Je pique sur l'avion touché. Son panache de fumée blanche s'accentue et ondule derrière lui dans le ciel clair. L'avion commence franchement à perdre de l'altitude. J'aperçois le pilote à travers la verrière. Avec mon N° 2, je me mets tout contre lui et légèrement au-dessus. Le pilote me fait signe de la main que sa radio est hors d'usage. Il descend, mais son moteur semble le tirer encore. Cherbourg est derrière nous, en toile de fond, à travers les éclatements de 88. Je voudrais l'obliger à sauter avant qu'il n'atteigne l'altitude de sécurité : 5 000 pieds (1 500 m). Par gestes, c'est difficile. Nous sommes encore à 9 000 pieds. Le panache clair a tendance à s'assombrir. Mauvais signe. L'huile du moteur s'en mêle. Il n'ira pas loin. Les artilleurs au sol doivent déjà homologuer leur victoire. Les côtes de France s'éloignent. La Flak aussi. Ah si ce bougre-là voulait bien sauter !... Huit mille pieds ! Il faut du courage pour quitter son siège et sauter vers l'eau sombre. Tout à coup je me mets à paniquer. Il est peut-être blessé ? Les grappes de 88 sont maintenant loin derrière... 7 200 pieds... vitesse très réduite. J'ouvre ma verrière pour qu'il comprenne qu'il doit sauter... 6 500 pieds... Est-ce que son moteur le tire encore ? Pensée ridicule. Je vois au même moment son hélice se bloquer. Je suis à deux mètres de lui, et je lui fais signe de sauter. Un instant plus tard un énorme nuage noir enveloppe son fuselage. Son cockpit est noyé par la fumée. Je crie malgré moi :

— *Come on, jump for Christ's sake, jump out of that bloody machine !* (Allons, saute pour l'amour du Christ, saute de cette saleté de machine !)

On dégringole ferme. Mais qu'est-ce qui l'empêche de sauter ? À deux mille pieds c'est encore possible. Après ce sera trop tard. Après ce sera le *ditching*, la noyade. Je ne le vois plus. Il y a trop de fumée. Je ne puis lui être d'aucun secours. Dans quelques instants ce sera tout. Je m'en veux d'être à la fois si près et si impuissant à le secourir.

L'eau est là. Je tire sur le manche; avec mon N° 2 je remonte un peu. Depuis un bon bout de temps le *Commanding Officer* appelle le contrôleur :

— *MAY DAY, MAY DAY, Hurriboy going to ditch.*

Il n'y a plus qu'à attendre. La fin est proche. Elle arrive. Le Hurricane semble s'arrêter au-dessus de l'eau, freiné par une poigne géante. La queue se lève doucement à la verticale. Elle retombe. Mollement, à l'horizontale. L'avion ne s'enfonce pas tout de suite. Bonheur ! Sur le plan, est-ce que ce n'est pas la silhouette du pilote sorti de son cockpit, comme un diable d'une boîte. Puis il y a une sorte de vapeur blanchâtre, de l'écume, enfin un grand remous. Tout disparaît... J'effectue encore une ou deux orbites au-dessus du point sans rien voir d'autre qu'une large auréole couleur de mercure. C'est aux vedettes de l'*Air Sea Rescue* de prendre la suite...

— *Hello control, Jaco calling. Short of juice, going back. Give me a horning.* (Jaco appelle. À court d'essence. Je rentre. Donnez-moi un cap sur la base.)

Je me demande si je vais pouvoir rentrer avec si peu d'essence. Mon N° 2 ne dit rien. C'est plutôt bon signe. Mais voici la côte anglaise...

Il y aura encore pas mal d'opérations pendant ce mois d'avril. Par une lettre de mon camarade de la Poype, j'apprends la disparition de nombreux *Free French*, Mathillon, Lepel-Cointet, Bidouille, puis de Scitivaux et Choron du groupe Île-de-France... Tristes moments.

Ce n'est pas tous les jours qu'un chef d'escadre appelle un de ses pilotes au téléphone. Cependant, ce jour-là, le *Wing Commander* Blake le fait :

— *A show on, Jaco.* (Un coup en préparation, Jaco.) Huit *Whirlwind* doivent bombarder le viaduc de Morlaix. Je sais que vous êtes du coin. Nous volons en escorte. Voulez-vous être mon N° 2 ?

Mon cœur ne fait qu'un bond. J'ai des parents et des amis au pied du viaduc. J'ai d'abord envie de lui dire :

— Arrêtez le cirque... Ça ne colle pas.

Mais déjà il enchaîne :

— Allons-y, Jaco, sautez dans votre *Spit*. Amenez-vous ici (il est sur un terrain voisin)...

C'est beaucoup d'honneur que me fait le *Wing Commander* Blake. On ne vole pas si facilement avec le patron. Mais cela me pose un fameux cas de conscience... Comment faire ? Je ne peux pas refuser. On ne le comprendrait pas. Alors ? Alors il faut y aller. C'est la guerre, et bombarder un viaduc important fait partie des nécessités nées de la guerre. *Stuffy* est déjà prêt. Je saute dans mon *Spit* et me voilà à Portreath...

Le *Wing Commander* Blake ? Un personnage important. Pas par la taille. Mais bien par son expérience, son autorité naturelle. Un regard franc et sympathique. Un abord facile. Un comportement tel qu'on ne lui connaît pas d'ennemis. Influx nerveux sans limite. Courage aussi. Il m'explique le coup qui peut être payant. Quarante-cinq minutes après une première attaque de « Havoc » sur Je viaduc, nous tenterons de trouver les Boches en l'air, car c'est là qu'en principe on devrait les trouver. Peut-être sera-t-il possible de les coincer au moment de l'atterrissage à Morlaix ou à Lannion ? Pendant ce temps-là, les huit Whirlwind s'en prendront au viaduc. Nous les couvrirons au retour à l'altitude 0... un seul point pendant. Le temps est loin d'être bon là-bas. Il faut attendre le compte rendu de la patrouille météo.

Maintenant la mission m'emballe J'en ai pris mon parti. Ce coin de France est le mien. Cela devient une affaire personnelle. Mais les *Spit recco* règlent le problème par leur rapport que j'écoute à la salle d'opérations :

— *10/10 clear sky – no clouds – But visibility very poor low down, about one mile maxi*. (Dix dixièmes de ciel clair en altitude et pas de nuages. Mais visibilité très pauvre près du sol. À peu près un mile au maximum à l'horizontale.)

C'est fichu ! Il fallait le contraire. De la clarté près du sol. Et des nuages en altitude pour pouvoir, au besoin, s'y réfugier. Je reviens à Perranporth, déçu. Willy m' accueille avec gentillesse :

— *Don't be sad about it ; it will come off soon*. (Ne soyez pas triste. Cela se refera bientôt.)

Mais Roland est presque satisfait. Je devais partir sans lui !

8.
Combat au couteau

— Ce matin on est gâté, me dit Blondy en tirant voluptueusement sur sa cigarette. Je ne sais pas si tu aimeras tellement ça, Vieux.

En effet, je n'aime pas cela du tout. Et je ne suis pas le seul. Les fronts des pilotes les plus endurcis, les plus mordus, se rembrunissent quand on annonce la mission la plus ingrate et la plus dangereuse pour un chasseur :

— *Come on. Hurry up. Shipping attacks on German destroyers off « Les Sept Îles ». Briefing now.* (Allons, dépêchons-nous. Attaques sur des destroyers allemands au large des Sept Îles. *Briefing* maintenant.)

C'est le combat au couteau, aussi mortel pour l'avion que pour le bateau. On fait vite car les bateaux n'attendront pas. Sur la carte, au bout des traits rouges qui indiquent nos routes théoriques, il y a quatre bateaux dont la position en mer est changée toutes les trente minutes. Ils sont en formation de combat. C'est-à-dire en ligne de front. C'est un avion en surveillance qui les a signalés par radio. Cela signifie que les Allemands, qui sont aussi à l'écoute, se savent éventés. On nous attend. Il y a aussi possibilité de protection aérienne. C'est gai. Tout en même temps. II s'agit de huit gros mouilleurs de mines ou de destroyers légers en patrouille...

Le temps est au beau fixe, genre «tempête de ciel bleu» ... Le *Wing Commander* fait le point :

— *Time is short, chaps, we have to get cracking. Ships off! «Les Sept Îles», going East. We will try to catch them...* (Nous avons peu de temps, les gars, il faut faire vite. Les bateaux sont au large des Sept Îles. Nous essaierons de les piquer.)

Six *Hurribombers* nous attendent à Predannaek. Je volerai avec le *130 Squadron*. Heure de décollage de Predannaek : 9 h 34 pour le *130 Squadron* et 9 h 37 pour le *234*. J'effectuerai un large virage sur la gauche, à basse altitude, pour que le *234* puisse se mettre en place. Altitude zéro sur tout le parcours. Silence radio...

On fait vite. Une vraie bousculade. L'affaire est sérieuse. Les-pilotes sont contractés. À Predannaek, pendant que l'on refait nos pleins, je pense au *briefing*. Dans ces huit bateaux, il y a des *Flak ships* en position de défense. Un *Flak ship* c'est, comme puissance de tir, quelque chose d'énorme : quatre ou six affûts quadruples de canons de 20 mm et six à huit pièces de 37 automatiques... Beaucoup de canons qui feront beaucoup de ferraille...

Stuffy, qui sait à quoi s'en tenir sur la qualité de l'opération, a redoublé de soins avant le départ, et aussi de gentillesse et de prévenance. Il sait que j'aime l'ordre dans mon cockpit. Il a passé ma coupole vitrée à la pâte spéciale, afin qu'elle soit immaculée. Pas de trace d'huile, pas de trace de doigts. Je suis le N° 2 du *Wing Commander*. J'aime voler avec lui. Il vole bien, excellent *leader*, bon manœuvrier. Il ne pratique pas la course aux victoires. Il aide ses pilotes. J'ai le front moite en mettant mon serre-tête. Je pense aux bêtises que je pouvais faire quand j'étais môme... Je m'accrochais aux camions en marche pour me prouver à moi-même mon courage. Mon cœur se met à cogner un peu trop fort.

Chaleur au visage, veines du cou qui se gonflent. Et encore ce goût amer dans la bouche... Et la boucle du parachute qui me pèse sur l'estomac noué. Et tout cela disparaît au premier geste du *Wing Commander*...

L'eau verte défile sous les hélices. Blake mène son cirque au combat. Comment traduire la puissance et l'élégance qui se dégagent d'une formation en vol... Les *Hurricane* sont légèrement derrière nous. Blake a décidé qu'il attaquera le premier avec son *Squadron*. Un « grand Monsieur » ce Blake...

Je me cramponne à son aile. Mon avion glisse à toucher le sien. Dès que l'aile aura un frémissement, cela voudra dire : « Écartez-vous légèrement. J'attaque. » Alors lui et moi nous aurons l'honneur de tirer les premiers pour la formation. D'encaisser les premiers, aussi. Je surveille mon réservoir auxiliaire qui se vide. Défense de larguer les *babies* à moins d'être touché. Cela peut nous faire repérer. Les remous des hélices font frissonner la mer tellement nous sommes bas. Trente-cinq minutes. Le but ne doit plus être loin. Coup sec sur le manche. Tiens, le *leader* a « senti » quelque chose. Son avion se met à frémir. Au moment où je le vois appuyer sur le bouton radio, je vois aussi les bateaux : huit en deux formations de quatre, épaulés par les *Flak ships*. Ils me paraissent bien gros. Je distingue très nettement, bien détachés des superstructures, les tours avant et arrière des bateaux Flak. Ce sont ces donjons, bourrés de canons, qu'il faut neutraliser...

Armes sur feu. Le cercle de mon collimateur brille déjà sur une coque camouflée... Je suis prêt à attaquer...

— *Look out, chaps, ships ahead.* (Attention, les gars, les bateaux droit devant.) Droit dessus. Plein pot. Virage à gauche après l'attaque. Et pour l'amour de Dieu dégagez au plus vite après avoir tiré...

La formation change d'aspect. Elle perd sa symétrie de vol. Nous devenons maintenant des fous enragés se jetant sur l'ennemi.

Enragé, mais je le suis... Je tire en ouvrant le feu d'assez loin. Je vois très nettement mes obus atteindre leur but... Il se rapproche, ce but, de façon vertigineuse. Je tire toujours, sur la passerelle... C'est à ce moment que j'aperçois les «coups départ» des deux *Flak ship* au flanc de la formation. J'ai la nette impression que mon tir a fait mal et réduit leur cadence... Les *Hurricane* s'en tireront peut-être. Je suis toujours collé à mon *leader*. Avec lui, je passe au travers du rideau de mitraille, au ras des mâts des bateaux J'ai tout juste le temps d'apercevoir les servants se déchaînant autour de leurs pièces. Brroum ! un coup direct au but grâce à la bombe d'un *Hurriboy*. J'ai envie d'applaudir mais j'ai vraiment les mains occupées. Puis ma joie s'éteint. Le bout du plan du *Hurricane* touche, je le vois en une fraction de seconde, l'extrémité d'une vergue du bateau. L'avion marque le coup. Va-t-il percuter l'eau verte... ? Je le crains un instant. Puis le brave *Hurriboy* reprend son équilibre. Il vole avec un bout de plan en moins... J'exulte... Un fracas terrifiant dans mon fuselage. Le manche s'arrache presque de ma main... Oh là ! Coup au cœur. Je n'entends plus rien, comme si tout à coup j'étais dans un autre univers... Un obus m'a touché. Coup d'œil aux plans. Pas de trous. Températures ? Normales. Par un battement d'ailes je préviens mon *leader*. Il a compris. Les obus ennemis font des trous dans l'eau autour de nous. Trop près. Beaucoup trop près. Je prends un peu d'altitude en essayant doucement, timidement, les commandes. Elles répondent. Derrière moi les Sept Îles s'éloignent. Les bateaux ont perdu leur belle formation. Une fumée opaque monte de deux d'entre eux. Derrière nous, bien au-dessus, le fidèle *234* veille au grain... La possibilité d'une attaque aérienne, alors que mon *Spit* est estropié, ne me plaît pas. Le *Wing Commander* est à côté de moi. Il me fait le geste classique de la confiance, le pouce levé... La douce Angleterre va bientôt paraître au bout du nez de mon avion... Dans cinq minutes la terre ferme... Le ciel est plus bleu, la mer moins hostile. J'ai tout de même le dos trempé par la transpiration...

Joie de l'atterrissage. Tous les avions sont là. Deux ont été durement touchés, dont le mien. Un trou dans le fuselage qui a endommagé le poste radio et la bouteille d'oxygène... Le Hurricane rescapé a perdu l'extrémité de son aile ! Gare ce soir, au Stork Club ! Une belle party en perspective. Souhaitons que Bill soit de bonne humeur. De toute façon cela ne changera rien... Les émotions creusent. C'est connu. Blondy et moi nous pensons déjà au déjeuner. Mais nous ne sommes pas les seuls.

« Early lunch for 130 Squadron », dit le *Tannoy*, *« briefing at 13.45... »* Eh Eh ! Ma parole, on remet cela... Je commence à regarder de travers ceux pour qui la vie continue, normale, paisible. Le *timekeeper*, par exemple, qui entretient le poêle sur lequel la bouilloire traditionnelle « for the tea » chantonne délicieusement. Le brave Willy téléphone au secteur pour savoir de quoi il retourne. Cette fois il s'agit d'accompagner quatre *Whirlwind* au-dessus du terrain de Lannion... Bon, ce ne semble pas trop grave. La Flak par là n'est pas trop dense. Mais il y a la chasse ennemie et des tas de surprises possibles... Mauvais *lunch*... J'ai hâte de trouver mon avion et le mécano. Météo toujours au beau fixe. *Briefing*.

Je me retrouve dans l'aile du *Wing Commander*. Vingt-deux mille pieds. Il fait tellement froid là-haut que le *leader* revient à 18 000. Limpidité incroyable du ciel. Mes yeux papillotent pour résister à l'éblouissement. Calme. Contrôleur muet. Ce qui ne veut rien dire. Les Allemands nous attendent peut-être dans un coin du ciel. Leur position en défense leur permet de choisir le moment et le lieu de l'attaque...

La mer, très loin au-dessous, ressemble à une mare gelée tellement nous avons froid. Côtes de Bretagne déchiquetées et comme grignotées par la mer... Blake descend... Nous prenons de la vitesse... L'île Bréhat est sur notre gauche, à peu près ronde, comme une pièce de monnaie d'argent sur le vert émeraude de la mer. Le terrain de Lannion en vue. Ce n'est pas le moment de rêver. La terre de France est belle, comme écrasée de lumière. Je devine, le long de la côte, les petites maisons aux murs de granit, aux volets blancs ou verts, minuscules citadelles contre le vent.

Lannion, là-bas... Le clocher s'élève comme un doigt... Il me dit : *« Attention, regarde en l'air, méfie-toi »*... Et ces Allemands qui ne semblent pas du tout intéressés par nous. Il faudra bien pourtant qu'ils disparaissent, les uns après les autres, pour me rendre ce clocher, ces maisons, ces champs minuscules et innombrables, encastrés derrière les haies séculaires. Tout cela c'est la France, à moi. Est-ce que je rêve les yeux ouverts ? Le froid est terrible. L'oxygène glacé suinte dans mon masque. Voix du *Wing Commander* :

— *Look out, Flak coming up.*

Je regarde. Oui, les premiers flocons noirs montent. Les bombardiers plongent à la queue leu leu vers les objectifs. Les flocons noirs se rapprochent. Les bombes fabriquent tout à coup d'effarants champignons bleus aux quatre coins du terrain. Les batteries de Flak nous encadrent magistralement, sans nous toucher. Je passe dans la fumée d'un gros noir. J'entends une détonation. Les *Whirlwind*, suivis de près par la Flak, s'enfuient maintenant sur leur cap-retour comme une volée d'oiseaux de proie après une rapine...

En roulant vers mon dispersal, *Stuffy* me guide. Il m'aide à me débarrasser de mes bretelles. Je saute de l'avion, les jambes un peu molles...

Je ne crois pas que j'oublierai vite les images que la France vient de m'offrir...

9. Au fil des jours

Jana arrive ce soir. Le ciel est pur. La météo est optimiste. Nous allons à Tangmere. Concentration de chasse pour opérations sur le nord de la France.

Beaucoup moins d'eau à traverser à l'aller et au retour. Et plus de *fun* (joie et amusement) en perspective. Il est 5 h 30. Je suis joyeux. Le soleil monte à l'horizon. Jana est jolie comme un cœur. Le train de Londres sera à l'heure. Et moi je serai rentré. On peut bien écourter la guerre quelques minutes, ce soir, en l'honneur de Jana...

Curieuse aventure. Il s'agit, nous dit le *Wing Commander* Blake, qui conduit le cirque, de bombarder Calais avec huit *Hurriboys*. Avec trois escadrons, dont le nôtre, les *bombers* seront bien protégés. Nous ne serons pas seuls. Nous allons aller assez loin en France. Altitude 17 000 pieds. C'est le contrôle de Dungeness qui nous prend «par la main». Je vole comme chef de section derrière le *Wing Commander*. Blondy est mon numéro 2. Il est accroché à mon aile droite. Je le sens, comme moi, à l'aise et détendu. Dans l'action, Blondy devient un autre homme.

Il sent la bagarre comme un spécialiste. Il est prêt à tout. Rien ne l'impressionne. Avec lui pas de mauvaise surprise. Je vois les *Hurricane*. Ils sont exacts au rendez-vous. Bien groupés en dessous et à gauche de la formation. Malgré le soleil et la lumière intense, il fait très froid. Je sens mes doigts de pieds me quitter lentement. J'essaie de les remuer dans mes bottes de vol pour les réchauffer. En vain. Ils sont sans vie. Un certain engourdissement me gagne. Je mets l'oxygène sur *emergency*. Le flot arrive sous pression dans mon masque et à jet continu. Ma torpeur disparaît instantanément.

Ciel bleu. Pas un nuage. Falaises de France et en dessous le liséré blanc de la mer. Le *leader* a pris Boulogne par le sud pour éviter la Flak. Le contrôle nous appelle. Il nous donne pour cap le 95° et pour altitude 18 000 pieds. Il y a donc quelque chose pour nous dans ce ciel extraordinaire.

— *Hello Porto leader, control calling. 20 + climbing at 5 o'clock from you. Angels 15 000 going North.* (Le contrôle vous appelle. Vingt ennemis montent à « 5 heures » par rapport à vous. Altitude 15 000 en route vers le nord.)

Si j'étais le *leader*, je ferais demi-tour pour leur tomber dessus en profitant de notre marge en altitude. Non, nous devons rester à proximité des *Hurricane*. Ils sont le miel et nous le papier à mouches sur lequel les Allemands doivent venir se jeter. Ce n'est pas certain. Les *Squadron* qui nous précèdent sont déjà sur le cap retour. Ceux qui nous suivent sont encore sur la Manche. Les Allemands sont bien capables de passer encore au travers. La preuve :

— *Hello, control calling. Huns flying East, have faded away.* (Les Huns volant vers l'est ont disparu.)

Hein ! Qu'est-ce que je vous avais dit ? C'est râlant. Roland doit ravaler sa rogne. Nous coupons maintenant l'angle presque droit que forme la côte de Dunkerque au Crotoy. Là-bas, voici

Saint-Omer et, au sud-ouest de la ville des chères demoiselles aux chapeaux verts, voilà le terrain près du petit bois. Le terrain, repaire des *Messer* bien connus...

Au-dessus de Calais, montent les flocons noirs d'une Flak très serrée. Je devine, sans les voir, les *Hurricane* plongeant courageusement dans ce réseau mortel. Dunkerque devant nous à droite.

Tout se passe en un clin d'œil... Bien au-dessous de moi, sur le plan d'eau de Dunkerque, j'aperçois ce que je devine être un hydravion au décollage. Un sillage, des volutes d'écume, ne trompent pas. Il faut faire vite pour ne pas le perdre de vue...

— *Whisky red one. Jaco calling. Look out below 2 o'clock, on the water, sea plane taking off...* (Whisky red one, Jaco vous appelle. Regardez-en dessous, à «2 heures» un hydravion au décollage.)

À peine ai-je terminé que le sillage s'arrête. Je ne vois plus mon client. Sans attendre les ordres, je plonge dans le trou pour lui couper la retraite, avec Blondy accroché à moi. Les aiguilles de l'altimètre tournent en arrière à une vitesse folle...

— *Hello Jaco, Whisky leader calling. Look out for your petrol. We are now over the Channel...* (Hello Jaco, Whisky *leader* vous appelle. Attention à votre essence. Nous sommes maintenant au-dessus du détroit.)

— *Hello Whisky leader, Jaco calling. Understood five by five.* (Hello Whisky *leader*, Jaco appelle, compris cinq sur cinq.)

L'eau monte à toute allure. Comme elle forme un bon réflecteur, je devrais retrouver cet avion. Ce serait formidable de rapporter une victoire à Jana ce soir. La Flak de Dunkerque me ramène à un jugement plus nuancé. Je vois les coups de départ. Mais je descends encore un peu. Toujours rien. Je suis trop bas pour demander l'aide du contrôleur de secteur qui ne me voit plus sur son *scope* de radar. L'avion se cache peut-être le long de la côte où son camouflage le rend difficile à repérer. En tentant de m'en rendre compte, toujours suivi de Blondy, je déchaîne la Flak des côtes belges. Et je vous jure que c'est sérieux. Les obus pleuvent littéralement dans l'eau sur notre passage.

Tout à coup me reviennent les conseils du *leader*. Blondy s'inquiète au sujet de l'essence qui baisse dangereusement dans nos réservoirs. Cap sur l'Angleterre. Terminé pour l'hydravion ! La mer du Nord, hostile, est longue à traverser en biais. Enfin, voici les falaises. Manque de pot, en faisant un mouvement, ma carte, coincée sous ma fesse droite, tombe dans le fond du cockpit... Impossible dans la limite de mon brélage de la récupérer. Nous voilà mal partis. Je ne sais pas très bien où je suis et l'essence diminue. J'ai quinze minutes pour trouver un terrain. Sinon, je me pose en campagne avec tout ce que cela comporte d'inconvénients majeurs pour nous et pour les appareils, chasseurs réputés fins, qui ne sont évidemment pas faits pour la pose tous terrains... J'appelle en vain sur la fréquence « détresse » :

— *Jaco calling for homing in emergency*. (Jaco appelle pour un cap retour en urgence.)

Des clous... Rien. Le vide radio. Sont tous au mess ces gaillards-là... Si je ne retrouve pas ma route, je crois que « j'y ai droit »... C'est au moins la cour martiale. C'en est fait de ma vie opérationnelle. Deux avions vomis dans la nature c'est suffisant à tout jamais pour vous faire radier de la chasse. Nos avions, volant en rase-mottes, attirent bien des gens. Ils nous font des signes amicaux en reconnaissant deux *Spit*... S'ils savaient seulement dans quel pétrin nous sommes...

Voilà un champ magnifique, une prairie occupée en diagonale par une sente. Un cycliste la traverse. Décision immédiate. Se poser pour demander ma route. C'est plus facile à décider qu'à faire avec cet appareil qui se présente à deux cents à l'heure. Allons-y. Je sors les roues, les volets, mets l'hélice au petit pas... Et allons-y pour la finale... Pourvu que ce bougre-là ne foute pas le camp, éperdu de trouille... Pas du tout. Il s'arrête. Le soleil descend sur l'horizon... Ciel dégagé... Ombres qui s'allongent. Mon *Spit* roule, saute, retombe... Ce n'est pas joli joli. Mais je finis par le contrôler et il s'arrête. Le cycliste accourt. Je l'aurais embrassé quand il m'a dit :

— Le terrain le plus proche est Ford. Par là. Tout droit à cinq minutes...

Et cinq minutes plus tard, nos deux avions se posent à Ford. Cauchemar terminé... Il n'avait que trop duré... Quelle affaire si j'avais provoqué l'atterrissage de deux précieux *Spit* en campagne à cinq minutes d'une base...

Dans la tiédeur du soir, un *Spit* tourne au point fixe, préparant sa bataille du lendemain... Il est trop tard pour rentrer à Perranporth. Jana, la petite Tchèque qui m'attend, comprendra...

Le lendemain, aussitôt rentrés, c'est *day off* pour nous. Au lit une partie de la journée. Roland s'amène vers le soir. Nous dînons ensemble dans un petit pub. Des steaks et des frites. Jana est enchantée. Elle aime les Cornouailles. Nous nous retrouvons tous au cinéma le soir. Puis le *Stork* étant sur notre route, comme par hasard, nous découvrons une bonne partie de l'escadron autour du piano. C'est Willy le Spy qui est le chef d'orchestre. Toutes les chansons se succèdent. On braille tant que ça peut. Depuis *Pistol packin' Mama* jusqu'à « Alouette », qui permet aux *Free French* d'affirmer une nette supériorité sur les British...

Le 9 mai 1942, le commandant d'escadrille, le *Flight Lieutenant* (capitaine) Philip Arnott, me fait appeler. Je dois me préparer à passer cette semaine devant l'Air Commodore, qui me propose pour le grade de sous-lieutenant. Un moment délicat... C'est un très haut personnage qui, généralement, vous sort vos mauvaises notes au moment même où vous semblez content de vous. En ce qui me concerne, les notes professionnelles ça va... Mais les notes de discipline ? Alors là...

Comme je suis très aidé par Philip Arnott, qui est la bonté et la gentillesse même... Comme je suis soutenu par le *Wing Commander* Blake, l'entrevue avec *the Old Man* (le Vieux) se termine, en fait, assez bien. Malgré mon embarras – mais quel est le grand chef qui n'est pas sensible à ce genre d'embarras ? – je réussis à répondre à peu près correctement à toutes les questions...

J'espère seulement que Leblond ne sera pas oublié et que, lui aussi, passera son examen aussi facilement que moi. Rien qu'en pensant à Blondy planté au garde-à-vous devant l'Air Commodore, je ris à en perdre haleine...

C'est le 15 mai 1942 que le général Valin vient nous inspecter. Nous sommes heureux, Leblond et moi, de le voir. J'ai l'impression que le sous-lieutenant G. lui a parlé des galons de *Pilot Officer*... Mais il ne m'a pas semblé que le général ait entendu ce qu'il disait... L'état-major de Londres est tellement éloigné des bases opérationnelles...

Nous sommes trés fiers, Roland et moi, d'avoir fait peindre sur nos *Spit* un écusson tricolore, portant dans le blanc l'emblème sacré de la croix de Lorraine... Mais les officiers de l'état major n'ont pas eu le temps de jeter un seul coup d'œil à nos beaux avions... Pour terminer la journée, des *Ju 88* viennent faire leur cirque au-dessus des ports voisins. La DCA entre évidemment dans le coup. On entend dans le lointain des explosions de bombes. Cela me met en joie car la belle Jana se figure que Londres est la seule ville d'Angleterre qui soit en guerre. Et ses réflexions devant nous, à cet égard, ne manquent pas d'être sarcastiques...

Le lendemain, je crois, je conduis une patrouille météo sur la Bretagne. Région de Saint-Pol-de-Léon – Morlaix en rase-mottes... Je vois des gens qui vont avoir une surprise. Je passe mes canons sur feu et je préviens Roland d'avoir à en faire autant... Je reviens en trombe sur la tranchée. Je l'ai bien dans mon collimateur. Au moment où je vais appuyer sur la détente, les

« ennemis » sortent du trou et font vers nous des gestes très amicaux. Je m'aperçois qu'il s'agit de braves paysans. Ils ont eu chaud. Et moi aussi. J'en ai encore, longtemps après, le dos en transpiration.

Nous avons un nouveau commandant d'escadre en remplacement du *Squadron Leader* Gibbs. Il s'agit d'un grand garçon qui fait très jeune et qui a le rire facile. Sur son *battle-dress*, des décorations font la preuve que la bagarre ne lui fait pas peur. Il vient au *Dispersal*, avec beaucoup de gentillesse, nous serrer la main à tous. Son nom est Peter Simpson. Le soir même, son arrivée est fêtée au Stork selon les traditions.

Je continue à m'entraîner et à me battre. C'est un métier qui s'apprend tous les jours. On sort beaucoup en ce mois de mai. Mais les Allemands, décidément, ne sont pas très accrocheurs. Et il y a toujours ce handicap terrible de la mer à traverser de Perranporth à la Bretagne... Combien de fois ai-je, au cours de ces sorties, tremblé en écoutant avec une oreille curieusement sensibilisée le bruit de mon moteur... Nos *Sweep*, nos patrouilles, étaient toujours dangereusement à la limite de nos réservoirs avec le retour dans l'anxiété au-dessus d'une mer souvent difficile...

J'ai vu aussi, quelquefois, des camarades faire demi-tour :

— *Something wrong with my engine, turning back home.* (Quelque chose ne tourne pas rond dans mon moteur. Je rentre.) On les connaissait ceux-là. Ils ne restaient pas longtemps en opération car la peur est contagieuse. Je n'ai jamais aimé leur présence parmi nous...

Pour les autres, la race des acharnés, il n'y avait pas de limite. Tout de même le survol de la mer provoquait souvent de fâcheux frissons. Dérivatif ? Le whisky, le gin... Ou alors une aventure sentimentale. Cela rend paresseux, disaient les uns. Les autres prétendaient même que l'amour vous enlevait le *fighting spirit* (le goût du combat). Pourtant la vie d'un pilote en opération peut devenir lassante si ce combattant n'a pas une valable contrepartie... Ce qui m'a plu tout de suite, c'est la qualité des amitiés nées dans le groupe de combat. La vie en équipe d'hommes qui partagent les mêmes dangers les rend bien meilleurs. Un bonheur, une récompense, atteignant l'un d'eux, atteint aussi tous les autres. Les peines aussi...

On faisait corps. Au combat d'abord. Partout ensuite. Je ne pense pas qu'il y avait parmi nous des hommes aimant la guerre pour la guerre. Nous pensions seulement que faire la guerre, de toutes nos forces, était le meilleur moyen de gagner la paix. Roland ne se sent plus de joie. Il y a de la permission dans l'air. *« On va à Londres »*, me répète-t-il, comme un croyant doit parler de Jérusalem ! Naturellement nous attendons nos soldes avec impatience. Nous ne descendrons pas au Dorchester. Pas davantage au Savoy ou à Park Lane. Nous avons beaucoup mieux que ces palaces mondiaux qui, dans la tourmente qui s'est abattue sur Londres, ont réussi à conserver leur standing... Oui nous avons beaucoup mieux... Nous descendrons chez nos marraines de guerre. Nous les aimons beaucoup et elles nous le rendent bien. Madame Marguerite est française. Madame Pierrette est belge. Ce sont deux grandes belles dames qui ont un métier que l'on dit aussi vieux que le monde. Elles donnent une large part de leur temps à ces deux filleuls qui leur tombent du ciel. Deux jeunes garçons qui ont bien mérité d'être choyés très maternellement, croyez-moi, et qui ont pour elles le maximum de déférence et d'attentions... J'oublie de vous dire l'essentiel. Mesdames Marguerite et Pierrette ont encore un point commun. Elles aiment la cuisine française et, bien mieux, la pratiquent. Je demande à ceux qui ont vécu dans un mess anglais, en temps de guerre, ou même à ceux qui ont pratiqué les petits restaurants de campagne de nos chers voisins, de comprendre notre joie permanente... Chères Marguerite et Pierrette, je ne sais ce que vous êtes devenues, mais je pense tout simplement que des bienfaits si généreusement donnés à des exilés sont portés à votre «avoir» sur le Grand Livre...

À Londres, on se retrouvait au Kemel Club, un haut lieu de la *RAF* Bobby Page avait toujours un mot aimable pour chacun. Des photos de pilotes garnissaient tous les murs, toutes nationalités mélangées... Bière et whisky... whisky et bière... Quand on sentait le fond de la poche, Bobby, miséricordieux, nous avançait quelque argent jusqu'à la prochaine solde.

Ces trois jours de permission devaient nous permettre en principe de sortir de notre ambiance. Nous tentions loyalement de le faire. Mais comme nous rencontrions à chaque instant des camarades, nous nous replongions avec délice dans nos problèmes de vol et de combat. Au Kemel Club, il était classique de voir des garçons dessiner avec leurs mains, dans un ciel limité et encombré par la fumée des Players, une géométrie dans l'espace extrêmement délicate... Naturellement, les pots de bière sous pression, tout humides, après le passage de la raclette du barman, défilaient sur le comptoir, jusqu'à l'heure fatale du *Time, Gentlemen, time*. On se précipitait au bar. On commandait deux ou trois pots d'avance. Et on reprenait la bataille aérienne là où on l'avait laissée...

— Allez, on se tire, dit Blondy...

Cela signifie que les trois jours ont défilé à bonne allure. Cela implique de bons gros baisers sur des joues parfumées. Marguerite et Pierrette rougissent comme de très jeunes filles devant leurs filleuls redevenus des guerriers à l'heure du train de Perranporth... Notre famille nous attend. La famille, c'est le *Squadron*, la base et les copains... C'est Willy le Spy. Les bruits qui nous manquent... La bonne gueule de Stuffy... La brume du matin au ras du sol... Ou le sifflement du vent battant le grondement de la mer... C'est tout cela, avec des visages qui surgissent soudain dans nos mémoires... Des visages que nous allons retrouver... D'autres, irrémédiablement disparus...

On se hâte. Le chauffeur du taxi a un mot gentil pour nos ailes de vareuses. Paddington c'est tout un monde qui se meut dans la fumée. Les lumières tamisées au bleu de méthylène créent une ambiance irréelle, un quai de départ pirandellien pour l'au-delà. À la vérité, c'est très sinistre...

Le train jouet, le train Hornby, le train anglais, vieux et arrondi, part sans bruit, se détache de ce décor à sa mesure, une longue chenille qui s'enfonce dans le noir; dans un dédale de voies au cœur de la ville qui fait semblant de dormir sous son black-out... Dans le train, à l'abri des fenêtres obscurcies, on retrouve une lumière vive. Train surchargé dans lequel on s'organise. La bonne humeur et l'esprit de camaraderie des Anglais font merveille. Déjà les conversations démarrent. On roule depuis quelques instants... Dans la nuit hurlent soudain des sirènes. On se tait. On écoute. On entend le coup de frein qui va bloquer le train et la cascade des coups de tampons des wagons qui se heurtent. Silence dans les tragédies antiques, un cheminot passe le long du train, protégé par une lanterne sourde: *Air raid on, air raid on*, dit-il, comme récitant une litanie, *lights please, lights please*... Des lumières? Lesquelles? Celles du train sont éteintes... Des gens descendent dans le noir absolu. Déjà dans le lointain les gars de la DCA ont déclenché leurs salves rageuses. Je reconnais les bruits des moteurs d'avions ennemis entre les coups de départ. Et Londres s'illumine. Les longs pinceaux blancs des projecteurs balaient le ciel. C'est un vrai festival de lumière. Le temps disparaît. Il y a des craquements terribles d'explosions, des volcans qui s'allument... C'est un drame dont nous formons le décor. Un drame très long. Avec des reprises çà et là. Enfin le bruit de fond des avions s'estompe. Est-ce que tout cela va finir? Est-ce que nous allons pouvoir cesser de penser à ceux qui meurent sous les débris de leurs maisons... Aux enfants qui pleurent et qui souffrent? À l'autre bout de Londres, une sirène chante... L'homme noir revient le long du train. Il psalmodie maintenant: *« all clear, all clear »*. Le train s'ébranle en gémissant un peu. Je sens le sommeil m'envahir. Je suis bien calé entre deux voisins. Je sombre... Perranporth est au bout du tunnel...

Ça ne va pas, ce matin. Il faut vous dire que nous sommes tous tellement « fauchés » à l'escadron que nous nous battons pour être sur le tour de *readiness*. C'est moi qui commence la journée alors que la hutte du *Dispersal* est encore noyée par la nuit... Il y a du thé sur le poêle en fonte. J'ai donné un fauteuil à Tim et j'ai pris l'autre. Foulard blanc autour du cou, jambes tendues, talons des bottes accrochés au bord du poêle, je laisse la douce chaleur m'envahir lentement. Casquette sur les yeux, je somnole. Tim dort déjà comme un enfant sage. Mon demi rêve se peuple d'images, la mer toute proche, la mer qui gronde et qui est notre frontière, le détroit qui commence aux falaises en dentelles de Falmouth et qui nous sépare des conquêtes du sieur Hitler...

Là-bas, derrière la brume qui s'accroche aux falaises d'eau verte, il y a mon père, ma famille, mes amis... Et voilà que s'assemblent, sans rudesse, dans ma pensée, les mots de la vieille complainte de Rutebeuf:

Que sont mes amis devenus
Que j'avais de si près tenus
Et tant aimés ?
Je crois qu'ils sont trop clairsemés
Et sont faillis
De tels amis m'ont mal baillis
Car dès que Dieu m'eut assailli
De maint côté
N'en vis un seul en mon hôtel
Je crois, le vent les a ôtés

L'amour est morte
Ce sont amis que vent emporte
Et il ventait devant ma porte.

Combien de temps ventera-t-il encore devant ma porte ? Qui peut le dire ? Ne suis-je pas un tout petit rouage de bonne volonté dans cette tourmente ? Un mécano des jours heureux dirait en ce moment même, en me regardant : *« Gars, t'as le coup de bourdon. »* Et il aurait probablement raison. Je n'ai pas le temps de m'assombrir davantage. Le téléphone du secteur se met à faire un tapage de tous les diables. Hop... Nous sommes déjà à la porte quand le *timekeeper* nous crie :

— *Scramble* 20 000 pieds, *vertical cap Lizzard...*

On se bouscule. Tout gueule en même temps et le klaxon d'alerte s'ajoute au concert. Qui sera le premier aux avions ? Les mécanos ou nous ? Demi-longueur d'avance sur Stuffy et j'arrive au moment où la fusée rouge, tirée de la tour, rebondit sur l'herbe du *Dispersal*. Je suis ficelé le temps de le dire. Stuffy rit silencieusement. Par une bonne synchronisation de nos mouvements, nous avons gagné des secondes... Injections larges... Le Rolls-Royce râle et démarre. Batterie extérieure débranchée. Tim me fait signe du pouce. Il tourne. Il est prêt. Les mécanos crient *all clear* et font le geste classique... Le *Spit* est déjà sur la piste. Les roues rentrent. Cap au sud. En montée rapide. Le premier grelottement du téléphone est seulement à 1' 30 dans le passé... Il y a deux minutes, j'étais en plein rêve, plongé dans Rutebeuf, enfoncé jusqu'au cou dans mes souvenirs heureux. C'est cela le jour ? On ne le dirait vraiment pas... Il y a du gris foncé qui traîne en dessous de nos ailes. C'est plein de poésie ces traînées grises sur la verte Angleterre. Je te demande un peu ce que vient faire la poésie à bord d'un *Spit* qui va au-devant d'un *Ju 88*... C'est ce que dit le contrôleur :

— *Allo, Jaco leader, bandit approaching the coast from South. Twenty miles away. Angels 20. Booster.* (L'ennemi approche la côte par le sud à vingt miles. Altitude 20 000 pieds. Plein pot.)

— *Allo control, Jaco, Willco, booster.* (Allô contrôle, bien compris, plein pot.)

Probablement un *Ju 88* en reconnaissance météo. Si je le tiens, le *« Bastard »*, je lui fais la peau. Je passe en survitesse. Le *Spit* fait un bond en avant sur sa trajectoire oblique. Pourvu que le salopard ne fasse pas demi-tour, qu'on puisse au moins le voir. Le contrôle me précise que le « bandit » est maintenant à 15 miles et nous met au cap 190... Je regarde Tim. Il commence à fouiller le ciel. Cette fois-ci on va l'avoir ? Je me sens une force irrésistible. Que dit le contrôleur ? Catastrophe :

— *Hello Jaco. Vector now 160. Bandit turning right and diving for the deck.* (Le cap maintenant est 160. L'ennemi virant à droite et piquant vers la surface.)

Ah ! là là !... J'ai compris. Le salaud a fait demi-tour et il augmente sa vitesse en piquant vers la mer. Il va encore nous échapper. La colère me prend. Je pique à mon tour vers la mer pour tenter de lui couper la route. À pleins gaz, nous fonçons vers les nuages qui commencent à recouvrir la mer. Maintenant je perds tout espoir. C'est si simple pour le gars de se réfugier dans cette couche. Il sera bientôt chez lui, en France... Je suis désespéré. J'en veux à tout le monde. Quand le contrôle m'appelle pour me dire de rentrer, j'ai envie de répondre par des sottises... Nous rentrons dans des conditions devenues assez difficiles par la faute des nuages très bas... Tim, pressé de se poser après moi, oublie de sortir son train et se vomit sur le ventre :

— *Just forgotten them, old boy !* (Je les ai oubliés, vieux frère) est son commentaire à la radio. Je suis navré pour lui. Il peut y avoir des conséquences. On ne peut pas savoir ce qui se passe dans la tête d'un *Air Commodore* dans ce cas-là...

Ce que je faisais le 2 juin 1942 ? C'est tout simple, j'étais chez le coiffeur. Le figaro du patelin est en même temps épicier et spécialiste en photo pour amateurs. La boutique est pleine. On bavarde dur. Qui a dit que les Anglais sont facilement taciturnes ? Mes cheveux tombent en masses. *Trim them short, please*. Coupez-les court lui ai-je dit. Il y va de bon cœur le brave homme. Tout le côté droit est par terre. Cela me fait une tête curieuse. Bruits de freins devant la boutique à tout faire. Remue-ménage dans la rue, portière qui claque, porte qui s'ouvre. C'est le ramasseur de pilotes.

— *Sir, there is a show on, you have to report back to the Squadron immediately*. (Monsieur, il y a un coup en route, vous devez rentrer immédiatement au *Squadron*.)

Bigre, ce doit être important. J'arrache le peigne, les serviettes. Je glisse tout dans les mains du vieux figaro éberlué. Et je fonce avec la moitié de la tête rasée...

Naturellement, j'arrive le dernier. Les ordres de vol sont affichés. Je sais de quoi il s'agit, rien qu'à voir la tête des pilotes... Attaque de bateaux... Car les pilotes de chasse prétendent, non sans raison, qu'ils ne sont pas faits pour attaquer des bateaux. Aussi l'ambiance n'est pas très chaude dans la salle de *briefing*... Willy, l'aimable, lit la *« Form D »*. D'après elle, quatre *minesweepers* (mouilleurs de mines), escortés de deux *Flak ship*, ont été repérés au nord d'Ouessant, près de la côte française. Le *130 Squadron* agira en anti-Flak, le *234* escortera les huit *Hurribomber*s. Décollage de Predannaek. Vol à zéro pied jusqu'au repérage des bateaux ennemis. Silence radio. En cas de combat avec la chasse ennemie, obligation de rester par paires. En cas de coup dur, appeler le secteur sur « *D-Dog* » et transmettre le plus longuement possible pour faciliter le relèvement...

— *We will try to get you out of the drink. Time is now eleven two four seconds – top...* (Nous essaierons de vous tirer du jus. L'heure exacte : 11 heures 24 secondes – top.)

J'inscris très lisiblement mon cap retour sur le dos de ma main gauche. Également les heures de décollage... Ça va barder. Je le sens. Le fait de voler jusqu'à Predannaek me fait indiscutablement du bien. La tasse de thé aussi. Pourtant mon appréhension ne disparaît pas. Elle vit, sournoisement, au fond de moi même. Plus l'heure approche et plus je transpire dans mon *Spit*, dans l'attente du signal de la mise en route. Il est petit, cet avion. Il est inconfortable. Et pourquoi ce parachute me gêne-t-il sous les fesses ? Et pourquoi encore cette douleur à la hauteur de ma bouche ? Je salive dans mon masque à oxygène. J'ai envie de vomir. Tout au fond du bonhomme il y a une petite phrase qui chemine méchamment : *« Mon garçon, à ce petit jeu-là, tu vas finir par gagner... Tu en connais beaucoup des gars qui jouent à la guerre impunément ? Un jour "ta" chance ne sera pas là. Une défaillance peut-être ? On dira : "Ce pauvre Jaco, missing presumed killed (manquant présumé tué)". D'autres diront devant un drink : "Il avait eu du «pot». Mais cela ne dure pas toujours" »* ... Oui, les petites phrases cheminent. *« Tu te rends compte, Jaco, il y a des pilotes de chasse qui se prétendent spécialisés dans le combat aérien. »* Me font doucement rire. Qu'ils viennent tâter un peu de la mitraille d'un *Flak ship* !

Hop... En route. Et le décollage se passe comme dans un rêve. J'aime voir briller les hélices dans le soleil. Nous sommes au ras de la mer. Les huit *Hurribombers* nous suivent comme en remorque. Vingt minutes de vol avant la mitraille. La formation est impeccable. Les gars me semblent plus tendus que de coutume. Pensée émue pour ces pauvres diables de *Hurricane* bien plus vulnérables que nous. Certes, nous allons passer les premiers pour contrer la défense, la neutraliser autant que faire se peut. Puis laisser le champ libre aux camarades plus lourdement armés. La présence de mon N° 2 me fait du bien...

J'ai vu en même temps que le *Commanding Officer*... Voici les bateaux. Ils paraissent immobiles sur l'eau verte... Il y a pourtant à leur étrave une aigrette blanche qui dit le contraire. Les maudits bateaux ont le nez tourné vers l'est, vers la côte bretonne, qui se découpe plus loin en toile de fond. Au moment où je vais rompre le silence radio, le *Commanding Officer* annonce :

— *Whisky Squadron, target at eleven o'clock, attacking in one minute. Opening up flat out. Red and yellow going for the Flak ship. Drop your babies now.* (Whisky *Squadron*, le but à onze heures. On attaque dans une minute. Plein pot. Sections rouge et jaune sur les bateaux de DCA Lâchez vos réservoirs supplémentaires maintenant.)

Les bateaux Flak, c'est facile à reconnaître, grâce à leurs superstructures plus hautes et aussi à leurs tours de combat qui ressemblent un peu à des donjons crénelés à l'avant et à l'arrière. Je transpire par tous les pores et mes oreilles bourdonnent. J'ouvre en grand mon robinet d'oxygène. J'enlève la sécurité des armes... « Mon » *Flak ship*, le voilà... Il vient tout entier par transparence dans le cercle lumineux de mon collimateur... J'ai le cœur qui cogne... Cela me rappelle le roulement de tambour des musiciens de cirque, juste avant le saut de la mort... Dieu que c'est long cette approche ! Je surveille du coin de l'œil les camarades qui prennent chacun leur bout de bateau... Rare déchaînement des premières traceuses qui viennent à notre rencontre comme des abeilles familières... Déjà des obus font de gros trous dans l'eau... Maintenant je vois très bien les tourelles quadruples qui me tirent dessus. La précision de la Flak allemande est infernale. Tout au long de cette guerre, nous, pilotes, chasseurs et bombardiers, nous avons toujours été d'accord là-dessus. Résultat dans l'immédiat. Je rentre presque sans le vouloir la tête dans les épaules en ajustant cette tourelle qui me crache sa mitraille. Elle s'allume sous mon tir.

Je garde longtemps le pouce sur la détente. Mes obus arrivent au but par essaims. Sur la droite, je vois un mât s'écrouler le long du pont sur la tourelle du Flak. Sa passerelle est criblée littéralement de trous. Elle laisse échapper de la fumée... Encore cinquante mètres à foncer... Des combattants en bleu gisent derrière les blindages. Deux autres enjambent le bastingage et sautent. Je suis sur eux... Une pression sur le manche. C'est un peu comme si une main géante appuyait sur mes épaules. Ma tête s'enfonce. Le *Spit* frôle la tourelle avant du *Flak ship*... Je suis un peu soulagé en pensant aux destructions que je viens de voir. Les *Hurricane* pourront peut-être passer sans trop de dégâts... J'ai une impression de demi-victoire. J'ai tort. Je vois brusquement un *Hurricane* qui est marqué à jamais par la mort... Derrière lui, le long trait fatal de fumée noire... On dirait maintenant que toute la Flak lui tire dessus... Il me faut encore assister à la mort d'un camarade... De gros obus traceurs inscrivent des faisceaux au-dessus de l'avion blessé... Le pilote, comme je l'apprendrai plus tard, un Canadien, continue imperturbablement sa route sur l'ennemi... Le bateau Flak est devant lui… Un obus touche l'avion de plein fouet... Je vois le *Hurricane* comme dans un affreux cauchemar, basculer et percuter le flanc du bateau. Le fracas a dû être énorme car, malgré mes écouteurs radio et le grondement de mon moteur, je l'ai entendu... Je regarde, écrasé... Un énorme champignon de fumée noire monte en volutes, très haut dans le ciel... Voilà un coup au but qui coûte bien cher... Les *Spit* de l'escorte, crachant le feu par toutes leurs armes, arrivent ensuite sur l'objectif. Les coups innombrables frappent les carcasses grises. Étincelles ! On dirait que d'énormes pierres à briquet font naître ces feux d'artifice. Mais les coups portent. Et la Flak fléchit.

Je suis toujours à pleins gaz... Dans mon virage très large, j'aperçois la dentelle du rivage breton. Le ciel est vide. Une vraie chance. Deux bateaux au moins ont été touchés par les bombes...

— *Look out, Red One, a Hurricane in trouble at 5 o'clock.* (Attention, Red One, un Hurricane en difficulté à 5 heures.)

C'est vrai, hélas. Un panache de fumée, huile et vapeur mélangées, s'échappe de son capotage. Mal parti le camarade... Il ne faudra pas longtemps avant que son moteur le lâche. Il essaie, tant bien que mal, d'éviter les traceuses qui ne le quittent pas, le poursuivent avec rage. Il prend de la hauteur. Fasse le ciel qu'il puisse atteindre l'altitude de sécurité qui permettra au pilote de sauter avec les meilleures chances de s'en sortir. Le moteur tourne toujours. Mais le pilote ne se fait aucune illusion. Il est cependant très calme quand il annonce à la radio :

— *I think I will have to jump, May Day, May Day, May Day... Good luck chaps. Get me out of the drink as soon as you can* (Je pense que je vais avoir à sauter. May Day, May Day, May Day (trois appels réglementaires de détresse). Bonne chance, camarades. Tirez-moi de la flotte aussi vite que vous le pourrez.)

Et la fin de ce drame se précise... L'avion est tout de même sorti de la zone de Flak... Il grimpe encore un peu, comme suspendu à son hélice. Il semble faire de l'équilibre sur la queue au-dessus de son panache de fumée. Deux *Spit* l'entourent. Mon angoisse me ronge. Sera-t-il assez haut pour sauter... Naturellement cela devait arriver, l'avion paraît s'arrêter... Pouf, pouf, pouf, bouffées de petits nuages noirs... Ratés d'agonie du moteur. Hélice en croix qui brille dans la lumière... O bonheur ! Comme un diable qui sortirait de sa boîte, voici le pilote qui enjambe sa carlingue... Je le vois en chute libre. Puis une large coupole blanche s'installe dans le ciel... Le pilote est en dessous, suspendu comme un pantin à son parachute. Il descend lentement vers l'eau que le soleil peint en jade très clair. Joie... Tout le *Squadron* tourne autour de lui... Le *Commanding Officer* appelle le contrôleur pour le premier relèvement... Le parachute s'étale sur l'eau comme un gros nénuphar... On voit maintenant à la surface de l'eau, le jaune très vif du canot pneumatique. Notre camarade est déjà assis dans son frêle esquif et lève les bras vers nous : *« O.K. Tout va bien »* ... Un peu plus loin la corolle est peu à peu mangée par la mer. L'auréole jaspée provoquée par l'éclatement des carters d'huile s'élargit. Le *Commanding Officer* prend le cap retour. Notre travail n'est pas fini. Il va falloir revenir très vite sur les lieux pour retrouver notre ami et guider vers lui les vedettes de l'Air Sea Rescue... Et les Allemands ne sont pas tellement loin...

À terre, à peine mes roues ont-elles touché que je distingue l'animation au *Dispersal*. Les gars font vite pour nous ravitailler avec de grands gestes maladroits et fraternels, des gestes de terriens... Je commande la première patrouille de six avions qui va repartir tout de suite. Pas question de prêter la moindre attention à nos jambes ankylosées, à nos dos endoloris par la dureté du *Dinghy* qui nous sert de siège... Pas davantage question de dire du mal de ce vieux *Dinghy* aujourd'hui moins que jamais. Nous repartons, résolus à mener à bien la mission.

Nous n'avons pas perdu un instant. Nous volons bas, en formation très ouverte pour ne pas nous gêner. À vingt minutes de la côte anglaise, je vois les vedettes de l'*Air Sea Rescue* qui foncent avec de lourds panaches d'écume autour d'elles sur le cap annoncé. Pas moyen de les contacter par radio. Cela ne m'inquiète pas. Le premier qui découvrira le camarade saura bien avertir l'autre. Le râteau des recherches s'ouvre encore. J'ai tracé à la hâte sur ma carte un rectangle, avec au centre une croix rouge qui est, pour moi, le point de chute estimé. Je ratisse donc en ligne droit en faisant des perpendiculaires à chaque changement de cap. Travail précis au chronomètre. Blondy, mon vieux camarade, ne m'a pas quitté. Il est accroché à cette recherche. Nous devons, coûte que coûte, retrouver le pilote. Six paires d'yeux attentifs fouillent la mer. Du côté de la météo, cela va moins bien. Le vent s'est renforcé. Il rabote la crête des vagues. Les « moutons blancs » qu'il accumule gênent notre recherche. Il faut encore veiller à ne pas être surpris par la chasse allemande. Ciel couvert, nuages assez hauts. On les verra. À moins qu'ils n'arrivent comme nous au ras de la mer. À demi-puissance, hélices au ralenti, nous balayons la mer. Je commence à râler ferme. Pas une trace d'huile ou de glycol... Aucune trace du colorant spécial... Pourtant, je suis certain de mon estimation... Le temps passe. Le carburant diminue... Encore une fois le rectangle... Ensuite il faudra bien rentrer... Six autres avions reprendront la recherche jusqu'à la nuit... Pourtant on voudrait tant que... Enfin si c'était nous... Quelle joie. Je recommence. La formation est impeccable. Calmement, nous passons en revue tous les creux et une véritable armée de « moutons ». Décharge presque joyeuse dans les écouteurs. L'émetteur est proche. C'est Blondy. À moitié en français, à moitié en anglais, un bon mélange :

— *Hello, Jaco. Something eleven o'clock. One mile*. Ça y est, c'est le *Dynghy* !

Moment de grande joie. Tous les *boys* ont vu. Il est là, le copain dans son *Dynghy* jaune. Il tire une fusée de secours qui ne fait pas plus de fumée qu'une cigarette dans une tornade. Je passe à sa verticale et je bats des ailes un bon coup. Il ne peut pas s'y tromper. J'envoie deux avions à la recherche des vedettes. Pendant ce temps, je vire au-dessus de la petite tache jaune qui danse éperdument... Mais qu'est-ce que cela peut bien foutre maintenant que le gars mette son dernier *breakfast* à la mer... Bon boulot... la deuxième formation nous relève à la verticale du *Dynghy* au moment même où les vedettes arrivent à toute vitesse... Nous rentrons le cœur apaisé... Au moment où nous abordons la côte des Cornouailles, le soleil étire dans son miroir d'eau sa gueule rougeoyante... Les avions se dandinent drôlement vers le *Dispersal* pour la nuit... À bord d'une vedette de Sa Majesté, il y a un garçon que nous ne connaissons pas qui nous adresse au-dessus de sa tasse de thé un affectueux bonsoir...

— Tout de même, dit Blondy, il était pas bien gros ton haricot jaune...

10.
Le saut de la mort

Non, décidément non, je n'aime pas les mois de juin... Surtout les mois de juin sans brumes matinales, sans perturbations météo... Rien à faire pour s'offrir une grasse matinée. Voler, toujours voler, encore voler... Ah j'ai voulu être pilote de chasse... Je suis servi et... fourbu... Naturellement, je ne vous apprends rien en vous disant que juin a les jours les plus longs... Les opérations se succèdent à raison de trois ou quatre missions par jour... Du travail de routine, surveillance des convois... C'est insipide, sans panache... Mais ces convois qui parviennent dans les ports anglais nourrissent et approvisionnent l'Angleterre en guerre. Alors cela vaut la peine.

Ce jour-là, Blondy et moi, nous en sommes à notre quatrième mission. Elle s'est présentée comme les autres. Même un peu plus paisible. Il s'agit d'ailleurs d'un convoi peu important quittant le canal de Bristol... Non cela ne sentait pas le drame... Et pourtant...

Blondy et moi on est, depuis une heure, accrochés à ces bateaux comme des mouettes attendant la pitance. On attend impatiemment la relève. Le chef de section de cette patrouille doit nous appeler sur notre fréquence radio. À l'heure prévue, pas de *Spit* dans le secteur. Il est vrai que la lumière est éclatante et gêne la visibilité. La terre est très loin derrière nous, cachée sous un voile laiteux. Blondy et moi en avons assez de jouer les libellules au-dessus de ces sacrés bateaux. Enfin, brusquement, j'aperçois la patrouille à ma droite, du côté de Blondy :

— *Hello, Porto control, can we pancake?* (Hello, Porto contrôle, pouvons-nous atterrir ?)

— *Hello, Whisky Red One, you may pancake out.* (Hello, Whisky Rouge Un, vous pouvez vous ramener.)

À mon avis, le chef de patrouille de relève a dû entendre mon appel... Mais voyons, que se passe-t-il ? Il évolue autour de Blondy en battant des ailes. Naturellement, je comprends que son poste radio est en panne. C'est ce qu'il veut expliquer à Blondy de bord à bord. Je surveille les évolutions. Nous sommes à 1 500 mètres d'altitude. Je crois voir Blondy lui faire un signe... Puis, sans que je puisse comprendre pourquoi, le chef de patrouille passe, brusquement en virage, sous le *Spit* de Blondy. D'un coup d'aile, il lui arrache la queue. Suspense terrible ! D'un seul coup, l'avion de Blondy se cabre, puis plonge instantanément en piqué à la verticale. Le nez droit vers la mer. Je n'ai qu'un réflexe, un hurlement dans mon micro :

— *Bail out, for Christ's sake, bail out.* (Saute, pour l'amour du ciel, saute.)

Chute vertigineuse. Hébété, je vois Blondy, mon vieux copain, foncer vers la mer, à mille à l'heure, écrasé, enfermé dans cet habitacle, dans ce cercueil... La panique m'envahit. Je crie toujours dans mon micro : *« Blondy, sors-toi de là, saute... »* Mais rien n'y fait. Je lance l'appel de détresse au contrôleur du secteur :

— *May Day... May Day, May Day, Whisky Red Two in the drink.*

L'avion sans queue percute l'eau... Une énorme gerbe d'eau se referme sur l'avion, sur mon camarade... J'ai piqué derrière lui, mais je ne pouvais le suivre... Je suis pétri d'angoisse... J'attends... Quoi ? Je ne sais. Au même instant, près de la surface, c'est mon impression mais je suis encore assez haut, s'ouvre une corolle blanche, qui a été d'abord un long fuseau. Le parachute s'est à peine déployé que déjà Blondy est dans l'eau... Dieu quelle joie ! Il était temps. Mon cœur se remet à battre normalement... Mais dans ma joie j'appelle tout le monde sur la terre, sur la mer et dans les airs pour clamer que Blondy est vivant... Il faut faire vite pour le tirer de là. Un des croiseurs du convoi, qui a assisté au drame, envoie sur les lieux une vedette rapide qui cueille mon Blondy... Mon copain échappa ainsi à la mort... Mais il ne survécut pas longtemps à la cure de rhum blanc administrée par les joyeux gars de la *Navy*... Il était en de très bonnes mains... J'ai eu aussi les détails du coup dur. Collision. Blondy veut immédiatement sauter. Mais le choc a été si rude que sa botte de vol est coincée entre le plancher et le palonnier. C'est pendant la chute même de l'avion que Blondy a réussi à retirer le pied de sa botte pour pouvoir enfin quitter l'avion. Un véritable numéro d'acrobatie tournoyante... Ce jour-là, Blondy a eu le pot. Malheureusement, un peu plus tard, cet accident aura pour sa santé des conséquences extrêmement graves. Le lendemain, tout l'escadron accueille le rescapé. Le corps médical lui a signé son *exeat*. Il est vrai que l'on avait bien besoin de pilotes dans la *RAF*..

11.
L'activité ennemie se fait de moins en moins sentir

Le 4 juin 1942. Je dors à Warmwell où l'escadron entier s'est posé la veille. Il est question d'un *Sweep* sur Cherbourg :

— *« Good morning, Sir, beautiful sunshine... Here is a cup of tea... Briefing at 05.30... »*

Le joli sourire de la *WAAF* qui réveille les guerriers... C'est vrai qu'il fait beau, que le thé est bon... Mais il y a aussi le *briefing*. Mon camarade de chambre s'est simplement retourné dans son lit. Le visage vers la cloison, il entame dans l'ombre une seconde nuit pleine de rêves au cours desquels les *WAAF* ne sont peut-être pas uniquement chargées de réveiller les tueurs que nous sommes...

En m'équipant, je me souviens d'une phrase débitée par un speaker de la B.B.C. la veille au soir... Il en bavait de joie, le misérable : *« au fur et à mesure que les jours se passent, l'activité ennemie se fait de moins en moins sentir... »*

Mae West, gourde en place, le gros Smith & Wesson pour cow-boy rejeté dans le placard (que puis-je faire avec cet instrument ?), je me surprends à râler ferme... *« se fait moins sentir ? »*

Parole, je lui offrirais bien une place au copain pour qu'il puisse voir tout ce que les gars d'en face sont capables de nous jeter à la figure... *Sweep* sur Cherbourg... Trente mille pieds... Dorchester en dessous et l'avancée dans la mer, en forme de langue de veau, de Portland Bill...

Le ciel est pur. Le froid devient de plus en plus intense à mesure que nous grimpons. À 20 000 pieds, mes doigts me font mal. À 25 000, mes pieds disparaissent... À 30 000, je souffre de brûlures intenses, insupportables. Dehors, il doit y avoir -50 ou même -60... Au cœur de cette immensité bleue, j'ai brusquement envie d'appeler... Mes yeux pleurent de froid... Et il y a enfin Cherbourg, là-bas, au loin... À dix mille mètres d'altitude, on distingue très bien la forme du cou de poulet décapité de la presqu'île du Cotentin... Ma radio s'anime. Des hommes dont les voix sont encore lointaines :

— *Hello, chaps, look out... aircraft in the sun. About six of them.* (Attention les gars. Avions dans le soleil. Au moins six d'entre eux.)

Ça y est ! Cela va commencer le cirque... Joie. Enfin la bagarre. Au moment où je pense à l'éminent speaker de la B.B.C. *« ...l'activité ennemie se fait moins sentir... »*, c'est le déchaînement :

— *Look out. They are coming down... Look out... Break...* (Attention... ils dégringolent... Attention... dégagez !)

Comme par hasard, nous allons encore une fois arriver trop tard ! Mais que se passe-t-il ? Comme le bruit que l'on entend, enfant, en collant son oreille à un gros coquillage, oui, ce bruit de fond, qui m'est si familier dans mes écouteurs, disparaît... Panne radio. Je suis désormais sourd, muet... et aussi un peu aveugle car je ne peux plus compter sur les yeux des camarades mais seulement sur les miens... À trente mille pieds. Et la bagarre est là ! Non seulement je deviens dangereux pour toute l'équipe mais une proie toute indiquée pour l'ennemi. N'ayant plus ni la parole ni l'ouïe, je vais donc ouvrir plus grands les yeux... Je compte sur ce sixième sens, cet instinct, qui facilite la tâche des hommes habitués à combattre, à vivre dangereusement. D'ailleurs, je sens une certaine nervosité s'emparer du *Squadron*. Il va se passer quelque chose.

Regardant droit dans le soleil, je distingue deux ombres... Je sais que ce sont des Allemands... Et je ne peux pas prévenir. Je commence à *weaver* dur (déraper pour dégager la vue vers l'arrière). Mon N° 2 s'approche. Il se colle à moi. Je stabilise le *Spit*. En me cognant de la main sur le « groin » du masque et en mettant un pouce tourné vers le bas, je lui fais comprendre ce qui m'arrive. Si je suis descendu, on saura que je volais sur un avion « impotent ». Je ne quitte pas de l'œil, pour autant, mes deux fantômes qui semblent vouloir rester dans le soleil. Il y en a d'autres. Cherbourg est maintenant derrière nous. Ils vont nous attendre sur le cap retour. Et voilà, comme des bolides qui descendent du ciel, les Allemands dégringolent de leur éblouissante cachette... Les coups de canon partent. Ça monte, ça descend... Je vois passer un long fuselage gris-noir... un peu comme un brochet chassant le poisson blanc. L'Allemand se colle derrière un *Spit* qui n'a rien vu venir. Éclatements rouges, morceaux de métal, fumée... puis une boule de feu rougeâtre... Fini... D'autres *Messer* continuent à descendre du ciel. Moi, je vire tant que ça peut... Mon N° 2 est toujours là et je me demande comment il a pu tenir, car je n'ai jamais volé plus de cinq secondes en ligne droite. Le silence du « sourd » est franchement intolérable. On ne peut se battre avec un tel handicap. Ma chance, c'est d'avoir Jocke avec moi. Il ne faut tout de même pas tenter le diable... À droite de Cherbourg, il y a quatre *Spit* en formation impeccable. Je pique avec précaution pour aller me faufiler en dessous d'eux. Je m'arrange même pour qu'ils me voient arriver. Ce que je perds en altitude, je le gagne naturellement en vitesse. Les défenses de Barfleur y vont maintenant de leurs gros noirs... Les serpentins de traceuses orange montent du sol... Eh mais, c'est rudement bien ajusté. Et là, devant nous, il y a un nuage rouge tout rond comme un pompon de marin. Attention à ce qu'il y aura derrière ! Et si encore ces quatre *Spit* voulaient bien ralentir pour me permettre de me glisser en dessous d'eux ! J'ai l'impression d'avoir toute la *Luftwaffe* sur le dos. Cependant Jocke veille. Cherbourg est loin maintenant. Le cou de poulet sans tête s'éloigne. Encore vingt minutes de mer. Je retrouve mon calme dans la hutte du *Dispersal*. J'en veux à tout le monde. Surtout à la B.B.C. Sans cette maudite phrase d'hier, j'aurais fait demi-tour... Ah, ce terrible respect humain ! À terre, Willy le Spy attend ses « clients » ... C'est bien un journaliste... Curieux terriens spécialistes de la chasse aux renseignements, des vraies commères, les gars... La confusion est totale dans « le discutage de coup ». *« Here I was after a Focke firing like hell, I saw one Spit going down in flame. Heard a type calling for help. I saw parachute floating down the other side of Cherbourg... » (« Ici j'étais après un Focke Wulf tirant comme l'enfer... J'ai vu un Spit tomber en feu. J'ai entendu un type appeler à l'aide. J'ai vu un parachute étendu sur l'eau de l'autre côté de Cherbourg. »)* Willy écoute soigneusement, pose quelques questions... Il ne se trompe pas. Lentement, comme l'araignée tissant son piège, il dégage les vrais fils de l'action et reconstitue celle-ci. Mais l'excitation est à son comble. J'ai l'impression de n'avoir pas participé à l'action tant je découvre de nouveaux détails du combat. Hélas, mon camarade belge, le sergent Potelle, n'est pas rentré. Un autre pilote du *234 Squadron* est porté manquant.

Les pilotes se retrouvent au Stork. Ils attendent en silence autour du poste de radio :

« This is the nine o'clock news... » Au cours d'actions offensives au-dessus du territoire occupé, trois *Messerschmitt* ont été détruits en combat. Deux de nos pilotes ne sont pas rentrés...

Oui, nous avons l'honneur du communiqué. Ce soir-là, soirée calme, silencieuse... Les ombres de nos deux camarades sont avec nous... Les filles, elles-mêmes, n'osent pas poser de questions... Puis des heures de repos... Il faut être prêts pour d'autres tâches.

12. Morlaix

Je ne vous ai jamais parlé jusqu'à présent, je crois, des *Whirlwind*. En ce 5 juin 1942, ils sont pour nous à l'ordre du jour. La météo de ce mois de juin est décidément accrochée à un anticyclone de roc. Le ciel est clair. Cependant, la brume de beau temps sévit dans les basses couches. Opérer là-dedans n'est pas une partie de plaisir. Le commandement n'en a pas moins décidé que nous irions ce matin-là bombarder le viaduc de Morlaix en rase-mottes. Comme me l'avait si bien dit mon ami Willy le Spy, le coup foiré de l'autre jour n'était que partie remise. On nous donne de petits moyens. Et l'objectif est un colosse bien défendu.

De quoi s'agit-il ? Couper pour un bon bout de temps la ligne de chemin de fer qui ravitaille, en matériel lourd, les chantiers navals de Brest. Pour le *bombing-coupure*, quatre *Whirlwind* sont prévus... *A Flight* avec six avions assurera en *close escort* (protection rapprochée) le *Sweep* et l'autre *Flight* en *free-lance* (en protection libre) conservera le contact visuel avec les bombardiers et fera le vide autour d'eux... Opération menée par notre nouveau et sympathique *Squadron Leader* Peter Simpson, qui accompagne les *Whirlwind* avec *A Flight*. Philip Arnott, notre patron de *B Flight*, emmène le *free lance*...

Pourquoi a-t-on donné le nom de *whirlwind* (tourbillon, tempête) à ces avions qui ressemblent, avec leur silhouette racée et élégante défilant lentement au-dessus de l'eau calme, à de vraies libellules?... Nous, un peu plus haut, nous sommes dans la crasse. Blondy est dans mon aile. Je m'accroche à Philip Arnott. La «visi» est mauvaise et il ne s'agit pas de faire un plouf dans l'eau... Quarante minutes pour liquider la Manche... À l'horizontale, la visibilité reste très mauvaise et c'est à peine si je vois les ailes des deux *Spit* de gauche! Évidemment, nous sommes à l'abri de la chasse allemande dans cette vapeur... C'est le point de passage sur la côte qui va conditionner la navigation sur l'objectif. Il faut tomber sur les repères... Sinon pas de cheminement possible vers le viaduc... À la verticale on voit... C'est ainsi que j'aperçois quelques bateaux de pêche, ce qui signifie que la côte est proche. Mais le voile s'assombrit encore... C'est par mesure de sécurité que le *Commanding Officer* prend un peu d'altitude. On le suit, mais comment s'y retrouver dans cette brume?

Je vois d'énormes plaques d'écume qui mettent comme de la moisissure sur l'eau... La côte doit être à toucher. Peter Simpson infléchit son cap vers la gauche... La question est de savoir si nous sommes à droite ou à gauche de la rivière de Morlaix, qui est notre point de repère principal. Qui tient la rivière tient évidemment le viaduc... Le temps me semble long. Je sens bien que la côte est là, très près, à droite... Mais je sens aussi que le *Squadron Leader* va faire demi-tour. C'est ce que je ferais si j'étais à sa place. Il est ridicule de tenter une opération aussi délicate dans cette purée et sans avoir toutes les chances de son côté... Le patron insiste. La formation peine à le suivre. La visibilité a encore baissé. Clic dans les écouteurs. Un ordre du chef:

— *Hello, Whisky turning back, going home.*

On rentre... Et à cet instant précis, j'aperçois une masse sombre, frangée de mousse blanche, sous le nez de mon *Spit*. Cela va très vite. Mais j'insiste pour voir, pour reconnaître ce bout de terre désolé... Blondy est toujours accroché à mon plan droit, Mais c'est l'île de Batz... Je connais maintenant notre position. Je romps le silence radio :

— *Hello, Whisky Red One, Jaco calling, vertical Île de Batz. Morlaix is South-East.* (Jaco vous parle à la verticale de l'île de Batz, Morlaix est dans le sud-est.)

Mais bien qu'il ne m'ait fallu qu'une fraction de minute pour me « pinpointer », mes camarades ont déjà disparu dans le « flou » quand je relève le nez. J'en éprouve un véritable regret. Je pouvais facilement conduire toute la formation vers son objectif. Après tout, puisqu'ils ont disparu, pourquoi n'irais-je pas surprendre l'ennemi avec mon fidèle compagnon ? Le terrain de Morlaix ? Mais c'est un temps idéal pour jouer aux pirates. Tout sec, je prends le cap sud... Blondy a compris et reste dans mon aile. J'appelle mon chef avec l'espoir solide que les « Huns » n'écoutent pas sur la même fréquence :

— *Hello, Whisky leader. Jaco calling. Going at investigate Morlaix airfield.*

Déjà, avec cette altitude et la distance qui nous sépare, je n'attends pas de réponse. À ma grande surprise la visibilité horizontale est bien meilleure au-dessus de la terre. Nous filons à 500 km/h, le ventre collé au sol. La navigation est facile. La carte est sur mon genou.

Et voilà que se détache, très nettement, entre le nez du *Spit* et le flanc gauche, la grande flèche du *Kreisher*, la cathédrale de Saint-Pol-de-Léon. Elle s'élance dans la lumière et brille comme un fer de lance. Donc, ma navigation est bonne. Blondy s'est un peu écarté pour mieux surveiller le ciel. Rien à voir avec le tourisme ce que nous entreprenons. La visibilité est encore meilleure.

Quel dommage que les quatre *Whirl* et les deux *Flight* ne soient pas avec nous ! Léger virage vers la gauche :

— *Look out Blondy. Morlaix airfield in 2 minutes.* (Attention, Morlaix doit être dans le trou, là droit devant.)

Voilà la ville au fond d'une brèche très large et très profonde. Un train, dont la locomotive fume, est arrêté en gare. J'enfile le viaduc. Le terrain est de l'autre côté du trou. Je passe au ras des arbres d'un club de tennis et des joueurs surpris font des signes. Ça y est, je tiens le bout du terrain, un peu à gauche. J'ai fait sauter la sécurité des armes... Le réticule du collimateur brille... Bon sang ! Un *Me 109* * roule sur un chemin de dégagement vers son *Dispersal*. Il revient de mission. Un ordre à Blondy :

— *One 0 Nine taxiing on the ground. Going down.* (Un *109* roule sur le taxiway. Descendons.)

Je suis mal placé, mais tant pis, j'attaque... Mes obus vont droit dans son fuselage... Bang ! Explosion rougeâtre. Cela dure une seconde. Je tire déjà sur le manche pour sauter la fumée et les projections... Une joie sauvage me monte au cœur... Naturellement, la DCA de défense rapprochée de l'aérodrome a ouvert le feu instantanément. Les traceuses nous montent aux fesses par paquets entiers... Alors Blondy :

— *Look out Jaco, one 0 nine three o'clock...* (Attention Jaco, un *109* à trois heures.)

Je l'aperçois aussitôt un peu plus haut que moi. Blondy est bien placé pour le tirer...

— *Go ahead Blondy. Shoot him down.* (En avant Blondy, abats-le.)

Mais mon ami n'a pas attendu l'ordre. Au moment où je vois ses obus éclater sur les ailes de l'adversaire, je vois à temps un autre *109*, puis encore un autre derrière Blondy :

— *Break left, Blondy break... (*Dégage à gauche Blondy, dégage.)

Le premier Allemand, surpris, ne poursuit pas son attaque.

Quant à l'autre, il ne me semble pas qu'il ait vu. Moi, je vire comme une brute. Mes jambes sont collées à l'étrier supérieur du palonnier et le voile noir m'endort doucement... Je relâche ma pression sur le palonnier. Ma vision vire lentement du noir au gris et du gris au bleu... Mon Allemand est là. Cependant, j'ai perdu l'autre de vue. Ma foi, tant pis... Il faut que je me rapproche... Vais-je en avoir le temps ? Cette garce de Flak qui ne cesse pas... Les mitrailleuses elles-mêmes nous flinguent au ras des arbres... Un coup de pot qu'ils descendent leurs propres chasseurs ! Enfin l'auréole du viseur encadre le *109* ! J'appuie rageusement sur la détente de mes armes... Puis je vire brutalement. Le *109* a son compte. Fumée noire, de la tôle qui lui saute au nez. Il semble s'arrêter en l'air... Un grand cri de mon N° 2 dans les écouteurs :

— *Look out... break !* (Attention, dégage !)

Un pointillé jaune marque mon aile droite. Je rentre la tête dans les épaules. J'ai toujours l'impression qu'elle dépasse un peu trop la plaque de blindage. Je vire à casser le *Spit* jusqu'au moment où je vois Roland... Cher vieux Roland... Et la Flak qui remet ça. Une orgie d'obus et de balles. Combien y a-t-il d'Allemands en l'air ? Mais est-il question de les compter ? « Un ennemi invisible est toujours celui qui vous descend » (manuel du parfait chasseur). Un coup d'œil à mon niveau d'essence. Il faut rentrer :

— *Going back, now. Blondy.* (Maintenant on rentre, Blondy.)

La réponse n'est pas celle que j'attendais :

— *Look out Jaco, two bastards behind, closing in a bit higher.* (Attention Jaco, deux *« bastards »* derrière, à l'affût, un peu plus baut.)

Frisson dans le dos. Le soleil étant à ma gauche, je dois les voir facilement... Coups de bascule à l'avion, grands coups de pied au palonnier pour obtenir un dérapage qui dégagera la vue sur l'arrière. Et en effet, ils sont là... un peu plus haut... Ils ont perdu du terrain. Décrochons au plus vite. Le coin devient de plus en plus malsain. Sautons les derniers arbres. Voici le lit de la rivière et l'estuaire... Une grande plage au sable argenté... Il y a des baigneurs, des enfants... C'est la paix au soleil là-dessous ! Quel contraste ! Nous passons à quelques mètres au-dessus de ces gens en vacances... Ils s'éparpillent comme des piafs surpris par un couple d'éperviers...

Là-bas, sur la mer, très bas, il y a nos rouleaux de brume qui nous attendent fidèlement et nous aspirent... Retour plein de joie. J'ai la certitude d'avoir réglé une vieille dette. Les camarades nous fêtent. Willy le Spy est l'image même du bonheur. Le lendemain, Blondy et moi avons droit à un «paquet de sommeil»... On se l'offre avec béatitude. Le soir arrive tout de même. On se retrouve au Stork Club avec Sheila, une belle fille du pays. Et nous bavardons tous les trois en attendant les copains et aussi d'autres filles. Il y a du jazz en fond sonore. Bill, le barman, se soucie de nous comme de sa première mise de fonds au bookmaker. J'entends une voiture faisant gueuler ses pneus sur le gravier. Paul, un pilote du *234*, entre et sans un mot s'accoude au bar. Il suffit de regarder sa tête pour voir que quelque chose n'a pas tourné rond pour lui aujourd'hui...

— *Hello, Paul, have a drink.*

Sans attendre sa réponse, Sheila lui tend un whisky... Je dis :

— *Some fun today ?* (Est-ce qu'il y a eu du sport aujourd'hui ?)

La réponse est : *« Yes, but no luck. »* (Oui, mais pas de chance.) Il explique qu'ils sont tombés. au nord de Cherbourg, sur les «Nez Jaunes»... À ce moment-là, ils prenaient le cap retour en rase-flotte. Pour une surprise, cela fut une surprise ! On n'a vu les Allemands qu'au dernier moment... Le *Commanding Officer* et son N° 2 ont été descendus... Pauvres gars ! Le *Squadron Leader* L. était un des meilleurs, un vieux routier... Aucune raison pour que ce soit justement lui qui trinque... Mais qui donc sortira vivant de cette loterie ? Les mauvais numéros abondent.

Toujours ce terrible mois de juin... Les heures de sommeil ne compensent pas les heures de tension opérationnelle... Quelques uns en souffrent. En ce qui me concerne, j'ai la chance de constater que mon système nerveux me permet de dormir n'importe où et n'importe quand. Tout le monde admire et envie ma facilité à m'enfoncer dans le sommeil... Le sommeil pour un chasseur, cela veut dire à la fois la forme et l'équilibre. Quand je dors, j'ai l'impression de recharger mes accus. Ce n'est pas vrai pour certains camarades. Quelques-uns ne ferment pas l'œil de la nuit quand ils savent qu'il y a mission le lendemain...

Mais je me trompe lourdement en pensant que la fatigue n'a pas de prise sur moi. Elle entre plus doucement. Mais elle entre. Notre vie n'offre aucun mystère : le jour, la guerre; le soir, la détente... Malgré notre indiscutable jeunesse, c'est un rythme difficile à suivre... Et on ne fait pas la guerre sans casse... Les chiffres parlent. Dans notre secteur, en trois mois, quatre-vingt dix pilotes ont disparu... Les *Free French* ont payé dur : Choron, de la Bouchère, Brière, Hauchemaille, Le Poulennec, Borossi, Bourgeois et beaucoup d'autres... Noms rayés dans le ciel !

La fatigue tue. Le pilote de chasse est un personnage rare. Il coûte cher. Il est difficile à remplacer... C'est le drame que l'on retrouve dans tous les rapports officiels : *« Fighter Command faces pilot shortage. »* (Le Commandement de la Chasse face à la pénurie de pilotes.) Certes, un disparu est aussitôt remplacé. Par qui ? Par un jeune qui n'est évidemment pas rodé aux missions opérationnelles. L'expérience du combat aérien ne s'apprend pas à l'école... On se la paie à coups de « trouilles bleues », de rangées de Flak, de rideaux de traçantes et de *Dogfight* *... Naturellement, le « bleu » est une charge pour les anciens qui doivent faire un vigoureux effort de plus pour l'encadrer et le protéger. Travail supplémentaire, tension nerveuse aussi... La nervosité devient intense chez la plupart des pilotes après un certain nombre d'opérations, surtout quand elles comportent des missions dangereuses : attaques de bateaux, destruction d'objectifs au sol, etc. Le nombre de missions varie selon l'émotivité des individus. Dans la *RAF*, il se situe entre 90 et 150. Après cela, le pilote a droit au repos... Naturellement, il y a aussi ces pilotes dont je vous ai déjà parlé. Ceux dont la peur physiologique est telle qu'ils sont incapables de réagir devant le danger. J'ai connu le cas d'un jeune pilote qui a terminé sa première sortie de guerre par une jaunisse et a disparu à tout jamais du circuit opérationnel. Était-ce sa faute ? Certainement pas. Il faut se dire que pas mal de gens sont incapables de supporter la peur... Cette peur que nous avons tous connue et plus ou moins bien surmontée. À côté de ces cas bien particuliers, heureusement, il y avait aussi les « dégonflés »... Ceux qui ont affronté un certain nombre d'opérations et n'en « veulent plus »... Enfin, les dégonflés qui n'ont jamais été gonflés. Je vous en ai déjà parlé. Ils faisaient généralement demi-tour peu après la côte anglaise... Prétexte : panne de radio, baisse de la pression d'huile, température moteur qui monte... Une vraie calamité que d'avoir des gens de cette trempe dans une unité offensive... On ne les repère pas toujours tout de suite. Quand ils le sont, alors on les mute immédiatement pour des unités non opérationnelles...

Ne pas généraliser. Les « pilotes de la trouille » sont très rares en opération. Ils n'arrivent presque jamais à passer les sévères barrages que dressent devant eux les longs processus de l'instruction puis de l'entraînement. La sélection qui nous donne des éléments sains est bonne. Il y a même un danger inverse. Un jeune pilote en opération devant une situation technique vraiment délicate et souvent dangereuse, telle que température moteur élevée ou pression d'huile à zéro, préférera quelquefois se taire que de prendre le risque d'être qualifié de dégonflé...

Le 21 juin, nous apprenons la chute de Tobrouk. Les Allemands ont fait 25 000 prisonniers ! Le Stork est funèbre ce soir-là...

Cela redresse le poil des *« bastards »*... Le lendemain, nous n'avons pas moins de trois alertes. Des *FW 190* qui viennent canarder les habitations de la côte. On peut supposer qu'ils cherchent d'abord un convoi. Ils arrivent en rase-flotte et sont difficiles à détecter. Ils restent très peu de temps et disparaissent sans avoir été inquiétés.

Le 23 juin, on me réveille à 3 h 30 pour une patrouille à l'aube sur les côtes de France. Savez-vous manger un œuf au bacon à 3 h 40 ? Nous, oui. Voiture ramasse-pilotes, *Dispersal*... Bientôt deux moteurs chantent dans la nuit qui tourne gentiment au bleu plus clair. Nous voici, Jocke et moi, aile dans aile. Des flammes horizontales jaillissent des pipes d'échappement. Lueur à ne pas fixer car elle est aveuglante. Il y a de la brume sur les falaises anglaises. Mer très calme. Les *Spit* font tourbillonner, au passage, un monde d'oiseaux mal éveillés qui fuient. Quarante-deux minutes de vol sur l'eau noire sur laquelle la nuit s'attarde... Enfin, la côte de France. Virage à droite en direction de Brest. Sommes nous repérés sur les *scopes* allemands ? La lumière commence à se glisser comme sous la pression d'un gigantesque rhéostat sur ce décor pour le Roi d'Ys... Bientôt temps clair et ciel pur... Pas un bateau de pêche... Pas un signe de vie sur terre... C'est inquiétant, non ? Je risque un œil pour voir, pour admirer la France encore endormie. Dieu que la Bretagne est belle dans cette clarté de l'aube... Tout de même, je me méfie... Et j'ai raison... Des éclats multicolores montent vers nous... Il y a donc des gens qui ne dorment pas là-dessous ? L'effet est prodigieux dans ce qui reste de pénombre... Je m'écarte. Après tout, je ne suis pas ici pour faire de la poésie... J'ai une mission météo à remplir. La Flak ? Je la situe. L'embouchure de la rivière de Morlaix est devenue un piège permanent. Virage à droite à la hauteur des îles de la Vierge. J'enclenche le chrono au moment du changement de direction... En altitude, le ciel est rose. Au ras de la planète, je vole encore dans l'ombre. Jocke sait très bien qu'aucun ennemi ne pourrait nous voir... Les flammes claires des échappements glissent sur l'eau comme des feux follets. Les minutes sautent sur le chrono. Tout est normal. Le Rolls tourne comme une horloge. Tout va bien. Voilà une mission paisible qui m'a fait le plus grand bien. La France dans le sommeil est plus belle que jamais.

Pour ma récompense, j'ai droit pendant le compte rendu à une tasse de thé, de ce thé sans lequel mes amis anglais ne peuvent rien faire de beau, de bon, de valable... À 16 heures, ce jour là, j'en étais à ma quatrième mission de guerre... Nous en avions tous plein les bottes au moment où Willy est entré dans la *crewroom* (chambre des équipages), à la façon dont un blizzard pousse une porte mal fermée dans le Grand Nord.

— *There is a show on, chaps...* (Il y a une affaire dans l'air, camarades.) Morlaix aérodrome again... Encore ! Mais c'est la sixième fois qu'on y va ce mois-ci !

À chaque fois le terrain est littéralement labouré et les installations détruites... Au passage suivant, tout est à refaire. Quel métier ! Mais il paraît que cette fois on va mettre le gros « paquet »... Douze Boston, un escadron complet, bombarderont à altitude moyenne. Nous, on va coller aux bombardiers... Je n'aime pas du tout cela. On ne peut pas bouger une patte... Les pilotes du *19* seront en protection haute... Et il y aura un troisième escadron en *free lance*, c'est-à-dire qu'il aura une pleine liberté d'action autour de la masse des bombardiers et de leurs escortes... Le *free lance* est commandé par un des meilleurs *leaders* de la *RAF*, le *Wing Commander* X... De nationalité tchèque, c'est un pilote ardent au combat, camarade sensible et prévenant au sol. Chef indiscuté dans sa formation. Avec un homme de cette trempe, nous avons bien peu de chances, nous les pilotes de l'escorte rapprochée, d'avoir un peu de fun... À moins que... Là-dessus, en route pour Harrowbeer, terrain avancé où on reçoit les derniers ordres pendant que les mécanos font les pleins... *Cup of tea*... Et hop, cinquième départ de la journée au-dessus de la Manche... Les *Big Boys* sont au rendez-vous. Je les vois très bien pendant notre montée vers l'altitude de croisière. Le ciel est bleu pastel. Au point de vue météo, c'est « du gâteau ». Mais il y a des signes indéfinissables dans l'air. La bagarre n'est pas loin. Nous avons pris notre garde autour des bons gros pères. Le soleil, encore haut, a quitté depuis longtemps le zénith. Il est gênant.

13.
L'*Oberleutnant* Alfred Fuchs

Achtung, achtung... Raid ennemi en direction de Morlaix. Cinquante appareils au-dessus de la Manche. Altitude X. Cap T, Décollage immédiat...

Le klaxon d'alerte secoue les bases. Les pilotes de chasse de Hermann Goering bondissent dans leurs avions. Le rassemblement aura lieu à proximité et au-dessus des bombardiers. Le *Luftgruppe IV* a donné ses ordres à l'escadre de chasse N° 2 qui comprend les unités de chasse de la Bretagne, de la Normandie et d'une partie du nord de la France.

Très forts en électronique, les Allemands bénéficient de radars excellents. Leurs contrôleurs d'interception suivent au « petit poil » notre marche vers la Bretagne. Sur leurs scopes les bombardiers forment un gros écho étincelant. Nous, les chasseurs, sommes autant d'étoiles brillantes. Donc la chasse allemande est en l'air. Cela se devine. Cela se sent. Car nos adversaires ont autant que nous la discipline du silence radio. Ce sont principalement des *Me 109* qui ont décollé de Brest, de Morlaix et de Rennes. Pour nous, pour nous honorer en quelque sorte – car elle ne sort que dans les grandes occasions – on a mis en ligne, en face, une unité d'élite, dotée de nouveaux appareils de chasse dont nous parlons beaucoup au Stork et pendant les longues heures d'alerte au sol. Les *Focke Wulf 190* sont dans le coup ! Nous ne le savons pas mais nous allons bientôt nous en rendre compte. Six *Yellow Noses* (Nez Jaunes) d'alerte, enfants chéris du général Galland, ont quitté la verte prairie au nord-ouest de Bernay...

L'*Oberleutnant* Alfred Fuchs a fait comme les camarades. Il a sauté dans son avion qui porte dans la série le n° 499. Il décolle derrière son chef de patrouille. Grand jour pour lui. Alfred Fuchs est nouveau pilote dans l'unité. Il était auparavant aide de camp du Seigneur de la *Luftwaffe*, Goering. Alfred n'a pas demandé cette affectation et regrette son ancien patron malgré ses lubies et ses rodomontades, malgré le déluge de décorations de tous ordres qui tombait sur cette vaste poitrine. Pourquoi Hermann l'a-t-il envoyé en France, ce pays qu'il n'a pas revu depuis 1940 ? Peut-être sert-il de réponse à ceux qui prétendent que Hermann a autour de lui des embusqués ? Tout de même, le nouveau pilote du plus étonnant chasseur en ligne regrette la vie facile de l'état-major. Maintenant c'est la minute de vérité. Face aux *Spit* de la *RAF*...

Les ordres sont impératifs. Fuchs les a signés en arrivant en escadre. Le *FW 190* est un avion secret. L'ennemi ne le connaît que pour l'avoir rencontré dans le ciel où il a toujours obtenu une supériorité technique écrasante. Le mythe du *FW* supérieur à tous doit absolument subsister. Ces avions ne sont engagés qu'avec le maximum de chances de leur voir obtenir la victoire. Le *FW 190* ne doit pas tomber intact aux mains de l'ennemi. Alfred veut bien croire tout ce qu'on lui a dit sur cet avion... Mais sa confiance est tout de même assez limitée. La guerre, pense Alfred, est décidément une drôle d'histoire...

Les petits *Spit* sont magnifiques et luisent comme autant de diamants sous le grand luminaire. Jetons un regard autour de nous. Les trois escadrons de Perranporth sont bien accrochés dans le ciel. On entend brusquement, dans les écouteurs, la voix calme du contrôleur au sol :

— *Hello Whisky leader. Bandits flying between Brest and Morlaix. No height.*

L'essaim s'émeut assez violemment. La formation de combat s'ouvre un peu plus. Chacun veut mieux voir. Nos yeux fouillent le ciel. La bagarre est dans l'air. Plus que jamais nous la sentons. Ce n'est pas le moment de faire du tourisme. Pourtant, comme la brume opaline qui couvre les côtes déchiquetées de la Bretagne est belle sous les rayons qui la transpercent. À la verticale on voit bien. Voilà, au-dessus, l'île de Batz et sa frange d'écume. Quelques coups de Flak nous encadrent au passage, premier salut à l'ennemi. Morlaix, que nous cherchons, est là-bas, au fond de son trou. Un pompon rouge se fixe devant nous, bien en direction, bien en hauteur. Si par hasard la chasse allemande ne nous voit pas avec ce point-là, c'est à se demander ce qu'elle fait...

Nous dégageons et, par un large virage autour de Morlaix, nous continuons à assurer la surveillance de nos *Big Boys*. Quant à eux, ils sont déjà lancés sur leur trajectoire de bombardement. C'est à ce moment-là que la Flak se déchaîne. C'est un spectacle terrible, hallucinant. Les chapelets d'obus montent, les traceuses marquent le ciel. Pour l'instant, je me sens un peu honteux d'avoir un confortable fauteuil de balcon. Les bombardiers observent, imperturbables, le tracé d'attaque et ne quittent pas leur ligne. L'objectif est sous leur nez. La Flak redouble d'intensité. Mais déjà les bombes éclatent sur le terrain. Elles sont peut-être trop bien centrées à mon gré car les Allemands ont naturellement dispersé leurs avions...

— *Hello. Whisky leader... Enemy aircraft now south of you, no height, no distance.* (Hello. Whisky *leader*, les avions ennemis sont maintenant dans votre sud. Pas d'altitude, pas de distance...)

— *Hello, control, Roger.* (Hello contrôle, d'accord.)

On a l'impression que les salopards ont flairé le coup. Le décollage à temps leur a permis d'éviter la destruction au sol. Mais pourquoi ne nous ont-ils pas interceptés avant. Ils nous voyaient, c'est certain. Ont-ils peur du nombre ? On a l'impression, pas désagréable après tout, qu'ils ne veulent pas prendre de risques...

Pour l'instant, les gros pères qui repassent la côte sont encore « marqués », au passage, par un tir de Flak. Incroyable, ils ont l'air de traverser ce rideau d'éclatements comme dans un rêve. Sur Morlaix même, pour eux ce fut la même chance. Je jette un dernier regard au terrain; une épaisse fumée noire monte en volutes. C'est un dépôt de carburant qui flambe sans doute. C'est à notre tour maintenant de passer dans la Flak. Les pilotes *weave* (volent en dérapages successifs) comme des chevaux rétifs qui charognent avant de passer l'obstacle... Et pan ! Encore un gros pompon rouge en face de nous. Pourtant pas un point brillant, pas une ombre dans le ciel... De grosses larmes, très vite glacées, coulent sur mon masque à oxygène tellement mes yeux sont irrités par la lumière. Il n'y a pourtant rien dans ce ciel.

— *Hello Whisky leader, Control calling. Look out you are shadowed by bandits. Look out at 7 o' clock.* (Hello Whisky *leader*, attention, les bandits vous suivent. Attention à 7 heures.)

Nous tournons tous la tête à cet instant précis, à nous rompre le cou, dans la direction indiquée. Les *Spit* de la couverture haute, qui sont plus loin derrière et au-dessus, nous protègent. L'officier commandant, très calme, nous demande de surveiller nos arrières. Les côtes de France ont disparu depuis un bon bout de temps. Le ciel est encore plus clair au-dessus de l'Angleterre dont la baie de Torquay nous apparaît. Ce ne serait tout de même pas banal de nous faire attaquer au-dessus de « chez nous » ! Cependant, le contrôleur au sol est formel. Il n'est pas sensible à la poésie de cette fin de journée. Il a son scope devant lui... Et des étoiles... en trop... Il répète :

— *Hello Whisky leader, look out at seven o'clock, 6 + shadowing. Fairly close at you.* (Whisky *leader*, attention à sept heures. Six avions au moins vous suivent, assez près de vous.)

Alors là, cela devient une histoire de fous... Six avions seulement. Nous sommes terriblement plus nombreux. C'est indécent, ce toupet qu'ils ont. Première certitude, ce ne sont pas des *Me 109*. Jamais ils ne prendraient une telle liberté avec les petits *Spit*... Alors ? Alors la réponse est simple.

Quand on est suivi par des chasseurs ennemis, il est très facile de constater à quel point les muscles du cou deviennent élastiques. Dans des moments pareils, on doit parvenir à tourner la tête à 180°... Je sursaute dans mon cockpit. Un point brillant, puis un second, là, plus haut, derrière et à gauche (donc bien à sept heures). Ils sont là, les *« bastards »*. J'accroche le *leader* :

— *Hello Whisky leader, Jaco calling. Aircraft at 7 o'clock, higher probably bandits.* (Hello Whisky *leader*, Jaco vous appelle. Avions à 7 heures, plus haut probablement bandits.)

— *Hello Jaco, Roger.* (Hello Jaco, bien compris.) *Can't see them yet. Keep an eye on them.* (Je ne les vois pas, cependant, gardez l'œil dessus.)

Puis aussitôt :

— *All right*. Je les vois.

Une minute s'écoule. Naturellement tous les yeux sont braqués dans cette direction où se trouvent nos étranges ennemis. Moi, me voilà assez content. Le *Wing Commander* ne laissera passer aucune occasion de combattre. Rien ne l'arrêtera. Avec son *Squadron* de chasse libre. il essaie d'engager l'ennemi qui a la supériorité de l'altitude. À ce moment-là, il pense sans doute à son petit village de Bohême... La revanche sur l'agresseur doit être chaudement payée. La mêlée, et une mêlée spectaculaire, commence là-haut. Elle disparaît bien vite à nos yeux. Il semble que cela ne se passe pas très bien. On entend des cris des uns et des autres à la radio. Il faut être prudent et surveiller l'espace aérien derrière les bombardiers qui, leur tâche accomplie, poursuivent une route rectiligne comme à l'exercice... J'allume mon collimateur. Je resserre très fortement les bretelles de mon harnais pour me sentir solidaire de l'avion et fais sauter la sécurité des armes. Mon *leader*, pour mieux observer, s'écarte légèrement sur la gauche avec ses onze avions sans pour autant relâcher sa surveillance des *Big Boys*.

C'est à ce moment-là que retentit l'avertissement qui donne le choc :

— *FW coming down, break.* (Les *FW* dégringolent, dégagez.)

Sans savoir pour autant à quel escadron l'appel s'adresse.

Il s'ensuit un instant de panique. Pourtant tout se passe là-haut et ce n'est pas le moment de lâcher les bombardiers... La règle d'or du bréviaire du pilote de chasse est : « C'est celui que vous n'avez pas vu qui vous descendra. » Je m'aperçois alors que le sergent Reading, du *19 Squadron*, est à la traîne au-dessus de moi. J'entends son chef de patrouille l'appeler : *« Come on up ! » (« Rapprochez-vous ! »)*

Maintenant c'est le calme. Les côtes anglaises sont en dessous de nous et on reconnaît facilement Torquay. Quelqu'un appelle le *Wing Commander* mais n'obtient pas de réponse. La même voix plus angoissée résonne dans les écouteurs. Rien. Mais peut être notre chef est-il simplement en panne de radio...

Tout est maintenant très paisible, pour un peu, on commencerait à entamer la descente. Mais pour un pilote chevronné, il y a des signes qui ne trompent pas... Ah, si nous n'étions pas collés à ces bombardiers on pourrait aller voir...

— *Look out Porto, aircraft FW 190 coming down behind...* (Attention, avions Porto, *FW 190* vous tombent dessus par-derrière.)

C'est le *19 Squadron* qui est attaqué... Puis il y a un appel en radio dont le début est incompréhensible et... *« For Christ's sake break port.» («Pour l'amour du Christ dégagez à gauche.»)* Et dans le même instant, voici au-dessus de moi plusieurs *FW* qui plongent en désordre. Mais bonté divine, cela va être pour nous ! Absorbé par la surveillance des bombardiers, je perds un instant les *FW* de vue. Un avion, haut dans le ciel, traîne un interminable ruban de fumée derrière lui. Il décrit une sorte de large parabole avant de s'engager dans un piqué effrayant vers la terre. Un ami ? Un ennemi ? Pas vu l'éclosion d'un parachute. Dans mes écouteurs, des ordres et des cris, la plupart du temps incompréhensibles.

À huit cents mètres au-dessus de nous, la section de gauche du *19 Squadron* fait les frais de l'opération. On voit les coups de départ des armes. Comment pourrait-on distinguer amis ou ennemis ? Ils se sont mis en virages perpétuels là-haut, dégageant entièrement les arrières des bombardiers. Mais les armes débitent sans arrêt. On le voit à d'immenses traînées fauves, curieux pointillés dans le ciel. Nous, nous sommes toujours vissés à nos bombardiers. Un avion sans empennage plonge tout droit dans la mer laissant un énorme panache de fumée noire. Le drame qui le concerne n'a duré que quelques secondes. C'est toujours au moment où on s'y attend le moins que l'on se fait sauter dessus... Les Allemands doivent rompre le combat sans avoir pu atteindre leur but : les *Big Boys*... Je me demande même comment ces satanés *Focke Wulf* vont pouvoir rentrer chez eux sans être à sec d'essence... Car il ne me reste, à moi, que trente gallons ! Les gros pépères continuent leur vol en ordre serré impeccablement.

Plus haut, règne la pagaille parmi les *Spit* de l'escorte. Ils ont perdu leur belle cohésion et il y en a un peu partout. Il y a même des traînards. Mais cela n'a pas d'importance maintenant. Les bombardiers rentrent au complet. La radio s'est tue. Nos écouteurs sont vides de cris et d'ordres... De temps en temps, et de plus en plus loin, une voix légèrement voilée appelle, en vain, le *Wing Commander*...

Quant à l'*Oberleutnant* Alfred Fuchs, il est certain qu'il ne rentrera pas à sa base ce soir. Sa décision est bien prise. La guerre lui soulève le cœur. Il est physiquement malade devant la disparition de son camarade et la mort de deux ennemis lui fait mal. De toute façon, il n'a pas suffisamment d'essence pour gagner une base allemande : *« Alors cap au nord pour prendre du champ devant les* Spit *et le premier terrain venu me verra me poser. D'ailleurs, je ne dois rien à personne, pas plus à mon pays qu'à mon* Führer. *Mon compte est créditeur. Deux* Spit *pour un des nôtres. Quelle stupidité cette guerre ! »*

L'*Oberleutnant* Alfred Fuchs songe à ces deux pilotes de chasse qu'il vient d'exécuter impitoyablement en plein ciel. Qui étaient-ils ? Des garçons qui avaient, comme lui, fréquenté l'université. Des jeunes hommes qui aimaient la vie, les camarades, leurs foyers et, peut-être même, leurs enfants. Saloperie de guerre... Et son chef de patrouille qu'il a vu disparaître dans un nuage de feu et de ferraille ? Un merveilleux camarade avec qui il faisait si bon vivre. D'ailleurs, lui-même a bien failli être expulsé du ciel à jamais par ces petites guêpes féroces de *Spit*... Alors... Alors, non... C'est vraiment trop stupide et trop horrible. Et lui, Alfred Fuchs, a décidé dans la mesure où cela le concerne personnellement, d'arrêter les frais...

C'est à se moment-là que les premiers *Spit* se posent à Harrowbeer. Le soleil est comme une grosse orange sanguine qui aurait envie, depuis longtemps, de plonger dans la mer... Après un combat si proche, l'arrivée des *Spit* est assez curieusement suivie... Ah ! les approches ne sont pas toujours classiques et les « finals » encore moins... C'est un beau désordre de guerre. En bout de piste, les armuriers de chaque avion se sont massés. Ils se jettent sur « leur » avion, débranchent les conduites électriques de tir et, pour rentrer au *Dispersal*, sautent sur l'aile, à cheval sur les canons...

Au moment où on se retrouve, les officiers de renseignements sont là. Ils recueillent les premiers commentaires. Les visages sont souvent graves et les groupes silencieux. Le *Squadron Leader* du *19* raconte ce qu'il a vu. Il a perdu un pilote, le sergent Reading, qui était à la traîne derrière la formation... Mais voici qu'atterrit mon ami, le sous-lieutenant René Royer. Ce n'est pas plaisant à voir. Un obus a détruit son aileron gauche. Essayez de poser un chasseur n'ayant plus qu'un aileron et vous verrez ! Enfin, Royer s'en tire au mieux et c'est ce qui compte.

Un peu plus loin, un groupe s'est cristallisé autour d'un jeune lieutenant. Il répond aux questions qui lui sont posées avec un fort accent tchèque... Oui, il a descendu un *Focke Wulf*... Puis, en phrases courtes, il raconte la mort de son chef, le *Wing Commander* K...

Un officier du renseignement pose la question miséricordieuse : « *Any hope ?* » (aucun espoir ?) *No Sir*. Le lieutenant ne peut résister à l'émotion et quitte le groupe en se cachant le visage dans son foulard blanc de vol...

Pendant ce temps, dans le calme du soir, Alfred Fuchs continue son vol solitaire. Son jaugeur d'essence est définitivement fixé dans le secteur rouge, la panne sèche est imminente. Mais Alfred Fuchs vole toujours sur son *FW* n° 499. Il est maintenant 20 h 30 et il va falloir se poser sans se tuer. Il a fait le tour de Cardiff et de ses défenses et il a traversé le canal de Bristol sans être le moins du monde inquiété par la chasse ou par la DCA Et voici que se présente, sous ses ailes courtes, le terrain de Pembrey au Pays de Galles. C'est exactement ce qu'il faut à Alfred Fuchs et à son compagnon n° 499 dans la série... Alfred fait, dans la clarté diminuée, son tour de terrain réglementaire et une approche qui est parfaite. Les pilotes de *Yellow Noses* comptent parmi les meilleurs d'Allemagne. Sortie du train et des volets... La piste... Rien ne bouge. On dort sur ce terrain ? L'avion s'enfonce, trouve la piste en macadam et roule. Alfred l'amène au pied de la tour... À ce moment là, à l'instant précis où il coupe les contacts, Alfred réalise enfin ce qu'il vient de faire. Des gouttes de sueur lui coulent sur le visage. Cockpit ouvert, sans quitter son siège, Alfred demande au mécanicien de service, en allemand, qu'on lui fasse le plein. Veut-il donner l'impression qu'il se croit sur une base de la *Luftwaffe* ? Quel est le pilote qui pourrait faire une erreur de cette taille ? Pour l'instant, l'homme le plus effaré dans l'aventure est bien le *Private* de service... Il regarde le *FW* et sa maudite croix gammée, puis le pilote, puis toujours le *FW*, jolie bête au repos dans la quiétude de ce soir anglais... Mais l'homme ne tarde pas à réaliser qu'il a un devoir immédiat à remplir... Il braque sur Alfred Fuchs un énorme pistolet... à fusées, la seule arme qu'il ait sous la main (croyez-moi, à trois mètres, c'est une arme qui tue aussi sûrement qu'un gros Mauser) et intime l'ordre au pilote de lever les bras... Déjà des « guerriers » pleins de zèle dégringolent de la tour de contrôle pour aider le brave mécano. Alfred Fuchs est embarqué sans douceur excessive. Il est arrivé durant cette guerre sans pitié, oui, il est arrivé, d'un côté comme de l'autre, que des pilotes aient de la considération pour l'adversaire abattu et lui fassent un accueil dû à son courage. Je ne crois pas que Fuchs ait eu droit, ce soir-là, malgré ses deux victoires, aux honneurs de la guerre.

L'étonnement explosif de notre Willy nous arrache à notre torpeur. Les heures de nuit nous ont permis d'effacer un peu nos malheurs de la veille. Au début de cette journée, c'est avec stupéfaction que nous apprenons, par Willy, la capture si facile du *FW 190*, dont les caractéristiques, je le rappelle, sont alors encore secrètes.

L'appareil est envoyé à Farnborough. Il est littéralement disséqué, autopsié et enfin minutieusement remonté. L'« acquisition » d'un tel avion fait du bruit dans l'industrie aéronautique, aussi bien anglaise qu'américaine. La supériorité du *FW 190* sur tous les chasseurs alors en service était surtout marquée par ses possibilités manœuvrières, par leur facilité. Et aussi par une très grande légèreté aux commandes. Le cockpit était confortable, le tableau de bord d'une lecture facile. L'armement était excellent. Sa vitesse était un peu inférieure au nouveau *Spit Mark IX*, mais il restait supérieur à ce dernier-né de la chasse anglaise sur les plans armement et qualités de vol. Un seul point faible. Mais de taille : le moteur. En effet, le BMW n'avait rien de notre Rolls-Royce. Son bruit était désagréable et, disait-on, les pannes fréquentes...

Après une aubaine de cette taille, le commandant de la Chasse organise des démonstrations aériennes qui permettent aux chasseurs de voir de près cet oiseau rare et dangereux. C'est le *FW Circus* ! L'avion est piloté par un pilote d'essais. Il est encadré, dans son vol de base en base, par six *Spit* qui sont chargés de le protéger contre la hargne possible de ses congénères et contre les méprises que pourraient faire des pilotes alliés, non prévenus, se trouvant par hasard devant un *FW* en promenade farfelue au-dessus de la campagne anglaise...

Le *FW Circus* nous permet de mieux connaître le matériel de l'adversaire. La vue de ce faucon encapuchonné, sur le poing de ses maîtres, est efficace pour combattre le complexe *FW* dont sont atteints beaucoup de pilotes, ce complexe que certains appellent le *FW Twitch*...

Le temps est maintenant au beau fixe. La température est douce. Ma parole, dans cette Angleterre en guerre, il y a tout de même des estivants. Ils commencent à arriver sur la côte et c'est, ma foi, très agréable pour nous. Notre mess est logé dans une partie du grand hôtel du pays. Il est très bien installé sur la falaise, légèrement en dehors de la ville et il regarde la mer. Dans le reste de l'hôtel se trouve la clientèle civile qui est nombreuse dans ce merveilleux petit coin des Cornouailles. Étrange vie que la nôtre. Nous participons à une sorte de vie mondaine tout en accomplissant nos missions de guerre. Je quitte ma raquette de tennis après une partie avec Tim Saunders, Willy et Philip Arnott, pour retrouver mon *Spit*, les côtes de Bretagne, la Flak allemande et tout l'accompagnement de nos gestes de soldats... Mais la nuit venue, nous nous retrouvons devant un whisky au Stork Club, en compagnie d'estivants et d'habitués du coin. C'est la détente dans une ambiance de chaude camaraderie. Un pick-up, entretenu par une jolie fille, fabrique le fond sonore indispensable...

Il ne faut pas craindre les contrastes, ni les réveils intempestifs. Par exemple, le 23 juin, en principe, j'étais bon pour ce qu'on appelle la « grasse matinée ». Or une main me secoue sans pitié et le premier regard pour ma montre indique qu'il n'est que 5 h 30. Le ramasse-pilotes a déjà ouvert les volets. Le soleil entre dans ma chambre. Indiscutablement la « visi » est excellente. J'apprends sans joie excessive – j'ai horreur de la précipitation matinale et pour moi elle veut dire « attaque de bateaux » – que : *« I have to report to the Squadron immediately »*. Ce dont je me doutais. Je saute dans mon pantalon, et du pantalon dans la voiture. C'est le branle-bas de combat habituel au *Dispersal*.

Il me suffit de regarder la « bouille » de mes camarades pour me convaincre qu'il s'agit bien d'un *shipping-strike*.

C'est Willy qui nous explique le coup devant le *Wing Commander* Blake. Des dragueurs de mines, au large d'Ouessant, faisant route à l'est. Bateaux Flak tout autour. Le *Wing Commander* mènera le cirque. Huit *Hurricane* bombardiers attaqueront en deux formations de quatre, escortés par deux escadrons de chasse. Le *234* en protection immédiate. Nous, le *130*, en anti-Flak. Qu'y a-t-il en face ? La situation ennemie est la suivante : toujours les mêmes *boys* à Morlaix, c'est-à-dire une vingtaine de *Me 109*. Mais il y a l'arrivée d'un escadron de *FW 190* à Brest et, enfin, à Lannion, une dizaine de Messerschmitt en alerte. *« Keep a sharp look »* (ayez l'œil).

Il est difficile d'être plus clair que le *Wing Commander* Blake quand il commente rapidement les instructions générales.

— Je volerai avec le *130*. Parcours au ras de l'eau intégralement. Le *234* et les *Hurribombers* me suivront en décalant légèrement à gauche pour que je puisse les surveiller. Dès que j'aurai les bateaux en vue, je les annoncerai pour attaquer directement canons et mitrailleuses. Le *234* passera ensuite et les *Hurricane*. Le soleil sera à votre gauche, et assez haut. Le virage après l'attaque se fera à gauche, vers le soleil. Fréquence radio C-Charlie. En cas de détresse, appeler Porto Control sur D-Dog. Silence radio absolu. *« Time is now : six hours twelve minutes zero second... Top ! Any questions ? »*

Pendant que je traîne mon parachute et mon casque de vol jusqu'au cher vieux Z qui m'attend, je rumine tranquillement ma déception matinale. Heureusement, il y a le *Wing Commander* Blake. Si je voulais faire la description d'un entraîneur d'hommes, c'est bien celle de Blake que je ferais. Derrière lui, on oublie ce que représente pour nos *Spit* et nous le mur de Flak des *Flak ship*. On sait d'avance que l'on va foncer comme des sourds, exactement comme s'il s'agissait d'un exercice au-dessus de l'eau.

Pour m'aider à réagir, il y a sur mon fuselage une petite croix de Lorraine sur fond tricolore. Ça réchauffe le cœur. Il n'en reste pas moins qu'assis sur mon *Dynghy* et ficelé par un Taffy ensommeillé – et dont les yeux parviennent tout de même à rester amicaux – je sens la bouteille intérieure de gonflage de l'esquif qui me rentre dans la fesse gauche.

Et alors que tout s'agite autour des avions, mon impression est que je suis, en quelque sorte, plongé dans un vide parfait. La boucle du parachute me pesant sur l'estomac me rappelle que j'en suis à l'habituelle minute de vérité... Certains appellent cela des troubles métaphysiques... En traduction libre c'est la bonne vieille trouille de notre enfance... avec le petit goût de *bitter* comme condiment dans la bouche... Va toujours... Je te connais... Tu ne vas pas peser lourd quand viendra la seconde du «press tit»... Et c'est exactement ce qui se passe... Décollage digne d'une présentation au maréchal de l'Air... Je suis en troisième position dans la section centrale et mon *number two* est mon camarade Jocke Wilson, un Écossais, trapu, silencieux, sympathique et pas du tout ennemi du rire à condition qu'on le laisse rire silencieusement. Nous faisons une vraie paire d'amis avec entre nous une confiance absolue, ce qui est indispensable pour l'action et la solidarité de la section.

Ceux qui l'ont vue une fois se rappelleront toujours l'extraordinaire beauté d'une formation de *Spit* en ordre de combat, défilant au ras de l'eau calme, à près de cinq cents kilomètres à l'heure !

Dieu que c'est beau ! En passant au ras des falaises, il y a eu le tournoiement prodigieux des blancs oiseaux de mer réveillés brusquement, vrais tapis de papillons de choux qu'il faut absolument éviter... On voudrait déjà être sur le coup, mais le parcours est long même pour un *Spit*... Le moteur tourne comme... une Rolls... Enfin, à l'horizon, la ligne mince de la côte bretonne. Ouessant doit naturellement être à droite... Je la connais, l'île sauvage... J'allume mon collimateur et enlève la sécurité des armes... Du temps gagné sur les autres...

Nous ne devons plus être très loin. Les voilà ! Le *Wing Commander* les a vus immédiatement :

— *O.K. chaps, target straight ahead. Drop your babies now.* (O.K. les gars. Objectif droit devant. Lâchez vos réservoirs supplémentaires maintenant.) Nous le faisons tous en même temps. Nos *babies*, à peu près vides, rebondissent sur l'eau comme une joyeuse bande de marsouins. Le compte des ennemis en vue est facile à faire : deux fois quatre bateaux en ligne de file. Avec sans aucun doute les *Flak ship* de notre côté.

— *Going in one minute.* (Nous y allons dans une minute.)

C'est un avertissement au *234* qui est légèrement en retrait. Puis Blake fonce le premier sur les bateaux Flak, entraînant d'un seul coup tous ses pilotes. Quel courage chez cet homme. Quelle volonté aussi. Et comme il sait nous mettre en confiance. On se sent devenir enragés. Rien ne peut nous arrêter. Des chapelets de Flak jaunes, rouges, surgissent des tourelles et viennent à ma rencontre. Ils défilent à côté de moi comme d'énormes serpentins de fête foraine. J'ai pris un bateau dans mon cercle lumineux. Sa silhouette est maintenant centrée et stable. C'est le moment critique. Je vois les coups de départ des affûts quadruples légèrement au-dessus de moi. Mon point lumineux y vient en superposition. Encore mille mètres. Ce ne sont pas les plus faciles. Je passe la butée de la surpuissance. Mon *Spit* fait un bond en avant. Secoué comme un homme qui tousse, mon *Spit* tressaille sous les coups de départ de ses propres canons qui crachent des flammes courtes. Destructeurs, les obus arrivent à destination. J'appuie longtemps sur la détente avant de voir basculer l'image du bateau dans mon collimateur. Virage sec à gauche, montée à cinquante mètres pour mieux voir. Au premier coup d'œil, tout le *Squadron* semble être passé sans mal. Mais ouvrons l'œil. Il faut vite reprendre sa place dans la formation. Beaucoup de fumée autour des bateaux. C'est bon signe. Et la visibilité est toujours parfaite. Soudain la voix de Blake :

— *Hello Whisky, look out six plus at 9 o'clock.* (Attention Whisky, six avions à neuf heures.)

Un autre pilote appelle aussitôt :

— *Hello Whisky leader, Yellow One calling. About 12 FW 190 at four o'clock.* (Hello Whisky *leader*, environ 12 *FW 190* à quatre heures.)

Mon Dieu ! Mais c'est de la génération spontanée. Ça va barder. Le cri d'alerte ne tarde pas :

— *Whisky aircraft, break port!* (Avions Whisky, dégagez à gauche.)

Wouff! et en voilà quatre qui tombent du ciel derrière nous.

Je vire sec en essayant de protéger le *Wing Commander* et son équipier. Jocke Wilson est à sa place, imperturbable. La surprise passée, on réagit. Derrière moi, il y a un véritable méli-mélo d'avions, ailes rectangulaires intercalées avec les ailes en amande des *Spit*. Les canons tirent. Et je vire pour venir au secours des camarades. Philip Arnott tire une rafale sur un *FW* au ras de l'eau. Mais l'ennemi ne semble pas mortellement touché. Patiemment, Blake nous ramène en position de tir. Je vois deux *FW* sous moi à l'intérieur du cercle du collimateur. Impossible de serrer davantage mon virage sans «déclencher». J'essaie de me laisser glisser derrière eux... Hop! Un chapelet de traits incandescents me frôle sur la droite... Ces deux-là ne sont pas seuls... Est-ce que Jocke a pu tirer? Un peu plus loin, une énorme gerbe d'eau se referme sur la queue d'un appareil non identifié... Les *FW 190* estiment que la minute de surprise est passée. Ils disparaissent comme ils sont venus. Durée de l'attaque: à peine deux minutes. Retour.

On se compte à l'atterrissage. Nous ne sommes plus que dix. Willy téléphone, questionne toutes les bases voisines. J'annonce que j'ai vu un avion percuter l'eau. Je ne suis pas le seul. Mais impossible de savoir si c'était un *Spit* ou un *FW* Les sergents Farmer et Brennan sont *missing*. C'est le coup dur. Nous attendons anxieusement des nouvelles. Mais rien ne viendra. Ces *FW 190* sont décidément de rudes adversaires!

Le 29 juin 1942 est un jour, un peu plus que les autres, consacré à l'espoir. Pourquoi? On zèbre les ailes de nos *Spit* de raies noires et blanches. Ce sont là des marques d'identification générale qui ont une signification. Des opérations de grande envergure doivent se tramer en douce. Le *Squadron Leader* Peter Simpson nous en parle à mots couverts. Est-ce que l'Angleterre va sortir de la routine de guerre pour frapper un grand coup ?

En attendant, le lendemain, je plonge une fois de plus, mais toujours à mon grand étonnement, dans une atmosphère de paix et de joie familiale. Match de tennis dans une propriété magnifique, en bordure de mer, à Falmouth, chez des amis de Philip Arnott et de Willy...

Y a-t-il un enchaînement possible entre mon *Spit* rugissant et nos opérations de guerre et ces jardins pleins de roses, d'azalées et de mimosas ?... Une quiétude sans égale règne sur ces floraisons que la seule respiration de la mer trouble à un rythme connu. Seul rappel de la guerre : au loin un barrage de ballons veille au-dessus du port.

Le 1er juillet 1942, après deux faux départs dans le brouillard anglais, nous nous retrouvons avec tout le *Squadron* à Southend. C'est un terrain entièrement en herbe, qui est situé sur la rive gauche de la Tamise, en pleine embouchure. Ce n'est plus du tout la vie de château. Nous dormons dans des maisons réquisitionnées, sans eau et sans électricité, dans des lits mauvais, de surcroît sans draps. Mais la météo est bonne. Nous avons tous une âme de « boy-scout » et nous allons travailler. Nous sommes persuadés que nous sommes venus ici en prévision d'une heure H, sans savoir exactement de quoi il s'agit. En réalité, nous ne nous rendrons compte que beaucoup plus tard qu'il s'agit d'une répétition générale avec tout ce que cela comporte d'entraînements. Il y a d'abord la particularité du terrain en herbe. Nous décollons et atterrissons à douze avions ensemble. C'est un vrai numéro de cirque qui n'est pas facile à réaliser étant donné l'exiguïté du terrain, mais nous le faisons car nous aurons besoin un jour de jouer à ce jeu-là, dans des conditions plus difficiles... Cela a l'air de marcher, bien qu'à mon avis nous soyons vraiment un peu tassés les uns sur les autres à un moment où la moindre faute de l'un pourrait compromettre la vie de beaucoup d'autres... Aucune consigne ne nous interdit de sortir, de téléphoner ou encore d'écrire. Cela me paraît curieux si vraiment il s'agit de la préparation d'une offensive d'envergure. Aussi, je me rends facilement à Londres avec Leblond et nous y passons d'excellentes soirées.

Programme habituel : nous dînons dans un restaurant français de Soho, à trois, car Roland est accompagné par sa fiancée. Puis nous passons le reste de la soirée au Wellington Club, une boîte de nuit intéressante qui nous retient jusqu'à l'heure du train... Sommeil réparateur sur les banquettes. À l'arrivée à l'escadrille, examen des ordres d'alerte qui comprennent généralement nos noms... Jusqu'au coup de klaxon du *Scramble* !... Les places d'alerte sont chères. Les pilotes se les disputent... Nous n'avons pas encore touché notre solde. Et Londres est si proche ! Nos camarades polonais, basés sur le même terrain, viennent de descendre deux Junkers 88... Joie générale... Nous les aidons avec vigueur dans l'arrosage de leur victoire.

Nous n'allons passer que huit jours à Southend. La progression d'entraînement n'est pas une plaisanterie et la mise en condition opérationnelle de gens qui se considèrent, à juste titre, comme des chevronnés, est réellement intense... *Scramble*... Navigation à basse altitude, vols en formation, passes de tir... Tirs en mer... Combats tournoyants, etc.

Au moment où nous attendons une grande et bonne nouvelle, on nous rassemble pour nous dire que... nous rentrons sur nos bases respectives. Déceptions... Cris... Chahut... Absolument furieux, je prends la décision d'aller à Londres noyer ma déception. Nous allons « dégager » ! Et aussitôt dit, aussitôt fait... Coup de téléphone à Jana... Pas de Jana... Ma foi tant pis, furieux comme je suis, je me répète que Londres est remplie de Jana. Je me précipite dans ma chambre pour quitter le *battle-dress* de la *RAF* aussitôt remplacé par la tunique bleu sombre des Français, avec, sur la poitrine, les ailes de la *RAF* que nous portons avec fierté. L'insigne tranche particulièrement bien sur le bleu Louise de l'Armée de l'Air. Casquette en bataille, en route pour Londres... *Sweep* dangereux...

Première visite pour le Kemel Club où je suis certain de trouver des amis pour la soirée. Bobby Page m'offre le verre de l'amitié au milieu d'un mélange extraordinaire d'uniformes... Au passage, je lui tends un chèque de cinq livres avec prière de ne pas l'encaisser avant la fin du mois... Cher Bobby à la bonté sans limite...

Mais voici du nouveau... Le sergent Goupy est là ! C'est bien lui, en tête à tête, comme il fallait s'y attendre, avec une très jolie fille... Je finis par découvrir qu'il n'a pas, mais pas du tout, l'intention de m'accompagner ce soir... Après quelques verres, voici un haut lieu de la *RAF*, le Shepherd's. C'est la même ambiance, la même diversité d'uniformes, les mêmes têtes et, pour tout dire, la même joie de vivre.

Dans le brouhaha il y a un cri, un vrai rugissement... De l'autre bout du bar, voici que s'amène, bousculant tout le monde, à la façon d'un pilier de rugby, mon vieux camarade Johnny Zumbach. Officier, pilote chevronné du fameux *Squadron* polonais 303, le cher Johnny est fait indubitablement pour la bagarre. Il est extrêmement puissant et doué d'un influx nerveux extraordinaire. Pilote exceptionnel, il est capable de faire les pires choses sur terre, puis, sans transition ni repos, faire la guerre là-haut... et recommencer... Il a été ainsi depuis que je le connais et il tiendra ce rythme jusqu'au bout. Ce soir-là, la France et la Pologne se retrouvent et partent, une fois de plus, à la conquête de Londres... Taxi pour Soho. Grand steak-frites à l'Escargot pour commencer, avec une bonne bouteille de bordeaux. La forme est parfaite. Direction : le Wellington Club. Il y a là un numéro de strip-tease qui fait le bonheur des *servicemen*... La principale interprète de ce show est une jeune et jolie Française que nous connaissons bien. *My heart belongs to Daddy*, l'air à la mode, nous accueille. La fête bat son plein, l'ambiance est au poil. La direction, qui nous connaît, nous accorde une très bonne table. Les *WAAF* ont quitté l'uniforme. Une jolie robe est tout de même plus agréable. Gaieté générale. Il y a quelques gars en particulier qui ont pris de l'avance et légèrement forcé sur le whisky... Mais voici la minute de vérité ! Nita, vêtue à faire envie de la déshabiller, entre sur le plateau. Applaudissements. Sourire et petit coup d'œil pour notre table. Nita nous a repérés. L'orchestre enchaîne et, sur une musique douce, voici Nita qui commence à s'effeuiller... Coup de gong chaque fois qu'une pièce essentielle tombe ! Silence absolu puis l'orchestre reprend et le corps de Nita apparaît un peu plus à chaque minute. Nous arrivons à l'extrême limite de cette liquidation de vêtements. On s'attend, d'un instant à l'autre, à voir tomber l'ultime voile qui pare encore cette statue de chair, sur laquelle tous les regards sont braqués, quand le drame se produit.

Un Australien, large comme une tour, s'écroule tout à coup, endormi par quelque maléfice, et surtout par le whisky, au pied de sa table. Ses amis, pleins de compassion, essaient de le ranimer, de lui faire comprendre que son comportement devant une jolie fille nue est absolument incompatible avec le comportement d'un gentleman. Les spectateurs, eux, attendent, avec passion, la chute de la dernière feuille... On se trompe si l'on croit les priver de leur plaisir... Ah mais ! La foule gronde et devient terriblement hostile. La « tour » australienne se réinstalle brusquement sur ses assises naturelles... Et commence un pugilat en règle avec les camarades qui avaient voulu l'aider... L'Australien barrant la route de sa loge, Nita n'hésite pas un instant. Elle se jette dans nos bras. Il faudra nous tuer pour atteindre ce joli corps nu... Nul n'aura vu tomber le dernier voile. Tout vole dans la boîte de nuit. L'orchestre a battu en retraite. Des gars de toutes les armes, debout sur les tables, cognent autour d'eux avec tout ce qui leur tombe sous la main. D'autres, à quatre pattes, cherchent refuge sous lesdites tables et essaient de les faire basculer pour faire descendre l'ennemi. Nous protégeons Nita en pleine panique. Le corps du délit tremble de tous ses membres. Comme la bagarre augmente, en puissance, il faut bien songer à un repli vers la loge. Johnny et moi arrêtons la manœuvre. On va effectuer une percée vers le couloir d'entrée... Mon camarade ouvrira la voie. Je me charge de Nita que je vais tâcher de cacher par une serviette, hélas, trop petite. Faisons vite. Si les combattants nous voient, nous avons peu de chances de réussir...

C'est pourtant ce qui arrive. Au moment où nous passons la porte tous les trois, un grand diable d'officier de marine nous repère. Réflexe du « rameur » qui ne veut pas être perdant : il se glisse derrière le guichet de la caisse, une fragile boîte en contre-plaqué. Il s'agenouille et laisse passer, avec son nez, un énorme canon de revolver... Sensation curieuse... Moment d'émoi. Le marin rit tant qu'il peut. Il a l'air « ravagé » par l'alcool. Je me dis : *« Si cet imbécile appuie sur la détente, ça va faire, avec un canon pareil, un bruit épouvantable. »* Mais Johnny veille au grain. Il a promis de faire la route. Et il tient. Le nez et le canon de revolver disparaissent en même temps... Dès que le pied de chaise que manie mon camarade a rencontré le haut du crâne de l'homme en bleu marine. J'empoigne Nita et, toujours précédé de Johnny, nous fonçons vers la loge. Nous fermons à double tour la porte derrière nous au moment où la police arrive...

Pauvre Nita, dont la carrière a été un long moment arrêtée par une mauvaise jaunisse ! Quant à nous, quelques heures plus tard, nous sortons de la *Police Station*... Il est temps de reprendre le train pour aller faire la guerre...

J'ai passé le 14 juillet 1942 à Weymoutn, en compagnie de marins français... Les gars se défendent très bien. La consommation de whisky est impressionnante. On termine au *night club* du coin. Et tout naturellement le soleil se lève quand nous arrivons à l'*Officer's Mess*. On nous cherche partout, Philip Arnott, Jupp et moi. Pas question de nous conduire au lit. C'est un *Sweep* sur Cherbourg qui nous attend. Départ immédiat : trente mille pieds. Le ciel est d'une pureté glaciale, d'un vide étourdissant ou tout semble immobile et éternel. Pieds et mains gelés. Au demeurant, un inégalable *« oxygène breakfast »* comme jamais encore il ne m'a été servi.

On m'annonce la mort du lieutenant Hazard. Un chic type avec qui j'étais très lié. Il y a un an, l'Amirauté avait demandé un pilote chevronné pour piloter un petit avion embarqué sur le sous-marin Surcouf, chargé de la surveillance des convois dans l'Atlantique Nord. Hazard n'était plus à bord quand le sous-marin disparut. Il n'avait en fait qu'un sursis d'un an. Le 17 juillet, c'est le tour du *Wing Commander* Paddy Finucane, DSO, DFC, descendu par une infime pétoire, une mitrai1leuse allemande, mise en place dans les dunes, sur la pointe du Touquet, à l'embouchure de la Canche. Un grand as qui disparaît. Le 19, nous attaquons, une fois de plus, des bateaux dans le secteur île de Batz, les Triagos. La Flak est dense et meurtrière. Roland a des ennuis de moteur et s'en tire. Snell, notre Américain bien aimé, saute avant la côte anglaise. On le repêchera. Le 27 juillet, je reviens de permission. J'apprends le drame. Le *234*, notre escadron voisin et ami, a attaqué la ligne de chemin de fer Brest Landernau. Quarante *Focke Wulf* ont attaqué les vingt-quatre *Spit* et huit Hurriccane. Nous avons perdu quatre pilotes.

Le 28, jour faste (pour Roland), ciel bleu. Nous décidons de faire un petit tour de reprise en main avec tir. Hop ! Dans les *Spit*... Pouces en l'air. Mon moteur refuse de tourner. Je fais signe à Roland de décoller sans moi. Je l'aperçois bientôt, effectuant les cabrioles réglementaires de la reprise en main. Maintenant, essai des armes. Mer calme, couleur émeraude. Roland fonce vers la mer. Il choisit, pour cible, un banc d'écume. Allons-y. Au moment de presser sur la détente, il découvre un avion volant en rase-flotte... Roland examine le nouveau venu. Pas de doute c'est un *Ju 88*... Leblond est déjà dans sa queue quand le mitrailleur ennemi ouvre le feu... Mais la silhouette du JU emplit le collimateur de mon ami. Les canons se déchaînent. Touché à mort, le bimoteur s'engloutit dans un nuage de débris en feu. Blondy a des difficultés avec son avion touché par les mitrailleuses du JU. Il se pose sur un terrain de secours. Je saute dans un *Spit* et je l'y retrouve pour le féliciter. En se jetant en bas de son cockpit, fou de joie, Blondy glisse sur des traces d'huile et se fait un tour de reins qui l'envoie à l'hôpital. L'escadron le fête quand même, au Stork Club, le soir avec beaucoup d'affection. Le sous-lieutenant Royer arrive à la *Wing* de Perranporth. Je le connais de longue date et son amitié m'est précieuse. René est un garçon très droit, très franc, aimant la vie et la bagarre. Nous sommes maintenant trois *Free French*. Pas pour longtemps. Blondy est bientôt dans l'impossibilité de combattre. Sa chute à la mer a provoqué une grave maladie. Il volera le plus longtemps possible. Puis un jour, ce sera l'hôpital où il est seul, Français anonyme. Nous allons le voir le plus possible et nous lui mentons généreusement pour lui entretenir le moral. Nos camarades anglais nous parlent souvent de lui avec affection. Un ami anglais est toujours un homme sensible et plein de prévenances.

Blondy, avant cette catastrophe, avait reçu des mains du général commandant le secteur une haute distinction, accordée uniquement pour faits de guerre, la *Distinguished Flying Medal* (DFM). Nous en étions tous très fiers. Peu après, Blondy recevait la Croix de Guerre. René Royer et moi l'avons accompagné à l'hôpital de Truro. Après quelques mois de traitement, il fut envoyé à l'hôpital de Ventnor dans l'île de Wight. Et notre vieux camarade subit là sa deuxième et non moins terrible catastrophe. Il est fiancé à une délicieuse Française qui travaille à Londres. C'est une jeune fille douce et sensible qui lui rend régulièrement visite à l'hôpital. Ventnor est une belle petite cité à la pointe de l'île. C'est une agglomération composée principalement d'hôpitaux et d'organismes de la Croix-Rouge. Elle ne comporte aucune défense militaire. Un beau dimanche d'été, grand ciel bleu tout plein de soleil, la petite fiancée se hâte. Elle est heureuse comme elle l'a rarement été depuis ces mauvais mois. Elle vient de constater les progrès réalisés par Roland pour recouvrir la santé. En passant le porche de l'hôpital, elle se répète que tout va mieux, que le moral de Roland est bien meilleur. Elle est satisfaite aussi d'avoir constaté, une fois de plus, combien ses visites réconfortent le malade. Elle entend, tout à coup, un ronflement de moteur qui va s'amplifiant et qui vient de la mer... Elle tourne la tête vers le soleil pour la dernière fois... Le *Focke Wulf 190* arrivant en rase-flotte déclenche, sur cette rive paisible, le feu de tous ses canons. Un obus foudroie la jeune fille. L'avion disparaît dans le soleil après avoir lâchement semé la mort et la consternation.

Blondy ne s'est jamais remis complètement. Maintenant encore, délaissé, oublié par ses anciens chefs, par les services officiels, traînant d'hôpital en hôpital, de cure de repos en cure de repos, mon camarade rêve toujours, douloureusement, à sa petite fiancée de Ventnor. Dans un cas comme le sien, l'oubli ne peut venir.

Le 15 août 1942, j'ai vingt-cinq ans. Je vieillis. Je pense à mes parents, à ma petite sœur, à mon frère. Où sont-ils? Que font-ils? Naturellement, les missions succèdent aux missions. Pas de répit pour la chasse. Le 16 août, on nous alerte. Nous partons tous pour Thorney Island. Objet de la visite: donner un coup de main aux camarades du *11 Group*. Brosse à dents, pyjama, glissés derrière le poste radio, *bye bye* aux *girls friends* très rapide... Et hop... Départ avec pilotes de rechange. Ciel d'azur et anticyclone de qualité. Il me passe par la tête, en pilotant, que nous sommes bien un dimanche. Mais la guerre connaît-elle le dimanche ? J'aurais tant aimé faire autre chose aujourd'hui ! Thorney est une base aussi coquette qu'accueillante. Des jolies *WAAF* foisonnent à l'*Officer's Mess* et s'occupent de nous avec gentillesse. Organisation parfaite, grand confort, bar agréable. Bien entendu, nous ne sommes pas ici en touristes... La preuve...

14.
Dieppe : une journée pas comme les autres...

« *All 130 Squadron pilots report to briefing immediately.* »

Toc... Le bruit du *tannoy* nous promet une surprise. Dernier sourire à la blonde *WAAF* qui vient d'apporter des toasts tout chauds... En route pour *Intelligence Room.* Peter Simpson, notre *Commanding Officer*, et Philippe Arnott nous ont précédés. Instructions brèves :

— À partir de maintenant les vols sont interdits jusqu'à ce que la « mécanique » ait amené tous les avions – je dis bien, tous les avions – en ordre de vol et à plein potentiel. Pilotes et mécaniciens, sans exception, consignés sur la base. Téléphone et courrier coupés...

Journée paisible. Nous savons très bien que la « mécanique » n'aura pas fini avant demain au plus tôt. Comme il n'est jamais arrivé que tous les pilotes d'un escadron soient au repos en même temps, ce soir-là, tous les jeunes officiers que nous sommes, nous profitons de cette accalmie dans notre vie mouvementée, pour « dégager » dans la plus folle exubérance sous l'œil amusé des *WAAF* qui comprennent très bien cela...

Nuit trop brève :

— *Good morning, Sir. Beautiful sunshine... Time to get up... Nearly 11 o'clock. Here is a cup of tea, Sir*. (Bonjour lieutenant. Beau soleil. Il est temps de se lever. Il est près de onze heures. Voici une tasse de thé.)

La jolie *WAAF* fait ainsi le tour de « ses » pilotes... Ce n'est pas la pancarte *Don't disturb*, accrochée à la porte, qui a pu l'empêcher de faire son devoir. Mes chaussures sont faites, mon pantalon repassé, et la tasse de thé – meilleur remède contre les brumes cervicales dues aux libations de la veille – est bouillante... Charmante petite fée du logis. Au *Dispersal* presque vide, *Chieffy*, le roi de la mécanique, confirme que rien ne sera prêt avant demain... Naturellement, on commence à s'interroger. Et si vraiment il s'agissait cette fois du débarquement ! Oui, mais où et quand ?

On me donne un avion à essayer dans l'après-midi. J'en profite pour survoler la côte sud de l'Angleterre. Je constate des rassemblements de bateaux, mais à dire vrai, peu importants, à Portsmouth, Cowes et Gosport, ainsi qu'à Brighton et Newhaven... Volume total vraiment peu épais... À Tangmere, où je me pose, je rencontre des Français : les capitaines Claisse et Claude, le sous-lieutenant Lux, le sergent Borossi. Avec eux, je remue toute l'histoire mais sans rien apprendre de plus. À mon retour on me parle d'un proche *briefing*. L'attente est longue. Dans la salle, c'est l'ambiance d'une grande première avant les trois coups. Mais voici le *Wing Commander* Blake. Il prend son temps, fait durer le suspense.

— Demain matin à l'aube, dit-il, une division canadienne débarquera à Dieppe...

Gros remous dans la salle. Blake regarde ses chaussures, puis relève lentement la tête et continue dans le silence revenu :

— Et à onze heures du matin les troupes réembarqueront...

Gros remous à nouveau. Je suis effondré. Blondy, qui est encore avec nous à cette date, l'est autant que moi. Illusions détruites. Alors c'est ça la récompense après deux années de guerre ! On débarque et on rembarque quelques heures plus tard ! Pourquoi cet aller-retour. Je ne comprends pas... Cependant Blake se met à expliquer l'opération :

— Le raid sur Dieppe, dit-il, doit être considéré par la *RAF* comme une reconnaissance en force ayant des buts précis : provoquer la bataille aérienne et détruire l'ennemi sur son sol ; tester par une action offensive de débarquement une portion fortement défendue de la côte ennemie. Enfin, détruire une importante station radar et ramener des prisonniers pour interrogatoires. Les troupes de débarquement sont surtout composées de régiments canadiens. Les noms des régiments nous font nous souvenir que nos petits-cousins sont souvent issus de cette même terre de Normandie qu'ils vont avoir à aborder.

Mais des commandos, parmi lesquels se trouvent des Français Libres, débarqueront sur des plages voisines dont ils auront à neutraliser les défenses. Nous entendons aussi l'énumération impressionnante, en nombre et en calibre, des batteries côtières que nous allons avoir à affronter. Les chars du 14e régiment canadien débarqueront derrière des rideaux fumigènes déversés par des *Bleinheim* et des *Boston*. La *Navy* assure le transport des troupes d'assaut sur des L.S.I. Elle sera responsable également de la mise à l'eau des *Landing-craft*. Troupes à bord de ces derniers à partir de trois heures du matin. Débarquement prévu à 4 h 50. Les dragueurs de la Marine feront le chenal d'accès aux côtes. Les destroyers feront taire les batteries côtières et les *pill-boxes* (nids de mitrailleuses)... Force de la *Navy* ? Deux cent cinquante bateaux en tout.

Pour la *RAF*, les forces engagées représentent une grande partie de la chasse de tous les secteurs d'Angleterre. Elles attaqueront à l'aube toutes les défenses côtières et devront conserver, pendant toute l'opération, la maîtrise du ciel...

Ce que vient de dire Blake est longuement commenté par notre excellent Willy. Il est réconfortant :

— *If you are in trouble*, dit-il, vous pouvez toujours vous poser, train rentré, sur l'hippodrome de Dieppe. Les commandos de la *RAF* vous y offriront une tasse de thé avant de vous donner un billet de retour.

Tout est prévu. L'*Air Marshal* Leigh-Mallory, chef responsable Air, nous demande par message un effort maximum dans cette opération. Voilà. La répétition générale sur un petit « plateau » est terminée. Il n'y a plus qu'à mener l'affaire sur le terrain. Les baroudeurs que nous sommes jugent, sans pitié, l'opération. Au cours de la nuit qui suit, je ne parviens pas à fermer l'œil. Je vois déjà, comme si j'y étais, les Canadiens, les Anglais et les *Free French* débarquer et escalader les hautes falaises verticales et se faire tirer comme des lapins. J'attends, résigné, trois heures trente, l'heure fixée pour le *briefing* « ordres particuliers »...

Ils sont simples. En formations de quatre avions, espacées de cinq en cinq minutes, le *131 Squadron* attaquera les défenses hautes de Dieppe, situées sur les falaises de Varengeville. Mission sans panache pour un pilote de chasse et combien dangereuse. Les *Spit* réarmés et ravitaillés, dès leur atterrissage, resteront en alerte pour une autre mission. *Briefing* terminé. Il est 4 h 12 à la pendule de *OPS room*.

Est-ce l'aube ? Il y a déjà des demi-teintes, une lueur vert-jaune se dessine à l'est.

Et de l'autre côté, que se passe-t-il ?

Le veilleur allemand de la batterie de 6 canons de 150 de Varengeville a raconté, longtemps après, que cette nuit-là il pensait surtout à sa permission. Derrière lui, les servants dormaient dans les casemates. À ses pieds, la muraille blanche de la falaise et tout de suite la mer, cette complice, cette amie. Elle lui disait, dans son éternel ronronnement, qu'il avait sa place retenue dans le train du soir pour sa Bavière natale :

— Pas trop tôt cette « détente »... Aujourd'hui se termine la période d'alerte renforcée. Ce n'est donc pas encore pour cette fois-ci.

Un peu plus haut, au ras de la falaise, entre Pourville et Dieppe, dans le poste principal de radar, l'officier de garde de la *Luftwaffe* bâille d'ennui. Il est étendu, tout habillé, sur un lit de camp, derrière l'opérateur. Il est 4 h 30 (heure allemande en avance d'une heure sur l'heure d'été anglaise). Il pense que dans quelques heures on reprendra la routine quotidienne, alerte permanente enfin abandonnée. Que pouvait-on craindre du 10 au 19 août ? Le secteur avait été renforcé sérieusement le 20 juillet et le 9 août. C'était la 302e division d'infanterie – des durs – qui tenait la côte depuis peu. Comment l'ennemi oserait-il attaquer entre Vasteval et le Petit Berneval avec ce nouveau système de défense en points d'appuis fermés ? En mettant de côté l'artillerie divisionnaire, il y avait surtout les défenses fixes, les six 150 de Varengeville, les trois 170 et les quatre 105 de Berneval, les huit 77 automatiques défendant directement la plage de Dieppe. Et les trente 88 de la DCA… un vrai secteur-forteresse ! Que Dieu punisse l'Angleterre ! Mais ils sont fous au GQG de croire possible une attaque dans ce coin piégé !

Cependant, la journée du 19 commence seulement. À 4 h 40 (heure allemande) l'écran du radar se peuple de papillons lumineux. L'opérateur pousse un rugissement. Ce ne peut être un brouillage atmosphérique. Le ciel est clair. Déjà les étoiles s'éteignent peu à peu, effacées par un souffle mystérieux... Alors ?

À 4 h 50, le guetteur, avec son instinct de paysan bavarois, sensibilisé à tous les bruits, scrute l'ombre, droit devant. Il distingue des zébrures, au loin, sur la mer. Il entend le bruit d'une canonnade. D'abord la consigne : *« Alarme ! Alarme ! Tracés en mer dans le 310 »*. À peine a-t-il reposé le combiné du téléphone de campagne qu'il croit avoir rêvé. Il ne voit plus rien. Il n'entend plus rien. Et les minutes passent.

À 5 h 20, le lieutenant de veille radar continue à ne pas comprendre. Pourquoi, si on en croit le *scope*, un convoi de bateaux se rapproche-t-il aussi dangereusement de la côte ? Il comprend encore moins pourquoi ce convoi, car ce ne peut être qu'un convoi, se dirige sur la côte. À tout hasard, il donne l'ordre d'occuper les postes de combat dans les batteries... Et il alerte ses chefs...

Et nous pendant ce temps-là ?

À cinq heures, les quatre premiers *Spit* du *131 Squadron* glissent dans la demi-obscurité... Dieppe est au bout de cet élan. La ville est déjà dans un halo flamboyant, les canons de la *Navy* y vont de bon cœur sur les objectifs assignés.

À huit heures, à nous de jouer. Trois *Squadron* sont dans le coup : le *309*, le *131* et le *130*. Nous entrons dans la deuxième phase de l'opération : tenir le ciel au-dessus de Dieppe.

Le *Squadron* au complet décolle sous les ordres de Peter Simpson. Exceptionnellement, le *Wing Commander* Blake décide de voler comme équipier du *leader*. Je conduis la deuxième section avec Blondy comme N° 2. À droite, Yellow Section est commandée par Jimmy Rosser avec Cane, Snell et Brown. À gauche, Blue Section est sous les ordres de Philip Arnott avec le *Pilot Officer* Jupp et les sergents Praybrook et Utting. La météo est excellente. Ciel bleu qui fait davantage penser aux vacances qu'à la guerre. Pourtant il y a des cirrus, précurseurs de mauvais temps...

Dieppe, au bout de nos hélices, flambe furieusement. Beaucoup d'avions en l'air. Au sol, c'est la fournaise. Cela ne colle pas tout à fait si l'on en juge par les coups des batteries ennemies. Le ciel est encombré de flocons noirs et zébré d'éclairs. En mer, tout remue. Des « peupliers » d'eau montent lentement autour des navires. Pour nous, dispositif de combat. Dans soixante minutes je serai de retour à ma base ou porté *missing*.

— *Look out Whisky Red One, aircraft at ten o'clock.* (Attention Whisky Rouge Un, avions à 10 heures.)

Philip Arnott a vu. Tous les pilotes ont vu. Difficile de distinguer. Amis ? Ennemis ? Ils sont légèrement en dessous. Gare à la chasse allemande. Nous sommes à 9 000 pieds (3 000 mètres). Six avions suspects, ailes carrées, queue aplatie, défilent légèrement derrière nous et foncent vers l'enfer. On dirait une bande de marsouins. *Typhoon* ? *FW 190* ? À tout hasard je les signale. Le contrôleur, qui a installé son P.C. sur un bateau et qui ne me semble pas très sûr de lui, me signale :

— Avions ennemis dans le « circuit ».

Cela sent la bagarre. Du *Squadron Leader* Peter Simpson, ces mots :

— *Whisky aircraft, open your eyes !*

Ouvrir les yeux, mais je ne fais que ça, Bon Dieu ! Je surveille les avions suspects. Et le temps me dure... Puis, d'instinct, quelqu'un a crié, hurlé :

— *Break left.* (Dégagez à gauche.)

Je vire à casser l'avion en deux et, dans le même temps, j'enlève la sécurité des armes. Je pousse la manette des gaz à fond, hélice au petit pas. À cet instant même, des traînées rouges passent à ma droite, en direction du *Wing Commander*... Je découvre un Allemand, un *FW 190*, ailes courtes et carrées, moteur tout rond, la buse formée par le cockpit, la grande croix noire encadrée de blanc tranchant nettement sur le gris-vert du camouflage. Il tire par saccades : les étincelles du départ illuminent le bord d'attaque de ses ailes. Je ne peux pas voir sur quoi il tire... Je cherche en vain, d'un coup d'œil circulaire, le *Wing Commander*. Disparu. Terrible appréhension. Je me sens devenir enragé dans mon étroite cabine. Je manœuvre pour me placer derrière le *FW* , pour le faire entrer dans mon collimateur... Coup d'œil de sécurité derrière moi avant d'appuyer sur la détente... Deux *FW* battent des ailes juste dans mon axe arrière... Mon Dieu que c'est désagréable... Aurai-je le temps de le tirer avant d'être « pigeonné » moi-même ? La mouche brillante de mon viseur glisse désespérément sur le fuselage à croix noire... Tant pis, j'essaie. Je lâche ma rafale d'obus sur la cible encadrée. Le choc secoue nettement l'ennemi. Au moment où mes coups portent, des traceuses me frôlent. J'entends l'éclatement des obus. Je me recroqueville en tirant brusquement sur le manche. Montée plein pot. J'aperçois un *Spit* désemparé qui, lentement, par tonneaux successifs, va s'écraser au sol dans un énorme nuage noir. Comète de feu orange, un *FW 190* le suit de près et fonce vers la terre en mettant dans le ciel un sinistre panache... Coup d'œil autour de moi, en balançant mon *Spit*, à droite et à gauche, afin de libérer les angles morts et d'essayer de découvrir les autres camarades... Constatation amère : je suis seul avec Blondy... Où sont donc les autres ? Évaporés, aspirés ? Et comme tout maintenant semble calme ! Eh là-bas ! Un gros bimoteur a l'air de quitter la zone sensible sur « la pointe des pieds »... Mais oui, c'en est bien un ! un *Heinkel 177*. Mais pourquoi est-il seul ? Et ses chasseurs d'accompagnement ? Mais ma décision est vite prise : *« À moi le gros ! »* Tout en surveillant le ciel, je lui dégringole dessus en essayant de me placer sur son arrière pour le tirer. Blondy suit, ami fidèle. Au moment même où mes premiers coups partent, j'entends une voix irréelle qui hurle :

— *Look out Jaco, break right. Look out behind!* (Attention Jaco, dégage à droite. Attention derrière !)

Avant de regarder, je me lance dans un virage à tout rompre. Les traceuses passent à quelques mètres sous mon aile gauche. Décidément cela va mal. Et l'« antipot » continue... Non seulement j'ai perdu contact avec ma section, mais maintenant c'est mon N° 2 qui n'est plus là. Toute la sarabande des chasseurs est passée comme un vol de gerfauts... L'ennemi aussi a disparu. Ciel vide... Dangereux d'être seul dans ce coin ! Le contrôleur, qui semble donner des ordres à des ombres, me tape franchement sur les nerfs. J'ai follement envie de lui dire : « *Shut up !* » (Boucle-la !)

Je distingue encore des éclairs dans les fumées de Dieppe.

Ce n'est pas fini. Il faut rentrer. C'est tout de même à regret que je prends le cap de Portsmouth en piquant vigoureusement pour prendre de la vitesse... Bientôt les ballons du port me disent que le terrain est juste en dessous. Le temps se gâte sérieusement. L'Angleterre va, bientôt, s'enfermer à nouveau dans un manteau de pluie... C'est machinalement, tant je suis las, que je fais mon dernier tour de piste, gaz réduits, train sorti... Les pneus gueulent sur le ciment...

Stuffy, les bras levés, m'indique ma place au parking. Il m'aide, sans un mot, à déboucler mes bretelles. Calme étrange. Willy est là, le bloc-notes à la main, visiblement soucieux. Des groupes se forment. Pourquoi est-ce presque à mi-voix que je demande :

— *Anybody missing ?* (Personne ne manque ?) Aussi doucement Stuffy répond :

— Si, mon lieutenant, le *Wing Commander* Blake et le sergent Bill Utting ne sont pas rentrés. Le *Pilot Officer* Copeland du *131 Squadron* est blessé... Un obus de *FW 190* s'est écrasé sur sa plaque de blindage. Il est parvenu tout de même à rentrer...

Attente pleine d'angoisse. L'espoir de revoir Minnie Blake et Utting s'envole avec les minutes. Ils n'ont pu se poser sur une autre base. Nous le saurions depuis longtemps. Je suis le dernier « posé », et je n'ai presque plus d'essence...

Je fais mon compte rendu sans enthousiasme à Willy. Il prend note et dit comme machinalement : « *Good show, Jaco...* » J'apprends aussi que Philip Arnot et Leblond ont tiré sur un *FW 190* et un *He 177*. Ils ont observé des coups au but. Des camarades ont vu des avions en flammes : *FW 190*, *Me 109* et aussi *Spitfire*... La violence du combat a été telle qu'il n'a pas été possible de vérifier les résultats...

Les braves de Dieppe ont repris la mer depuis longtemps. Du moins ceux qui l'ont pu. La Manche est encombrée de navires. Il pleut. La visibilité est quasi nulle. Ceux qui sont chargés de la protection aérienne des convois prennent les plus grands risques. La nuit tombe. Une grande tristesse pèse sur les pilotes. Les récits des bagarres dans le ciel ne parviennent pas à éloigner les visages de nos absents. Et il y a des gars qui se posent la question : *« Qu'est-ce qu'on est allé f... à Dieppe ? »* Et la réponse vient toute seule. Cette réponse est une récompense pour tous les combattants :

Une page de la guerre vient d'être tournée. Et en ce jour du 19 août 1942, à Dieppe, nous avons fait un grand et valable pas vers la Libération. Pour la première fois en Europe, nous avons pris l'offensive, nous avons eu l'initiative d'une opération à terre. Le fait que cette opération n'ait pas eu le déroulement que nous souhaitions tous n'est pas important. Nous pensons que l'Allemagne a maintenant perdu à tout jamais l'esprit offensif... Que la défense va être dorénavant son seul but. Et que nous viendrons à bout de cette défense. Finies pour l'Angleterre les maudites années où elle était seule face au monstre avec bravoure et stoïcisme. L'avantage change de camp. Le poids des armes pèse lourd dans la balance. Et de notre côté ! Et en ce qui nous concerne, nous sommes fiers de faire le bilan final de ces neuf heures de bataille aérienne au-dessus du Continent. Au moment précis où les dernières lueurs du jour, épongées par des nuages bas, s'effacent lentement à l'ouest, la *RAF* a effectué 2 617 sorties. L'ennemi a perdu 170 avions, c'est-à-dire le tiers de sa puissance aérienne sur le front Ouest. Cette journée a vu s'engager la plus grande bataille aérienne qui ait jamais été déclenchée au cours de l'Histoire. La *RAF* a tenu sa promesse. Elle a été vraiment maîtresse du ciel ennemi durant toute la journée. Tribut onéreux : 106 avions dont 88 *Spitfire*, 113 tués et disparus, 40 blessés. Sacrifice énorme.

Je rends témoignage, en passant, à l'*Air Sea Rescue*, organisme de sauvetage pour lequel tout pilote de la *RAF* éprouve admiration et reconnaissance. L'*Air Sea Rescue* a répondu ce jour-là à quarante-sept appels de détresse, la plupart provenant d'avions en difficulté au-dessus du territoire ennemi. Treize pilotes ont été ramassés dans la Manche et aussi un observateur... Mais l'*Air Sea Rescue* a perdu, dans la bataille, trois vedettes rapides, trente-sept officiers et hommes...

Mais les marins le disent comme nous : il s'agissait d'un prélude indispensable aux débarquements futurs. Churchill a dit, le 8 septembre 1942, à la Chambre des Communes : *« Ce raid a provoqué une bataille aérienne extrêmement favorable pour nous. À tel point que le commandement de la Chasse ne demanderait pas mieux que de la voir se renouveler chaque semaine. »* Satisfactions, oui... Mais à quel prix !

Demain matin le *Squadron* regagnera Perranporth... Il lui manquera trois pilotes, dont notre chef, le *Wing Commander* Blake... La tristesse m'envahit... *Tomorrow is another day*... Oui, demain sera un autre jour... Et il faudra continuer à faire la guerre.

Minnie Blake, ce lion...

Quelques semaines plus tard... Coup de théâtre et joie profonde, Blake est en vie. Il est prisonnier. Il a réussi à faire passer une lettre à son chef qui est aussi son ami... Quelle lettre ! Quel homme ! J'espère bien que ce livre sera lu par beaucoup de jeunes.

C'est en pensant à eux que je glisse cette lettre dans ces souvenirs. Ils jugeront mieux ce qu'étaient les hommes qui avaient pour seule tâche d'abattre l'hydre nazie. Le *Wing Commander* Blake, parmi ces hommes, était un lion.

Oflag X

Mon cher Vieux,

... À Dieppe, donc, je volais, comme coéquipier du Squadron Leader Peter Simpson, commandant le 130 Sqn. Nous avons été séparés du Squadron pendant le combat avec les FW 190. J'ai aperçu, à un certain moment, un FW qui fonçait sur Peter Simpson, légèrement plus bas que lui. J'ai donc piqué sur lui pour le tirer. Je lui ai fait son affaire sans la moindre difficulté. Il ne s'est jamais rendu compte de ce qui lui arrivait, mais je ne m'étais pas aperçu qu'il n'était pas seul. Je me retrouvai aussitôt dans un vrai cirque... Je réussis à placer quelques rafales qui me permirent de me sentir plus à l'aise, lorsque l'un des FW effectua une passe « plein avant » alors que je regardais derrière. Il y a eu un éclair sur la coupole vitrée qui a volé en éclats. En un instant je suis devenu aveugle. Les Boches fonçaient sur moi. J'ai senti mon serre-tête disparaître. J'ai été éjecté de mon siège comme une fusée, pour me retrouver suspendu au bout des ficelles de mon parachute. Je m'aperçus bientôt que j'étais au-dessus, puis dans la mer. Je réussis, sans trop de difficultés, à monter dans mon Dynghy. Je n'y voyais plus du tout. Un Américain, le capitaine Ingram, lui aussi dans son Dynghy, arrivait à la pagaie. Il ne comprenait pas comment je n'avais pas été complètement brûlé. Nous nous sommes dirigés vers les bateaux qui étaient encore face à Dieppe, en pagayant le plus vite possible. C'est Ingram qui

naviguait. Malheureusement, nous les avons ratés d'un bon mile. Alors, nous avons mis le cap sur l'Angleterre. Mais la marée nous entraînait vers la côte française... À sept heures du soir, nous n'étions pas loin de la côte. Cela ne pouvait pas durer. La marée changeait et le lendemain, à l'aube, nous étions presque de retour devant Dieppe. Une forte tempête au sud se levait alors. J'avais pagayé toute la nuit. Ingram avait dormi. Il n'avait qu'une chemise sur le dos et était transi. La marée suivante nous entraînait vers la côte anglaise et nous ramena. À ce moment-là, je commençais à voir un peu. Ingram avait trop froid pour supporter une autre nuit. Aussi, vers 16 heures, je l'ai expédié vers la côte française. Ensuite, j'eus la chance d'avoir un vent de 40 miles en poupe, la marée favorable et je commençais à voir vraiment mieux. J'ai mis toute la gomme et à huit heures du soir, j'étais à 15 miles de la côte anglaise, trois heures avant le changement de marée. Et tout prêt à gueuler : « C'est moi que v'là... J'arrive. » À ce moment-là, un patrouilleur allemand a surgi par l'arrière. J'étais prisonnier. Je passai ensuite dix jours en clinique. L'état de mes yeux empira. On me confia aux soins d'un spécialiste, à Paris, qui opéra immédiatement pour extirper les fragments de plexiglass du cockpit. On retira les pansements d'un œil le 21ᵉ jour. Puis je fus expédié en direction d'un Oflag. Mais à minuit j'ai sauté du train en marche. Le choc fut très dur et j'ai dû endommager sérieusement le ballast avec ma tête... Mon œil valide se détraqua de nouveau. J'ai fini par atterrir ici. Je suis toujours à l'hôpital et ma vue s'améliore. Voilà, Chef ! J'ai bien essayé de rentrer, mais je n'ai pas pu.

Minnie Blake

Je ne crois pas qu'il soit utile de commenter cette lettre. Dans les notes que j'ai prises à ce moment-là, j'ai bien précisé que la guerre aérienne, depuis l'épisode de Dieppe, s'est largement transformée... Les Forces américaines prennent, sans cesse, plus de place sur le sol anglais. Les *Forteresses* vont de plus en plus loin avec des escortes de plus en plus imposantes... Et voici des avions nouveaux : le *P-47* et le *Mustang* si curieusement semblable, par la silhouette, au *Me 109*. Il y a aussi le *Lightning P-38 V.S.* qui étonne tous les gars de la chasse par sa manœuvrabilité et surtout sa puissance de feu... L'apparition d'un nouveau matériel à terre, tel que la jeep, force notre curiosité... Arsenal de luxe au grand complet... Nos mécaniciens, sur les aérodromes, sont béats d'admiration devant des tenues en peau fourrée, bien chaudes... Un matériel de qualité, bien étudié pour la guerre et qui arrive à foison... Voilà qui nous donne une confiance encore plus grande dans l'avenir... Le fait que nous soyons maintenant « offensifs » et non « défensifs » nous incite davantage à penser que la victoire est en marche. Les bombardements de jour par *Boston* et *Forteresses* sont de plus en plus puissants. La chasse ennemie nous paraît moins mordante.

15. Promenade de santé sur le Nord

Je me souviens, comme si c'était hier, du 6 septembre 1942... Des *Fortress* voulaient faire visite aux usines de Potez-Méaulte (à quelques kilomètres à droite d'Albert, dans la Somme). C'est dimanche. Et comme disent les météo « une vraie tempête de ciel bleu ». Conditions extrêmement favorables, on le conçoit, pour la chasse ennemie. Mon *Squadron*, le *130*, a pour mission d'assurer la couverture arrière des bombardiers. Dans les bonnes cartes d'un adversaire plus que probable, il y a la position du soleil, l'axe d'arrivée des *Big Boys*, le sens du virage à faire pour prendre le cap retour... La mauvaise surprise est dans l'air. Et le carnage pas exclu. C'est gai pour un dimanche.

Des escadrons de chasse encadrent les *Forteresses volantes*... Nous volons à 25 000 pieds. Et il fait vraiment très froid... Voici la côte de France. La baie de la Somme ressemble à un entonnoir aplati dont on aurait enfoncé le bec dans le canal d'Abbeville. À gauche, Boulogne, ridiculement petit. C'est grâce aux premiers coups de Flak que nous savons où gît Berck :

— *Hello Robo leader. Tangmere control calling. 25 + climbing over Amiens angel 18.* (Hello Robo *leader.* Le contrôle de Tangmere vous appelle. Vingt-cinq ennemis au moins en montée au-dessus d'Amiens, altitude 18 000 pieds (six mille mètres).

Ainsi le contrôleur de Tangmere, qui surveille l'opération, prévient un de nos *Squadron.* Peu après, il appelle le *Leader* du *Squadron* « Randow » :

— *20 + bandits climbing at your 11 o'clock, 15 miles away, angel 15.* (Vingt avions ennemis montent vers onze heures par rapport à vous, à 15 miles de vous et à 15 000 pieds d'altitude.) Voilà donc les Allemands en formation de combat. Ils montent à la rencontre des bombardiers et des chasseurs de l'escorte. La bagarre n'est pas loin. J'apprends en même temps que *Randow leader* que la chasse ennemie est maintenant à vingt mille pieds d'altitude et vient droit sur nous. Il y a un petit peu de nervosité chez les *Randow.* C'est pour eux cette fois. Mais si les Allemands passent au travers en direction des gros, ce sera pour nous !

— *Open your eyes chaps !* (Ouvrez les yeux, garçons !)

Ainsi Peter Simpson, notre *Commanding Officer*, nous rappelle que la première qualité du chasseur est de voir clair... Surtout ne pas se laisser surprendre. Nous naviguons à 27 000 pieds. Les *Forteresses* sont devant nous et bien en dessous. Elles brillent sous le soleil comme des pointes de diamant. Le temps me semble long. L'impatience me gagne. Les pilotes se maintiennent impeccablement à leur place dans la formation au combat. Je me surprends à penser que cette discipline au combat, cette vertu anglaise de l'attente, était déjà celle des archers, la piétaille légère qui protégeait à Crécy l'attaque des lourds barons sur leurs chevaux caparaçonnés... Savoir attendre... Les petits *Spit* ondulent lentement sur leur trajectoire, dans un balancement rythmé... Les hélices, au grand pas, tournent sans nervosité. C'est le contrôleur de Tangmere qui me sort de ma semi-torpeur. Par sécurité, j'ouvre tout grand le robinet d'oxygène :

— *Hello Robo leader... Enemy aircraft ahead of you. East of the target vertical Cambrai, steer one one zero, angel 26.* (Robo *leader*, les avions ennemis en face de vous. À l'est de l'objectif, à la verticale de Cambrai, cap 110, altitude 26 000 pieds.)

Je vois au-dessus de moi les *Robo Boys* qui prennent le cap de Cambrai. Une puissance extraordinaire se dégage de toute la formation...

— *Look out, red Flak coming up.* (Attention la Flak rouge se déclenche.)

C'est généralement le moment attendu par la chasse adverse. Les bombardiers viennent de terminer leur *bombing run*. Le chasseur va sauter sur sa proie. Venant du soleil, il va tenter de passer pleins gaz au travers des escortes avec un impressionnant excédent de vitesse... Il arrivera à cent mètres des bombardiers avant de déclencher son tir... Cependant les petits *Spit*, malgré leur infériorité devant les *FW 190*, veillent au grain. Et le contrôleur de Tangmere, qui joue les voyantes dans sa boule de verre, fait encore entendre sa voix :

— *Hello Randow and Robo leaders, 30 + bandits taking off from Cambrai. Climbing towards you, no height yet.* (Attention Robo et Randow *leaders*, trente salopards et plus décollent de Cambrai, montant vers vous, pas d'altitude pour le moment.)

Cela fait beaucoup d'Allemands en l'air ! J'entends la voix de Robo *leader*, maintenant forte et assurée, donnant des ordres :

— Avions Robo. Les salopards sont juste au-dessus de nous. Ouvrez les yeux et attention pour le *break...*

Des écailles argentées semblent voltiger haut dans le ciel. Il y a aussi des condensations. Ce sont certainement les *Focke Wulf.* Très calme, mais ferme, Robo *leader* donne l'ordre de dégager à gauche ce qui va permettre au Randow de le couvrir. Et brusquement, je vois les Allemands dégringoler du ciel, en chapelet, comme à l'exercice. Leur formation est bien trop compacte.

Certains pilotes doivent être incapables de voir, partant, de juger la situation.

Je pense aussitôt qu'il doit y avoir de jeunes pilotes parmi eux. C'est ce qui va compenser l'infériorité du *Spit* sur le *FW*... Cambrai, leur repaire, est en dessous, prêt à les recevoir. La ville est dans le flou d'un brouillard léger – j'aperçois le terrain et ses installations – on devine les positions de la défense légère, les 20 mm et les 88 mm. La Flak de Cambrai nous prend en compte – les champignons noirs nous encadrent – ils éclatent sous mon aile à droite... Et c'est par un piqué presque à la verticale qu'ils essaient de se placer derrière les bombardiers :

— *Hello, Randow aircraft, going down now...* (Hello, les Randow, piquons maintenant.)

C'est rudement bien joué, les gars ! Les « Robo » attaqués ont dégagé. Mais les Randow ont prévu le coup et les Allemands sont maintenant suivis de très près par les petits *Spit*. Trop près même. C'est malsain pour eux... Et à leur tour, ils sortent du jeu. Je le regrette profondément. Encore un peu et c'était notre tour, car nous sommes la dernière défense des *Big Boys*. Maintenant, des traceuses marquent le ciel avec une certaine discrétion. C'est une sarabande effrénée d'avions, un grand cercle qui tourne sans fin... Eh eh ! Cela cogne dur dans ce coin de ciel ! Nous sommes toujours sur le cap du retour et les bombardiers subissent en ce moment les tirs de la Flak côtière. Le *130 Squadron*, résolument discipliné et fidèle, est toujours en protection arrière. Les Robo ont repris leur place au-dessus de nous... Leurs ventres argentés ont, sous le soleil, des effets de miroirs...

— *Robo aircraf, attack port !* (Robo, attaquez à gauche.)

Le *Leader* a vu les Allemands essayant de se faufiler dans l'espace vide... Les Robo sont déjà à leur affaire... Les attaquants ont déjà réalisé qu'ils seront interceptés avant de parvenir aux *Forteresses volantes*. Ils piquent à mort avec les Robo aux fesses qui tirent tant qu'ils peuvent. Les coups doivent passer bien près car les Allemands, à pleins gaz, « cassent » leur piqué et remontent dans le soleil... La supériorité du *FW 190* dans cette manœuvre est nettement plus grande... Le *Spit* monte moins bien. Je vois l'essaim des Allemands escalader le ciel... Filets blancs de condensation au bout des ailes carrées... Traînées noires d'une carburation trop riche que les pots d'échappement crachent comme de la suie... Les *FW* s'évanouissent dans la lumière bleue.

Le ciel, maintenant, est étrangement vide. La formation parfaite des bombardiers est sortie de la zone dangereuse. Les chasseurs ne les quittent pas pour autant. Aujourd'hui, jour faste. Aucun bombardier n'aura été descendu. Mais un pilote de chasse canadien est *missing*. Et un *FW 190* ne rentrera pas à la base de Cambrai ce soir.

Je crois fermement que c'est une conséquence directe de la bataille aérienne de Dieppe... Malgré la supériorité technique du *FW 190*, aucun chasseur n'aura pu s'en prendre à un bombardier, même de loin...

La colère des *Huns* reste entière. Ils nous font un petit brin de visite dans la journée. Trois *FW* bombardent et mitraillent Falmouth et Saint-Ives, coquette station balnéaire de la côte des Cornouailles... Aucun objectif militaire dans ces parages... Il est plus facile d'attaquer des zones sans défense que de passer près de la DCA...

C'est en fin de matinée que les « rampants » ont entendu des explosions lointaines. Je suis à ce moment-là en *Readiness* (état d'alerte immédiat) avec mon N° 2, c'est-à-dire « brêlé » et le doigt sur le démarreur. *Stuffy*, la mécanique, me crie de décoller. Mais *Stuffy* n'est pas le contrôleur. Et l'ordre n'arrive pas dans mes écouteurs. Enfin le clic du *tannoy* se fait entendre. En trente secondes, pas une de plus, nous sommes en l'air... « Rien ne sert de courir », dit le bon fabuliste, « il faut partir à point ». Après une folle et excitante course en mer, sans voir la queue d'un *FW*, je reviens, dégoûté, me poser.

Au *Dispersal*, René Royer me donne une lettre d'un camarade. Il cite les noms des pilotes de chasse Français Libres portés disparus pendant ces dernières semaines. Le capitaine Fayolle, Van Wymeersch, de Labouchère, Debège, Lambert, le premier maître Kerlan, Chauvin, Darbins, du Fretay.

Du Fretay était parvenu en Angleterre bien peu de temps avant moi. Marin comme ses ancêtres bretons, il n'avait pourtant pas choisi la mer pour reprendre sa liberté. Patiemment, il avait remonté son petit avion personnel, un « Zlin » qu'il avait démonté à l'arrivée des Allemands. Le manoir familial avait abrité les pièces détachées. La pelouse fut une excellente piste d'envol. Du Fretay devait être descendu au-dessus de Dieppe... Notre seule, notre ultime consolation : ces garçons-là avaient fait payer cher leur sacrifice total en abattant un grand nombre d'avions ennemis. Je me disais que si la guerre durait encore longtemps il n'y aurait bientôt plus personne, à l'exception des gens de l'état-major, pour nous représenter dans la victoire...

Les bombardiers vont de plus en plus fréquemment, en plein jour, remplir leurs difficiles missions. Les *Forteresses* sont terriblement armées et leur défense par des feux croisés est dangereuse pour la chasse ennemie à la condition que la cohésion de vol soit parfaite. Nous les accompagnons. Avec intérêt, car leurs vols attirent la chasse adverse.

Les jours passent. Bernard Fuchs est muté dans une autre unité. Nous restons seuls, René Royer et moi, comme *Free French* sur notre terrain depuis l'hospitalisation de Leblond...

Je n'ai trouvé que gentillesse et camaraderie chez mes camarades anglais de la *RAF*... Bien entendu, on a tout de même des préférences, des camarades que l'on aime mieux que d'autres... Tim Saunders était parmi ceux-là. Grand, mince, un visage de vingt ans, du caractère, un garçon d'une rare qualité... Excellent chasseur, excellent tireur... Bon vivant, bon camarade, forte personnalité, ce qui ne l'empêchait nullement de rechercher le vrai contact humain. Tim et moi étions très liés. Sa famille avait une propriété campagnarde très confortable, dans le charmant village de Wenington, entre Lancaster et Settle. À la mi-septembre, au moment de l'ouverture de la chasse, Tim obtint une permission de quelques jours lui permettant à la fois de rejoindre ses parents et de chasser les oiseaux rapides au ras des collines...

Avec beaucoup de gentillesse, Tim invita son camarade, le *Free French*. C'est ainsi que je fus reçu à bras ouverts par une famille anglaise. La fiancée et la sœur de Tim nous accompagnèrent à la chasse. Expédition complète bien montée : poste de tir, à flanc de colline, dans des trous aménagés et camouflés... Le mien débouchait sur l'herbe rase. Je m'y étais blotti tant bien que mal, à l'abri du vent qui soufflait fort ce jour-là... Les oiseaux de chasse arrivaient, vent sous l'aile, rasant la colline, poussés par les rabatteurs. Ils passaient devant moi comme des boulets de canon... Le soir, face au tableau, j'étais bien dépité, moi guerrier en suspension de « bagarre » pour quelques jours, d'avoir si mal tiré. Mais heureux d'avoir passé, grâce à Tim, de si beaux moments... Trois jours qui passèrent bien vite dans l'ambiance si paisible, dans la douceur si pleine de gentilles attentions de cette famille anglaise...

La guerre attendait le bonhomme... Servitudes, grandeurs et sacrifice compris...

Un peu plus tard, et, pour ne rien vous cacher, j'ai un choc au cœur en découvrant ma note de bar du mois d'octobre. Huit livres un shilling et six pence... Certes, l'arrière-saison a été agréable. Le soleil s'est attardé longtemps à chauffer doucement les plages de sable fin de Cornouailles... Estivants et estivantes nombreux et l'hôtel-mess bien rempli... Tout de même ! Avec une addition de cette taille, j'ai l'impression d'avoir invité tout le monde... Je me permets une timide demande de renseignements complémentaires au « manager »... Il répond :

— Comprenez-moi, Sir, vous êtes inséparables (dans tous les domaines) le sous-lieutenant Royer et vous. J'ai préféré vous imputer tous les frais de ce mois-ci. Le mois prochain ce sera son tour...

Sa technique sur l'imputation des frais me sidère. Le brave homme oublie seulement que la guerre peut, elle aussi, faire son choix... irréversible... Même dans ce cas, il aurait trouvé une autre victime.

Le 4 novembre fut une étrange journée. D'abord un mauvais début. Une nuit très écourtée. De ma faute. De celle des camarades aussi. L'un d'eux nous quittait. On avait fêté son départ jusqu'aux très petites heures. Seulement, à six heures du matin, la main respectueusement ferme du *batman* me tire d'un sommeil sans rêve La barre n'est ni à droite ni à gauche. Elle est sur mon pauvre front. Dans l'autre main du *batman*, il y a heureusement une tasse de thé :

— *Good morning, Sir. It is time to get up. Here is a nice cup of tea.* (Bonjour, mon lieutenant. Il est temps de vous lever. Voici une bonne tasse de thé.)

Et comme il n'ajoute pas, selon la coutume : *Beautiful sunshine... soon* (Beau soleil... bientôt), j'en déduis, malgré mon crâne douloureux, qu'il fait un temps de cochon... Je ne suis pas loin de la vérité, Le vent et la pluie s'en prennent durement aux falaises et aux façades du Droskin Hotel. Il faut quand même être en alerte auprès de l'avion. À l'heure dite, le *Pilot Officer* Pat Hood et moi-même rendons compte gravement, par le téléphone opérationnel, que la section d'alerte est disponible et prête à agir. Les parachutes sont installés dans les avions. Les batteries de démarrage des moteurs sont réglementairement branchées. Les mécanos, tournevis en main, attendent le clic du *tannoy* du futur *Scramble*... Accessoire incroyablement anglais, la *kettle* (bouilloire) pour le thé poursuit, sur le feu, une interminable chanson. Le *timekeeper* cale sa tête hirsute sur son livre d'heures de vol, au creux de ses bras croisés, et pose un nez rutilant sur la colonne des minutes. Il ne dort que d'un œil. Pat Hood a déjà calé ses bottes de vol sur le poêle. Il a renversé sa tête blonde en arrière. Ses moustaches *RAF* sont bien horizontales. En position de sommeil profond il est reparti dans un rêve. Dehors, le vent et la pluie, dans un vacarme étourdissant, s'attaquent à la hutte elle-même. Sonnerie de téléphone. D'un bond, le *timekeeper* s'empare du récepteur. Pat Hood est déjà sur le pas de la porte... Derrière lui, j'attends que le *timekeeper* me hurle le cap et l'altitude à prendre. Il y a bien quelques étoiles qui clignotent dans ce ciel enrhumé. L'air glacial se rue dans la hutte :

— *Sir*, c'est *OPS-B-One* (l'assistant du chef contrôleur du secteur) qui demande si vous voulez effectuer une *weather recco* (reconnaissance météo) sur l'ouest de la Bretagne dès que le jour se lèvera.

Regard à Pat, mon équipier... Les réponses : Mais oui, bien sûr, certainement, avec plaisir... *OPS-B-One* doit être content. Nous le sommes aussi. Branle-bas dans la hutte. Règle de navigation, cartes, fréquences radio, etc. Tout est prêt en quelques instants... Avions-nous vraiment envie de dormir ? Décollage au lever du jour, à condition que les maudits nuages de pluie nous laissent une petite bande entre la mer et eux...

Décollage... Le ciel d'Angleterre est tout plein de vilains nuages qui s'effilochent sous les rafales du vent... Mais un halo jaunâtre nous indique que le « plafond » va monter. Derrière nous le cap Lizard, dernier repère, pointe extrême sur des Cornouailles, disparaît. On se cale sur le cap de l'île de la Vierge avec le ferme espoir de tirer sur quelque Allemand le long de la côte française...

C'est un extra qui n'est pas compris dans les ordres du contrôleur. Pat vole à ma droite, légèrement en retrait. Rase-flotte... Pendant quarante minutes... Rien d'autre à voir que les monotones montées des vagues grisâtres... C'est très long. Mais Pat est un vieux pilote très expérimenté... Pas de surprise possible avec lui. Visibilité en pleine amélioration... Maintenant 1 500 mètres verticale... Excellente météo pour jouer les pirates... La lumière reste faible... Enfin l'île de la Vierge... Je fais mes constatations : la météo locale est meilleure à l'ouest qu'à l'est. Sautons la côte. Longeons-la à l'intérieur des terres... Voici Lannilis entre deux rivières sur notre droite... Je tente de découvrir le radar fantôme signalé par les *« intelligences »* (officiers chargés des renseignements dans les *Squadron*). Soudain, mon regard est invinciblement attiré par des remblais de formes géométriques. Je me persuade que ce sont les défenses camouflées de cette R.D.F. Station.

Pat Hood a fait la même remarque. Très vite je me mets en position de tir en prenant d'enfilade une des lignes noires... C'est fait. Je cale mon réticule lumineux dès le départ du parapet sombre. J'ai déjà le doigt sur la détente... Malédiction ! Il s'agit, je le vois bien maintenant, de tas de goémon qui sèchent... Leurs lignes sont tellement bien montées qu'on les prend pour des tranchées camouflées... Mon hésitation a été assez longue... La réaction du sol est immédiate. Pat Hood a cependant eu le temps d'aligner un poste de DCA... Puis tout se passe en un clin d'œil.

Nous sommes environnés d'éclairs et de traceuses... Nous volons tellement bas que les flocons noirs de la Flak semblent traîner sur le sol. J'aperçois un affût de canon multitube – des *Pompom* en jargon *RAF* – qui me tire dessus et m'encadre dangereusement. Pat Hood est comme moi : le ventre collé au sol. Au moment même où nous passons la côte, je vois un éclair bleuâtre qui pénètre dans son appareil à la hauteur du cockpit. La sueur me coule dans le dos. L'avion accuse le coup et se redresse brutalement. Des lueurs rouges l'entourent. Car le feu d'artifice des traceuses ne cesse pas. J'appréhende le moment où Pat va percuter... Mais nous sortons enfin de la zone de Flak. Les obus posent maintenant des petits chandeliers argentés sur l'eau. Je serre au plus près sur mon camarade. J'aperçois, sous son siège, un trou béant, grand comme une poubelle. Pat me fait signe du pouce levé : tout va bien. Évidemment, il n'a plus de radio. Ouf ! Il a eu chaud. Je persiste à penser que le fameux radar ne devait pas être loin de nous, avec une défense pareille !

Les jours passent. Un beau matin, la B.B.C. annonce que les Américains débarquent au Maroc et en Algérie. Joie intense. Ce sera bientôt le tour de la métropole. Mais les jours qui suivent montrent que la confusion règne dans les affaires françaises d'Afrique du Nord. Les petites et les grandes trahisons se succèdent et je plains mes camarades, pilotes de chasse, qui s'y trouvent. Je souhaite seulement que le discours du général de Gaulle, remarquablement clair, permette à chacun de ceux qui sont plongés dans l'imbroglio nord-africain de retrouver la voie de l'honneur. Ils doivent très vite, car nos rangs s'éclaircissent, venir rejoindre les Français Libres pour libérer la France.

En attendant, les Allemands ont occupé toute la France. Nos *Sweep* s'enfoncent toujours plus profondément. Les Allemands se défendent mais leur chasse montre une certaine prudence. Ainsi, à la verticale de Brest, des *FW*, très haut au dessus de nous et de nos bombardiers, renoncent à nous attaquer... Prudence...

Un matin, c'est mon tour d'aller prendre l'air sur les côtes de Bretagne. Hier, la même patrouille, assurée par des Tchèques, n'est pas rentrée. Le contrôleur affirme qu'ils ont été descendus. Aujourd'hui, il y a aussi une surprise. Je tombe nez à nez avec un ballon de barrage tout près des côtes de Bretagne. Je lui fiche un coup de canon, rien que pour voir. Une gerbe de flammes immense monte dans le ciel, me laissant pantois. Veine !

Les Allemands amplifient leur tactique *hit and run* (frapper et filer). Ils se glissent sous les nuages bas au-dessus des côtes sud d'Angleterre. Ils lâchent leurs bombes sur n'importe quel objectif et vident leur réservoir d'obus. Puis ils filent. Hier, ils ont tué le mécanicien d'un train, son aide et plusieurs voyageurs. Le train allait vers Londres. Il s'est arrêté tout seul...

Le 7 décembre 1942 est un jour de fête pour l'escadron : René Royer et moi sommes décorés de la croix de guerre avec palmes. Je viens donc de vivre plus d'une année en opérations de guerre avec mes camarades de la *RAF*... Et au bout de ce temps, on peut se rendre compte que l'évolution a été favorable. Rien ne pourra plus empêcher la défaite de l'Axe... Oui, mais les pertes parmi les pilotes Français Libres sont écrasantes. À cette cadence, aucun d'entre nous ne reverra la France ! L'état-major français de Londres va-t-il prendre la même sage décision que les Anglais et les Américains ? Pilotes au repos après un tour d'opérations (150 missions de guerre environ). La pensée que l'on pourrait m'envoyer au repos me hérisse. Je ne me suis pas évadé de France pour cela...

Triste fin d'année. Jack Anderson et son N° 2 sont attaqués en mer par trois *FW*. Jack est descendu. Camarade charmant qui disparaît dans la lumière sale d'un matin gris. Michael Webb prend sa place à la tête de l'escadrille et il est nommé, sur le champ, *Flight Lieutenant*. Il est grand, sympathique, typiquement Anglais et il parle parfaitement notre langue. Le soir, au Stork, belle « party » pour fêter les galons de Mike... Et la roue continue de tourner...

Quand je pense que demain c'est Noël ! Ni René ni moi n'avons le *Christmas Spirit*. La journée a mal commencé... Nous étions en alerte à la hutte. Le *Commanding Officer* entre pour nous dire bonjour... et il nous apprend la mutation de Philip Arnott ! Catastrophe... Le meilleur des amis, le meilleur des chefs, le meilleur des pilotes ! Très simplement, il nous serre la main. Il était notre grand frère, notre *leader* respecté. Peter Simpson, lui-même, ému, prononce des paroles très affectueuses à son égard. Le *Flying Officer* Watts le remplace et devient *Flight Lieutenant.*

Nuit de Noël au mess où une réception est organisée... Beaucoup de monde. Willy a bien fait son travail... Beaucoup de jolies personnes en uniformes de la *Navy* ou des nurses des hôpitaux voisins... Surprise agréable dans ce coin perdu de l'Angleterre. Bon orchestre. Pale ale et scotch coulent à flots. René et moi avons revêtu l'uniforme bleu de l'Armée de l'Air... Franc succès et... petit avantage auprès des filles... Buffet magnifique, chargé de plats de dinde et de *Christmas pudding* pour nous restaurer entre deux danses... Nuit bruyante et gaie. Nuit au cours de laquelle on s'efforce de ne pas trop penser à tous les êtres qui nous sont chers et qui sont si loin... Seul l'espoir d'être en France à Noël prochain me donne du courage... À l'aube du 25 décembre, je me retrouve en *Readiness* avec mon coéquipier dans la hutte bien chauffée... Mais la trêve sera respectée de part et d'autre...

Soudain une voix féminine dans le téléphone opérationnel. *L'OPS-B-One* du secteur nous appelle pour nous souhaiter un *Happy Christmas*... Elle doit percevoir un rien de tristesse dans la voix du *Free French* qui lui répond. Alors elle dit :

— *The best of luck to you Jaco and don't worry, France will rise again soon.* (La meilleure chance pour vous Jaco. Et ne vous tracassez pas, la France se relèvera encore, bientôt.)

Je suis très ému...

À midi, le 25, comme le veut la tradition de la *RAF*, les officiers et sous-officiers disponibles servent le repas de Christmas aux hommes de la base. Le commandant de la base en tête, tout le monde s'affaire dans la cordialité. Les réfectoires sont décorés aux couleurs de la *RAF*... Illuminations, dinde de Noël. La bière est tirée du tonneau dans de grands pots... Puis les hommes se mettent à chanter : *For he is a jolly good fellow* et beaucoup d'autres...

Le 31 décembre 1942, pour terminer l'année, opération d'envergure sur Lorient, ma ville natale. Importante formation de *Fortress* dans un froid intense : à 28 000 pieds, il fait – 35 et – 40°. La chasse ennemie reste au chaud. Après deux heures trente de vol dans une température pareille, j'ai bien du mal à me tirer de mon cockpit.

La mise en service du *Spit IX** met du baume dans le cœur en ce début d'année. Mais nous n'avons pas à toucher pour l'instant ce nouveau modèle qui nous permettrait une lutte plus facile contre les *FW*. Mais cette bonne nouvelle est suivie d'une autre qui, elle, ne l'est pas du tout. Notre *Commanding Officer* Peter Simpson est muté. C'est pour nous, pour moi, un coup très dur que le départ de notre *Squadron Leader*. Peter Simpson, ami sympathique et souriant, le camarade des bons et des mauvais moments, un chef calme et sûr, s'en va. Il me rendait toute l'amitié que je lui portais avec beaucoup de sincérité et d'affection.

Déjà au *130 Sqn.*, nous avons eu à supporter de nombreuses mutations. Et en très peu de temps. Le moral des anciens est déjà moins solide. Le départ de Peter vient agrandir la brèche. C'est grave dans une équipe de pilotes de chasse qui vivent sur leurs nerfs. Le *Squadron Leader* Wright prend la succession.

Mauvais début d'année. Par trois fois, en peu de jours, le *Squadron* accompagne des Hurricane en missions d'attaque de bateaux. Il n'y a pas un pilote de chasse qui s'adonne à ce sport avec plaisir. D'autant plus que les Allemands mettent sur leurs *Flak ship* des moyens de défense sans cesse plus puissants. Cela devient du suicide

Ce jour-là, nous savons que notre objectif vogue à cinq nœuds, dans la grisaille glacée de la Manche, au large d'Ouessant. On nous annonce quatre dragueurs de mines avec accompagnement de deux *Flak ship*. Et je me surprends à me dire tout bas : *« À force de jouer au c... avec ces maudits bateaux, tu vas finir par décrocher un cockpit de luxe chez saint Pierre!»...* Personne n'avait le sourire au départ... Et nous voici au ras des falaises avec deux *Squadron* de chasse, le *130* anti-Flak et le *19* en couverture, escortant six *Whirlwind* chargés de bombes. Que Dieu nous protège!

Je déteste voler au ras de la mer avec tous ces systèmes de réservoirs supplémentaires. À la moindre bulle d'air dans le circuit d'alimentation, on a droit au plouf fatal. Les nuages sont bas. Le ciel et la mer se mélangent. Visibilité donc fort mauvaise. D'instinct, les *Spit* se sont rapprochés pour conserver un bon contact à vue.

Nous glissons à trois mètres au-dessus de l'eau grise. Quarante minutes de vol pendant lesquelles il ne faut pas relâcher, fût-ce un dixième de seconde, l'attention. L'horizon semble s'éclairer lorsque la voix du *Commanding Officer* rompt le silence radio religieusement gardé:

— *Hello Whisky aircraft. Ships 11 o'clock. Going to attack in one minute. Drop your babies now.* (Whisky, voici les bateaux à onze heures. Nous attaquons dans une minute. Lâchez vos réservoirs supplémentaires maintenant.)

D'un seul coup, au commandement, les réservoirs vides ricochent sur l'eau comme autant de soucoupes...

— *Whisky aircraft, attacking now.* (Avions Whisky attaquons, maintenant.) Je n'ai jamais caché mon admiration pour notre *Commanding Officer...* Aujourd'hui encore, il est le premier à vider ses canons... Son avion est auréolé par toute une gamme de traceuses qui montent vers lui... Les «pianos de Chicago» se mettent de la partie et des centaines de coups de départ brillent dans la brume sale. On peut différencier maintenant les deux *Flak ship* grâce à leurs tourelles avant et arrière qui se détachent nettement sur les superstructures, C'est là-dessus que je dois tirer, à moins que la mitraille ne m'atteigne avant. Je prends un bateau Flak par le milieu. Le point lumineux de mon collimateur glisse sur le flanc du navire. J'attends d'encadrer la tourelle arrière. Je devine les servants derrière les blindages. Encore dix secondes. Puis j'ouvre le feu pour arroser la coque d'abord. La tourelle ensuite. À quatre-vingts mètres mes obus frappent de plein fouet les pièces ennemies comme le ferait un immense marteau-piqueur... Au moment où je passe à la verticale, j'aperçois sous mon aile, en une fraction de seconde, des hommes étendus, immobiles, d'autres sautent par-dessus le bastingage. Ce sont les mêmes qui, la seconde d'avant, tiraient sur moi... Pendant mon virage, je regarde le travail des *Whirlwind.* Chacun a choisi son bateau. Ils arrivent en rase-flotte à toute vitesse. On sent que rien ne pourra les empêcher de larguer leurs bombes contre les flancs mêmes des bateaux... La Flak est moins intense, mais reste tout de même diablement impressionnante... Brroum ! La première bombe percute de plein fouet le *Flak ship* de tête. Il continue malgré tout à tirer. Mais ses coups surgissent d'un immense nuage noir. À l'autre bout du convoi, l'autre bateau Flak n'est plus qu'une masse grise environnée de fumée... Le navire donne de la bande. Un dragueur est encadré d'explosions. Ce sont les gars du 19e qui lui disent un petit mot.

Soudain, tout se complique... Il y a une explosion brutale quelque part dans le fuselage de mon *Spit*... un choc puissant... Je sens la panique me gagner. J'essaie de me reprendre, de remettre mes idées en ordre. Voyons, je ne suis pas blessé... Et mon avion continue à voler. Le moteur tourne : température et pression normales dès le premier coup d'œil. Alors qu'est-ce qui me prend ? Pourquoi cette panique ? Le temps continue à me sembler bien long. Je ne sais pas où j'ai été touché. Je décide soudain que l'inventaire se fera après. Et d'instinct, je reprends de l'altitude car la batterie d'un bateau Flak s'acharne sur moi...

— *Whisky aircraft, watch your tail, FW around.* (Avions Whisky, surveillez votre queue. Il y a des *FW* dans le coin.)

Puis, impératif:

— *Whisky Blue One, break left. Break for Christ's sake.* (Whisky Bleu Un, dégagez à gauche... Dégagez pour l'amour de Dieu !)

Ça c'est un comble ! Si les *FW* se mettent de la partie ! J'aperçois Blue Section qui dégage brutalement à gauche, mais rien derrière... Où sont-ils ? Je sens que je vais encore m'énerver si je ne les vois pas. Je ne veux pas me faire tirer sans voir... Un pointillé de traits lumineux entre dans le ventre d'un *Spit V*... Du regard, je remonte le pointillé... Je deviens enragé en découvrant le *FW 190*. J'essaie de contrer le salopard. Mais à cet instant, un autre *FW* attaque Red Section qui réagit et tire... J'aperçois en même temps, quatre autres *FW* qui attaquent le 19e *Squadron*... Mais la seconde de la surprise est déjà passée. Chacun est sur ses gardes. Il est maintenant trop tard pour réussir une autre attaque. L'ennemi s'enfonce et disparaît dans la grisaille comme il est venu. J'enrage d'avoir un avion aussi lent par rapport au *FW* Leur attaque surprise ne nous a pas permis de réagir avec la bonne cohésion... Bon, c'est un fait, le *FW* vole mieux, son armement est meilleur, mais sans l'effet de surprise, nous serions bien capables de lui donner du fil à retordre...

En attendant, force m'est de reconnaître que nous sommes tous éparpillés dans le ciel et que le retour vers la base se fait au mieux des possibilités de chacun...

Rien n'est plus agréable après des sensations de ce genre, rien n'est plus doux, quand on sait que l'on s'est fait « moucher » par la Flak, que de découvrir, au loin, à l'aplomb de la falaise, la géométrie plus ou moins bien camouflée du terrain... En roulant vers mon point de *Dispersal*, guidé par Stuffy, je me dis que son œil de mécano a déjà découvert ma blessure dans le fuselage. Un trou gros comme une soupière. L'obus a arraché la tôle. Il est ressorti de l'autre côté.

Stuffy me dit que le sergent Sloan a été descendu et que le sergent Glover est gravement blessé. J'ai le front moite. Je suis las. J'en veux au *Spit V*, à la guerre, à tout le monde...

Les opérations qui suivent ne sont pas brillantes pour notre *Squadron*. Ce jour-là, nous devons accompagner douze bombardiers Ventura. Leur mission : couper le viaduc de Morlaix sur la ligne Paris-Brest. Indiscutable objectif militaire... Le drame c'est qu'il est en pleine ville... Une erreur de quelques mètres peut provoquer une catastrophe, la mort de parents, d'êtres chers, de Français dans tous les cas.

Je suis épouvanté... Mais la lourde machine de guerre est en marche... Rien ne peut l'arrêter... Seul Dieu Tout-Puissant... ou la météo...

Le *19* est en protection directe. Nous, le *130*, en protection haute. Comme des lambeaux de nuages très bas s'accrochent aux collines, je me demande comment nous allons trouver les *Big Boys* dans une mélasse pareille... J'essaie bien de m'accrocher au plan du *leader*... Mais en vain... Mon N° 2 est littéralement encastré dans mon aile. Je monte dans le flou, les yeux fixés sur les instruments !

Nous débouchons dans un ciel libre, éblouis... En dessous de la formation qui se rassemble aussitôt, il y a une couche irréelle de soie blanche, vélum immense au-dessus duquel les petits *Spit* mènent une joyeuse sarabande... Le contrôleur au sol n'est pas sensible à cette poésie :

— *Whisky leader...* Ici le contrôleur, vous avez dix salopards en l'air dans les environs de Morlaix... S'il fait ce temps-là à Morlaix, on ne risque pas grand-chose.

Mais sans commentaire, le contrôleur enchaîne :

— Les *Big Boys* ont fait demi-tour à cause du mauvais temps. Vous devez continuer jusqu'à l'objectif pour un *Sweep...*

— *Loud and clear control... Roger.*

C'est parti. Mais je respire. Mes parents et mes amis ne craignent rien aujourd'hui...

Immense crevasse... Au fond de ce trou de sept mille mètres, on aperçoit un bout de Bretagne... Le *Wing Commander* pique légèrement pour augmenter la vitesse... Je commence d'instinct à surveiller le soleil et le bleu du ciel... Au fond de la brèche, là en bas, il y a des nuages qui forment d'étranges cavernes aux entrées torturées... Continuons notre descente, de plus en plus vite... Large virage en direction de Lannion dont on devine le terrain. Nos *Spit* vibrent. À cette vitesse-là, on ne risque pas la surprise... Douze mille pieds ! Mais où sont donc les bandits signalés par le contrôle ? Je désespère d'en voir un dans de bonnes conditions de tir... Avec le *Spit V*, il faut prendre certaines précautions, surtout en matière de tir à trop grande vitesse...

Je lève la tête et j'ai le souffle coupé. Voilà quatre avions qui ne font pas partie de la famille... Le pouce écrasant le bouton de l'interphone, je hurle :

— *Look out, bastards 3 o'clock, diving.* (Attention, salopards à trois heures. Ils piquent.) Le *Commanding Officer* a vu et manœuvre. Pas assez vite à mon gré. Je sens que le *19* nous suit et nous protège. J'y vais, Jocke Wilson, vif comme un chat, me suit... Je pique sur les *FW 190* à une vitesse telle que je crains, à chaque instant, de voir mes ailes se replier. Jocke est fidèlement là et me protège. Naturellement, les *FW* nous ont vus arriver. Ils foncent maintenant vers un nuage. Mon compas magnétique m'indique qu'ils virent vers l'intérieur... Je les suis, mais sans espoir... à moins que la couche cotonneuse ne me permette la poursuite... Non, les voilà absorbés à tout jamais... J'ai le temps de découvrir que l'ombre de nos deux avions se découpe étrangement sur les murs blancs du cumulus auréolé des couleurs de l'arc-en-ciel... Visions magnifiques que l'on aimerait observer, tout à loisir, dans le calme et la paix...

Je tente de sortir de cette couche laiteuse. Un moyen comme un autre : droit devant, cap en plein nord, en montée à cinq mètres/seconde, en tout cas, hors d'atteinte de la Flak... On doit bien arriver quelque part... Hop ! À trois mille pieds le nez du *Spit* crève tout d'un coup la couche... Le ciel est tellement éblouissant que les yeux me font mal. Et je ne vois rien dans ce cockpit couvert de buée. Cependant l'imperturbable Jocke est toujours là. Et je me demande comment il se débrouille pour voir dans cette sacrée lessive...

Tout de même, je suis seul avec mon N° 2, sous ce ciel bleu éclatant, entre ces montagnes de nuages et ces faux ravins sans fond... Étranges moustiques que nos deux *Spit* devant ces murailles blanches à l'usage des cyclopes...

Un tout petit coup d'œil à la jauge à essence... Soixante gallons (240 litres). Plus qu'il n'en faut. À nous de jouer pour une rentrée sans histoire... Pourtant, voici qu'une voix bien lointaine appelle... Rien de bien clair dans les écouteurs. Un cri de détresse, à peine perceptible... J'entends :

— *Bail out for Christ's sake. Get out, Bill !...* (Saute pour l'amour du Christ... Sors de là, Bill !)

Puis plus rien...

Jocke a dû entendre comme moi. D'instinct, il s'est rapproché. Nous nous consultons du regard... Mais que faire ? Je prends la fréquence de la station de *homing*... Elle nous prend en compte pour nous faire effectuer une percée à travers les nuages en direction de notre base... Il pleut. Le cockpit ruisselle intérieurement... Il y a, comme au départ, des lambeaux de nuages accrochés aux collines qui bordent le terrain... À l'arrêt de mon avion, Stuffy saute sur l'aile pour m'aider à me « débréler »... Douce chaleur qui me vient de cette bonne bouille de Stuffy, avec son sourire plein d'affection. Mais ce jour-là, le sourire n'est pas à l'arrivée :

— *Bill Hoggard has been shot down in flame, Sir...* (Bill Hoggard a été descendu en flamme, mon lieutenant.)

Son N° 2 en a été témoin... Quoi ! Notre ami à tous, mon camarade Bill, si bon, si droit, si calme... Mon Dieu ayez pitié ! Mais au fait, que peut-on attendre d'autre du métier que nous faisons ? Les commentaires vont bon train au *Dispersal*. Jocke et moi sommes consternés. Comment un aussi bon pilote a-t-il pu être descendu ? Son équipier, qui est encore sous le coup qui le frappe, explique que Bill, au moment de prendre le cap retour, a eu des ennuis de moteur extrêmement sérieux... Son N° 2 est resté en protection jusqu'au moment où ils ont été coincés par six *FW*... L'équipier a bien essayé de faire face, de se battre. Mais il a bien vu que son ami était impuissant dans une machine malade... Le *Spit* a été descendu dans une énorme gerbe de flammes... Lui, avec les Fritz aux fesses, a réussi à se glisser dans un nuage...

Je m'en vais. En entrant au mess, je sens mes larmes qui coulent... Une colère effroyable m'envahit... Bill Hoggard, vieux frère... Ce n'est pas de ta faute s'ils t'ont eu... C'est encore une fois cette saloperie de *Spit V* qui s'est montré inférieur à l'adversaire... Je suis terriblement déprimé et mon moral est à zéro... Il y a la disparition de nombreux camarades et la mutation des autres *British only* vers l'île de Malte. J'en ai assez... Il faut que je passe ma hargne... que je fasse quelque chose...

Devant Stuffy, étonné, je cours me réinstaller dans mon vieux *Spit*... Et je te fais un décollage à l'américaine au ras des pâquerettes... Je prends dans mon collimateur le ras du toit du commandant de la base... Rassurez-vous... Je ne veux pas tirer... Non, mais je me lance en pleine piste dans une double série d'acrobaties... Tout y passe : tonneaux, renversements, passage dos... avec plouf du moteur... Du coin de l'œil, je regarde la piste et les cantonnements.

Le moins que l'on puisse dire est que cela remue là-dedans ! Tout le personnel au sol a quitté les hangars et les bureaux pour venir voir le *Spit* devenu fou... Dans la *RAF*, on n'aime pas beaucoup ce genre de défoulement... Il est même strictement défendu... Cette interdiction ne concerne pas le risque que prend le pilote... Mais surtout le risque que court l'avion... La *RAF* n'en veut absolument pas à un pilote de se tuer... Par contre, casser un avion, ou faire ce qu'il faut pour le casser, est un crime... On n'admet pas davantage la perturbation et les pertes de temps occasionnées par ce genre de divertissement...

À l'atterrissage, rien qu'à voir la tête de quelques « gentlemen », je me rends compte à quel point j'ai joué dangereusement avec les *King's régulations*... Dans la foule des mécanos qui m'accueillent, par contre, il y a beaucoup de visible sympathie et un nombre considérable de vrais sourires de satisfaction... Les mécanos s'écartent gentiment devant moi. Aussi bien ma route est toute tracée, mon emploi du temps prévu. Le *Squadron Leader* Wright me demande... Je m'en doutais un peu... Il me dit sans sourire que le commandant de la base veut me voir. Cela fait toujours partie du programme... Je monte dans la voiture de Wright... J'éprouve une sorte de joie curieuse. Quand l'officier de service m'introduit dans le saint des saints où je trouve le commandant de la base et le *Wing Commander*, je découvre, pendant qu'ils me regardent sans mot dire, que je n'ai jamais été aussi fier d'avoir, sur mon épaule, brodé en lettres d'or, le mot « France » !

Et au fond de moi-même, devant ces deux statues, devant ces regards qui se veulent à la fois paternels et douloureux, je me dis :

— Mes petits pères, vous avez vu ce que c'est que de la voltige, pas vrai ?...

Mais naturellement, pas un mot ne sort de ma gorge. J'attends. C'est la « Justice » en personne qui ouvre la bouche... Et ça tombe. Dru comme une volée de canon... Tiens-toi bien, Jaco... Pense aux copains...

— *What the hell you think you are ? You fly like*. (Quel diable vous a piqué ? Vous volez comme Prune.) (Prune doit être en Angleterre l'équivalent de feu Adhémaï.)

Ci-dessus : après avoir passé son brevet de moniteur, Jacques Andrieux (à gauche) devient le second de Michel Blot (à droite) à l'Aéro-club de Quimper et de Cornouaille (ACQC). Les deux hommes posent devant un Potez 60. (Collection Thierry Le Roy.)

Ci-dessous : peu de temps après son obtention du Brevet de pilote civil, Jacques Andrieux se pose avec le Hanriot HD32 (F-ANGD) de l'ACQC sur un champ près de Carhaix où devait se créer l'aéro-club Le Poher. Plusieurs membres sont là. Son père, Jacques Paul Andrieux, est au centre sous l'hélice. Jaco est le second à sa droite avec son casque de pilote. (Photo Jacques Andrieux, Coll. Many Souffan.)

Licence-1.
LICENCE
PHOTOGRAPHIE DU TITULAIRE
Signature du titulaire
La licence de PILOTE D'AVIONS DE TOURISME en date du 28 Avril 1937 N° 7500
a été délivrée à M Andrieux Jacques
qui est autorisé, par la présente licence, à piloter les types d'appareils indiqués à la page 7.
La validité de la présente licence est indiquée aux pages 4 et 6.
A Paris, le 28 Avril 1937.
Le Directeur de l'Aéronautique Civile.

Licence-2.
7500
LICENCE
ÉTAT-CIVIL
Nom : Andrieux
Prénoms : Jacques Marie Anne
Nationalité : Française
Lieu de naissance : Lorient (Morbihan)
Date de naissance : 15 Août 1917
Domicile : Rue Fontaine-Blanche Carhaix (Finistère)
SIGNALEMENT
Taille
Cheveux
Front
Sourcils
Yeux
Nez
Bouche
Barbe
Menton
Visage
Teint
Signes particuliers :

Brevet de pilote civil de Jacques Andrieux, obtenu le 28 avril 1937.
(Photo Jacques Andrieux, Coll. Many Souffan.)

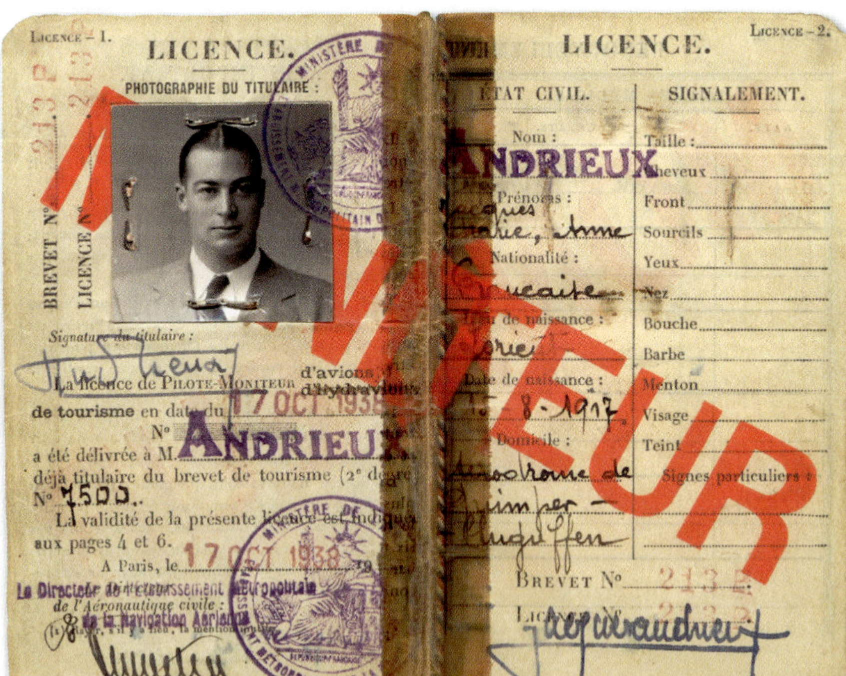

Licence – 1.
LICENCE.
PHOTOGRAPHIE DU TITULAIRE :
BREVET N° 213 P
LICENCE N° 213 P
Signature du titulaire :
La licence de PILOTE-MONITEUR d'avions d'hydravions de tourisme en date du 17 OCT 1938
N°
a été délivrée à M. ANDRIEUX
déjà titulaire du brevet de tourisme (2e degré) N° 7500.
La validité de la présente licence est indiquée aux pages 4 et 6.
A Paris, le 17 OCT 1938
Le Directeur de l'Établissement Métropolitain de la Navigation Aérienne

Licence – 2.
LICENCE.
ÉTAT CIVIL.
Nom : ANDRIEUX
Prénoms : Jacques Marie, Anne
Nationalité : Française
Lieu de naissance : Lorient
Date de naissance : 15-8-1917
Domicile : Aérodrome de Quimper-Pluguffen
BREVET N° 213 P
LICENCE N° 213 P
SIGNALEMENT.
Taille :
Cheveux
Front
Sourcils
Yeux
Nez
Bouche
Barbe
Menton
Visage
Teint
Signes particuliers :
MONITEUR

Le brevet de moniteur de Jacques Andrieux, obtenu 18 mois après son brevet de pilote civil. Ce qui n'empêcha pas ce dernier d'entraîner des pilotes avant son obtention. (Photo Jacques Andrieux, Coll. Many Souffan.)

Ci-dessus : photo prise à Carhaix, en 1938, quelques jours avant son départ pour la Base Aérienne 125 d'Istres. (Photo Jacques Andrieux, Coll. Many Souffan.)

Ci-dessus : une des premières photos de Jaco Andrieux à son arrivée à Odiham, prise en février 1941. (Photo Jacques Andrieux, Coll. Many Souffan.)

Aux abords de la piste d'Odiham, Jacques Andrieux pose devant un moteur qui appartient à un des deux Potez 63-11 servant à l'entraînement des pilotes français, quand les avions voulaient bien voler. Photo prise par Joseph Risso. (Photo Jacques Andrieux, Coll. Many Souffan.)

Photo de groupe de fin de stage de la 64e promotion de la *5 SFTS* à Ternhill, prise le 28 octobre 1941. Les pilotes viennent de recevoir leur macaron. C'est la promotion qui compte le plus grand nombre de pilotes français. (Photo Jacques Andrieux, Coll. Many Souffan.)

À la fin du stage *SFTS*, les pilotes français recevaient leur macaron, fabriqué en Grande-Bretagne. Ces macarons étaient numérotés et précédés des lettres GB. Celui-ci, de Jacques Andrieux, était le GB 122, le premier de sa promotion. Il y fait monter une croix de Lorraine. (Photo Many Souffan.)

Photo de fin de stage en *OTU* prise avant le 15 décembre 1941. Quelques jours plus tard, les pilotes connaissent leur affectation. Cinq pilotes seront affectés au *130 Sqn* dont Jacques Andrieux. (Photo Jacques Andrieux, Coll. Many Souffan.)

Back Row (Left to Right) : Sgt. P. Borrossi, Sgt. C. H. Ingold, Sgt. R. P. R. de la Poype, Sgt. A. C. de Saxce, Sgt. G. W. Andrews, Sgt. J. C. Berre, Sgt. M. Y. Biz Sgt. L. M. Guilloux, Sgt. Bourgeois, Sgt. R. Guillermin, Sgt. P. Mathillon, F/Sgt. J. Andrieux, Sgt. R. A. Simon, Sgt. A. P. Vilboux, Sgt. G. Vailla Sgt. P. Gallay, Sgt. M. Roche.
Middle Row (Left to Right) : Sgt. G. Clarke, Sgt. R. S. Cooke, Sgt. R. A. le Poulennec, Sgt. I. M. Mundy, Sgt. F. Guinamard, Sgt. R. P. M. Leblond, Sgt. I. M. Daw Sgt. P. A. Jardine, Sgt. P. D. Lambert, Sgt. D. L. Maxwell, Sgt. A. S. Edington, Sgt. R. Greyvensteyn, Sgt. W. I. H. Maguire, Sgt. R. Leguie.
Front Row (Left to Right) : Sgt. S. M. Duigan, P/O. D. E. Claert, P/O. D. E. Bruce, P/O. E. W. Mitchell, S/Ldr. G. L. Ritcher, W/Cdr. J. A. Kent, d.f.c., a. G/Capt. J. I. T. Jones, d.s.o., m.c., d.f.c., m.m., S/Ldr. A. V. Clowes, d.f.c., d.f.m., F/Lt. J. S. Morgan, m.c., P/O. G. F. Newton, P/O. J. R. Min P/O. J. T. May, P/O. S. E. McMann, P/O. C. R. Birbeck.

Jacques Andrieux, Pierre Gallay et Roland Leblond à leur arrivée au mois de décembre 1941, sur la base du *130 Sqn*, à Perranporth, au fin fond des Cornouailles. (Photo Jacques Andrieux, Coll. Many Souffan.)

Moment de détente pour Jaco Andrieux sur le *Dispersal* du *130 Sqn*, au mois de juillet 1942. En arrière-plan, c'est la monture de son fidèle ailier Roland « Blondie » Leblond. (Photo Jacques Andrieux, Coll. Many Souffan.)

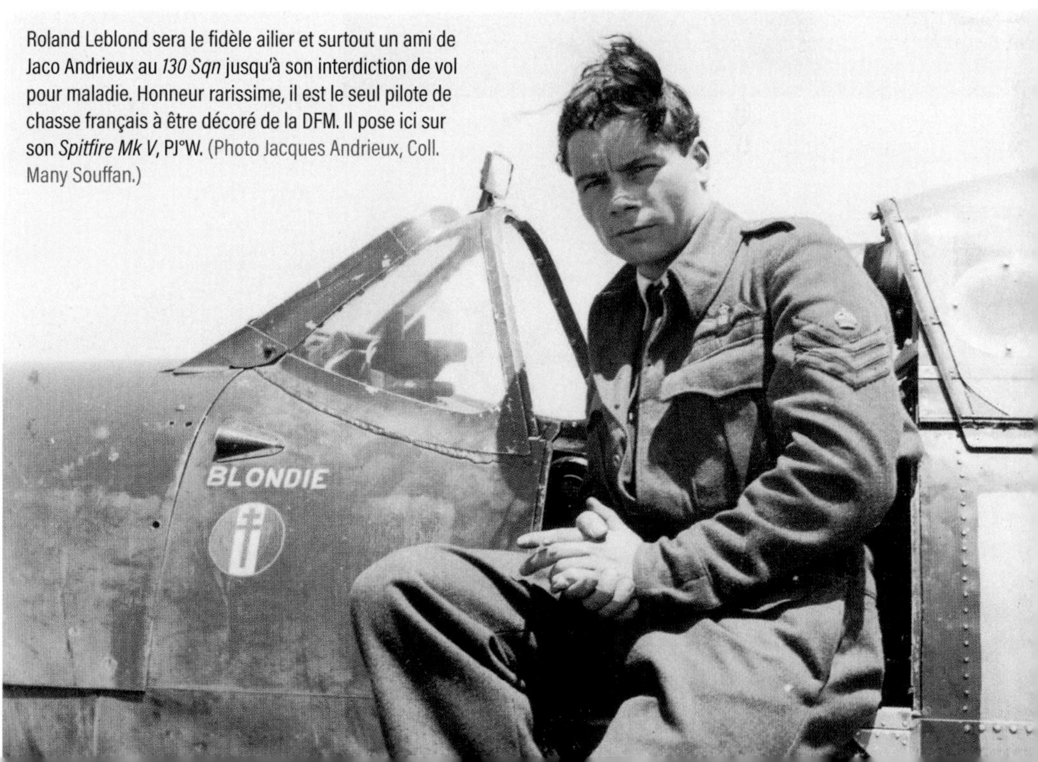

Roland Leblond sera le fidèle ailier et surtout un ami de Jaco Andrieux au *130 Sqn* jusqu'à son interdiction de vol pour maladie. Honneur rarissime, il est le seul pilote de chasse français à être décoré de la DFM. Il pose ici sur son *Spitfire Mk V*, PJ°W. (Photo Jacques Andrieux, Coll. Many Souffan.)

Jacques Andrieux devant sa seconde monture au *130 Sqn*, au mois de décembre 1942. (Photo Jacques Andrieux, Coll. Many Souffan.)

Très beau portrait de Jaco Andrieux qui met en évidence sa force de caractère. (Photo Jacques Andrieux, Coll. Many Souffan.)

La *French pair* du *130 Sqn*. Jaco et Blondie posent devant le *Spitfire Mark V* BL736/PJ°Z. Le grade d'Andrieux permet de dater la photo avant juin 1942. La paire française marquera de son empreinte le *130 Sqn*, par sa bonne humeur. (Photo Jacques Andrieux, Coll. Many Souffan.)

Ci-dessous : le jour suivant de l'opération sur Dieppe, Jean Royer (*19 Sqn*) et Roland Leblond (*130 Sqn*) se laissent photographier par Jaco Andrieux sur la terrasse qui surplombe les falaises de Perranporth. Nous pouvons remarquer sur le blouson de Blondie le ruban de sa DFM. (Photo Jacques Andrieux, Coll. Many Souffan.)

Ci-dessous : après son séjour prolongé dans la mer, du 3 juin 1942, Roland Leblond sera hospitalisé quelques jours après Dieppe, pour des lésions graves aux poumons. Il n'en sortira qu'en 1947. Jaco Andrieux rendra très souvent visite à son ami. (Photo Jacques Andrieux, Coll. Many Souffan.)

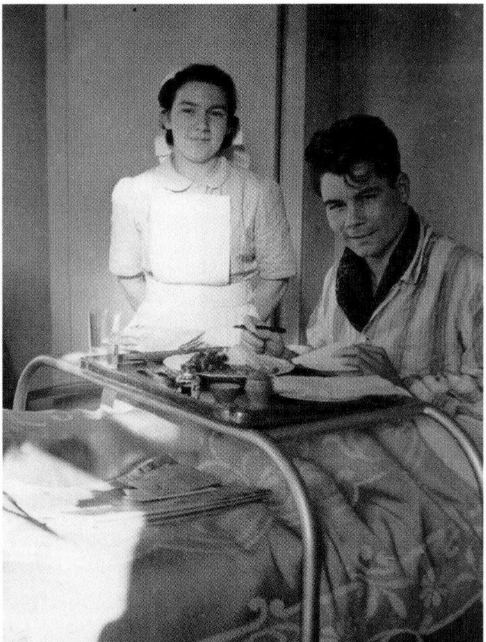

Jaco Andrieux, qui aurait bien aimé devenir acteur, se fera souvent photographier devant ses avions, pour laisser une belle image de lui s'il devait lui arriver quelque chose. (Photo Jacques Andrieux, Coll. Many Souffan.)

Ci-dessous : l'ombre du pilote surveille la préparation de son second *« my old Z »* (au *130 Sqn*), mon vieux Z, comme il aimait appeler affectueusement ses montures. Le Serial de l'appareil sera effacé. (Photo Jacques Andrieux, Coll. Many Souffan.)

Après le départ de Roland Leblond, Jaco Andrieux deviendra le second du *Flight Lieutenant* Philip Arnott (à gauche) commandant du *B Flight* du *130 Sqn* et volera souvent en pair avec le *Flying Officer* Jupp (à droite). (Photo Jacques Andrieux, Coll. Many Souffan.)

Ci-dessous : au printemps 1943, Jaco Andrieux photographie l'attaque d'un dragueur de mines au large des côtes françaises. (Photo Jacques Andrieux, Coll. Many Souffan.)

Ci-contre : une des nombreuses photos de Jacques Andrieux devant son premier *Spitfire*, nommé Jaco, au *130 Sqn*, comme son grade de sergent pilote l'indique. (Photo Jacques Andrieux, Coll. Many Souffan.)

Ci-dessus : Jaco Andrieux a immortalisé sa seconde mission au-dessus de la Bretagne. Le temps s'y prêtait. (Photo Jacques Andrieux, Coll. Many Souffan.)

Tandis que les mécaniciens du *130 Sqn* s'affairent sur la troisième monture du sous-lieutenant Andrieux, celui-ci prend la pose par une journée ensoleillée de février 1943. (Photo Jacques Andrieux, Coll. Many Souffan.)

Nous sommes au début avril 1943, Jacques Andrieux présente son dernier « Jaco », un *Spitfire Mark Vc*, (serial AD536) au photographe de La *RAF* Nous remarquons que le drapeau tricolore dans le cercle a été peint à l'envers, à la britannique. (Photo Jacques Andrieux, Coll. Many Souffan.)

Ci-dessous : le *Fighter Command School of Tactics* a été créé pour former l'élite de la *RAF* et uniformiser tous les nouveaux schémas tactiques. Pour Jaco Andrieux c'est la promesse de devenir *Squadron Leader*. Les 29 officiers de cette promotion totaliseront près de 250 victoires à la fin de la guerre. (Photo Jacques Andrieux, Coll. Many Souffan.)

FIGHTER COMMAND SCHOOL OF TACTICS. COURSE No. 7. June, 1943

Front Row :
F/Lt. Maclean*. F/Lt. Griffith*, D.F.C. Major Birksted*, N.W.C., D.F.C. W/Cdr. Rankin, D.S.O. & Bar, D.F.C. & Bar. Ft/L. Ingham*, D.F.C. F/Lt. Birch*. F/O. Bendel*.
2nd Row : P/O. Dover. Lt./Cdr. Sewell, D.S.C. S/Ldr. McMullen, D.F.C. & 2 Bars. S/Ldr. Davies, D.F.C. F/Lt. Hawkins. F/O. Ewins. F/O. Mach.
3rd Row : 2nd/Lt. Djonne. F/Lt. Stewart. Major Wright. Lt. Andrieux, C. de G. F/O. Reahil. S/Ld. Kellett. F/Lt. Beake.
4th Row : P/O. Burge. F/Sgt. Flight. F/O. Waddy. F/O. Wardzinski. S/Ldr. Doe, D.F.C. & Bar. F/Lt. Wedd. F/Sgt. Rippon. F/O. Omand. *Staff.

Spitfire Mk Vc, serial AD536, PJ°Z, *130 Sqn*, avril 1943
Ce *Spitfire Mark Vc* est la dernière des quatre montures personnelles, codé Z, de Jacques Andrieux lors de son temps au *130 Sqn*. (Profil Vincent Dhorne.)

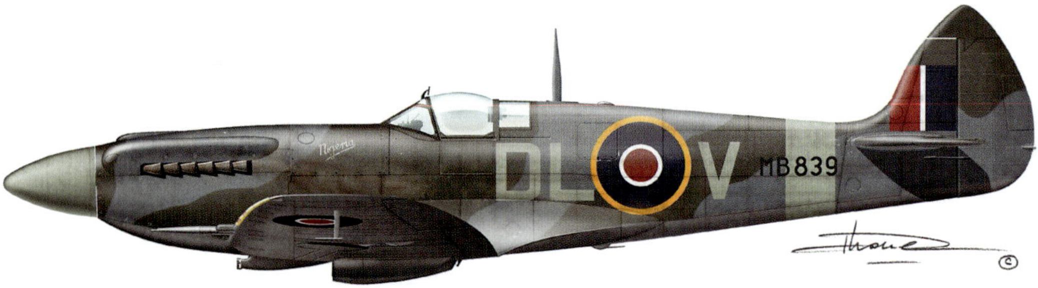

Spitfire Mk XII, serial MB839, DL°V, *91 Sqn*, octobre 1943
C'est le second *Spitfire XII* personnel de Jacques Andrieux qu'il réceptionne au début octobre 1943 et qu'il pilote jusqu'au dernier jour de 1943. Il obtient trois victoires avec cet appareil, 2 victoires sûres et une probable. (Profil Vincent Dhorne.)

Spitfire Mk XIV, serial RM617, DL°G, *91 Sqn*, mai 1944
À son retour au *91 Sqn*, Jaco Andrieux choisit ce *Spitfire XIV* avec lequel il vole du 11 mai 44 au 11 juin 1944, date de sa dernière mission au *91 Sqn*. (Profil Vincent Dhorne.)

Spitfire Mk IX, serial MK844, °AL, *341 Sqn*, début août 1944
Après le départ d'Al Deere de la tête du *145 (French) Wing*, ce *Spitfire* au code du célèbre pilote néo-zélandais est utilisé d'abord par le commandant Christian Martell et, par la suite, il sera très souvent piloté par Jacques Andrieux. (Profil Vincent Dhorne.)

Spitfire Mk IX, serial PL332, NL°Z, *341 Sqn*, fin août 1944
Le PL332 est le premier *Mark IX* personnel au groupe « Alsace » pour Jacques Andrieux, d'autres suivront. Pour la petite histoire, c'est lui qui introduit ce nouvel insigne, le premier d'une longue lignée. (Profil Vincent Dhorne.)

Spitfire Mk XVI, serial TB902, NL°Z, *341 Sqn*, avril 1945
Jacques Andrieux prend en charge son second *Spitfire XVI*, le deuxième jour de l'installation du *Squadron* « Alsace » sur le terrain B.105 en Allemagne. Il y inscrit le nom du commandant Mouchotte. (Profil Vincent Dhorne.)

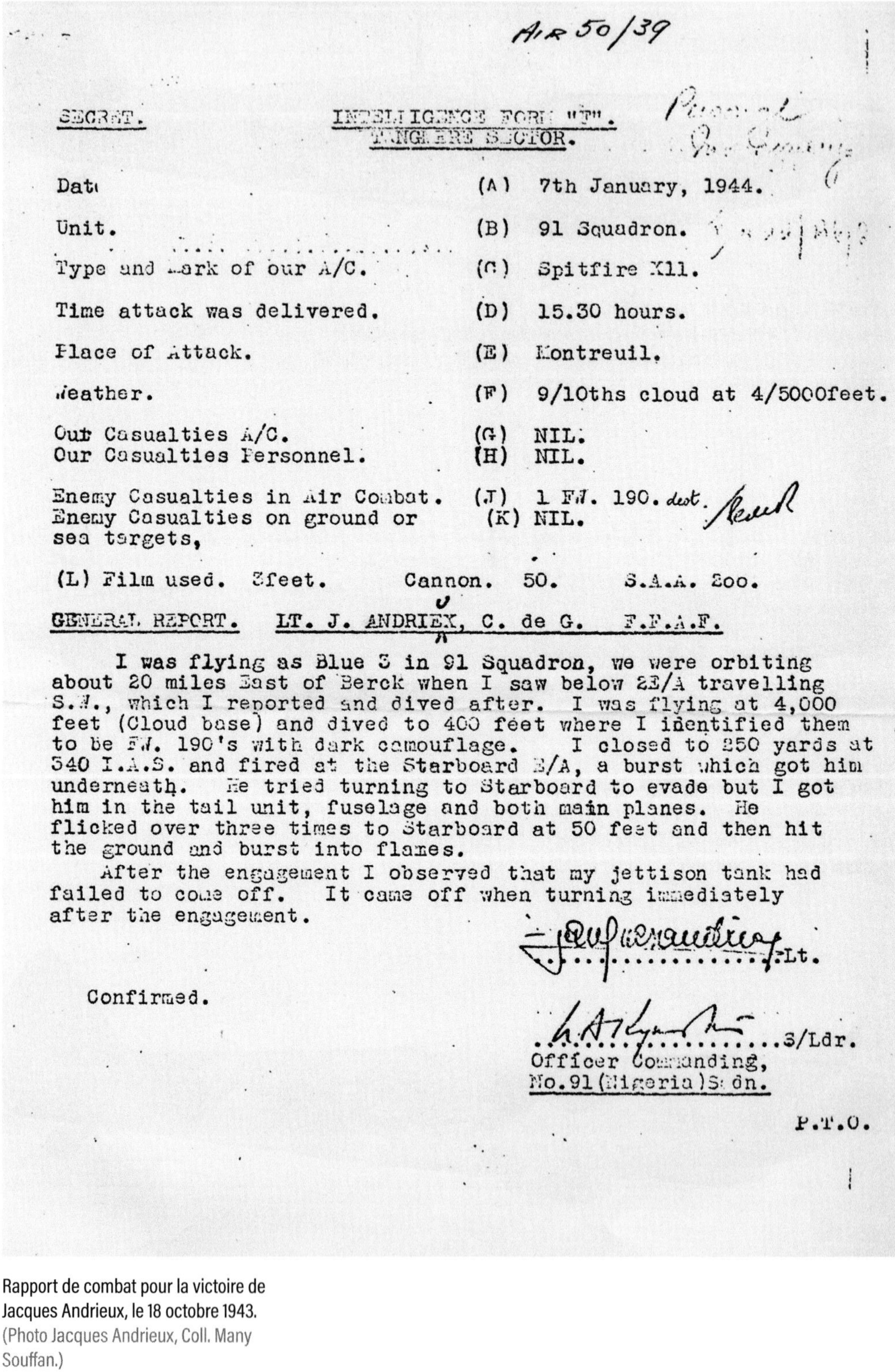

AIR 50/39

SECRET. INTELLIGENCE FORM "F".
TANGMERE SECTOR.

Date	(A)	7th January, 1944.
Unit.	(B)	91 Squadron.
Type and Mark of our A/C.	(C)	Spitfire X11.
Time attack was delivered.	(D)	15.30 hours.
Place of Attack.	(E)	Montreuil.
Weather.	(F)	9/10ths cloud at 4/5000feet.
Our Casualties A/C.	(G)	NIL.
Our Casualties Personnel.	(H)	NIL.
Enemy Casualties in Air Combat.	(J)	1 FW. 190. dest.
Enemy Casualties on ground or sea targets,	(K)	NIL.

(L) Film used. 3feet. Cannon. 50. S.A.A. 2oo.

GENERAL REPORT. LT. J. ANDRIEX, C. de G. F.F.A.F.

I was flying as Blue 3 in 91 Squadron, we were orbiting about 20 miles East of Berck when I saw below 2E/A travelling S.W., which I reported and dived after. I was flying at 4,000 feet (Cloud base) and dived to 400 feet where I identified them to be FW. 190's with dark camouflage. I closed to 250 yards at 340 I.A.S. and fired at the Starboard E/A, a burst which got him underneath. He tried turning to Starboard to evade but I got him in the tail unit, fuselage and both main planes. He flicked over three times to Starboard at 50 feet and then hit the ground and burst into flames.

After the engagement I observed that my jettison tank had failed to come off. It came off when turning immediately after the engagement.

..................Lt.

Confirmed.

..................S/Ldr.
Officer Commanding,
No.91(Nigeria)Sqdn.

P.T.O.

Rapport de combat pour la victoire de Jacques Andrieux, le 18 octobre 1943.
(Photo Jacques Andrieux, Coll. Many Souffan.)

Malgré la mauvaise qualité de la photo, elle est le souvenir fait à Jaco Andrieux par les pilotes du *91 Sqn* qui l'accompagnaient ce matin du 18 octobre 1943, au cours du *Ramrod 272*, où il abat un *Bf 109* sûr au sud d'Amiens. (Photo Jacques Andrieux, Coll. Many Souffan.)

Ci-contre : Jacques « Jaco » Andrieux et Jean « Mary » Maridor ont tout de suite sympathisé quand il se sont rencontrés pour la première fois à Odiham. Quand Jaco arrive au *91 Sqn*, il est pris en charge par Maridor. Le pilote breton sera très affecté par la mort de son ami. Il collera dans son *Log Book* cette photo, à la date du 3 août 1944. (Photo Jacques Andrieux, Coll. Many Souffan.)

Ci-dessus : cette photo de Maridor date de 1942. Ce dernier la dédicace et l'offre à son ami Jaco à son départ du *91 Sqn*, le 15 juin 1944. (Photo Jacques Andrieux, Coll. Many Souffan.)

Tandis que Jaco Andrieux est instructeur et le *91 Sqn* est en cours de conversion sur *Spitfire XIV*, la monture personnelle du pilote français, le *Spitfire XII*, MB839/ DL°V, est endommagée au cours d'un atterrissage de fortune, le 24 avril 1944, dans des circonstances inconnues. (Photo Philippe Listemann.)

AIR 50/34

SECRET. INTELLIGENCE FORM "F".
TANGMERE SECTOR.

Date	(A)	18.10.43.
Unit.	(B)	91 Squadron.
Type and Mark of Our A/C.	(C)	Spitfire XII.
Time attack was delivered.	(D)	14.15 hrs approx.
Place of Attack.	(E)	S. of Amiens.
Weather.	(F)	Good.
Our Casualties A/C.	(G)	NIL.
Our Casualties Personnel,	(H)	NIL.
Enemy Casualties in Air Combat.	(J)	1 ME 109 G. Dest.
Enemy casualties on Ground/Sea Targets,	(K)	NIL.

(L) Film Used. 5'. Cannon. 230. S.A.A. 760.

GENERAL REPORT. LT. ANDRIEUX. (F.F.)

I was leading Blue Section and after two or three vectors given by "Jenson", the Squadron sighted about 10 E/A 20 miles away North East of Amiens. While attempting to catch up these, a single E/A dived out of a cloud at 9 o'clock from us. S/Ldr. Kynaston (C.O.) told me to take Blue Section after him. After a short chase I closed to 300 yards and gave him a burst striking him in the fuselage and the starboard wing. He flicked over to the right and went down in a dive. I managed to get him with another burst and saw strikes again. He was seen to crash near Amiens by F/O. Round (Blue 3). Blue Section returned to base on the deck.

J. Andrieux Lt.
No. 91 Squadron.

I saw E/A crash near Amiens after F/O. Andrieux had shot it down.

J.A. Round F/O.

Rapport de combat du 7 janvier 1944, qui confirme la dernière victoire au *91 Sqn* de Jacques Andrieux. (Photo Jacques Andrieux, Coll. Many Souffan.)

Ci-contre : le 9 mai 1944, sur la base de West Malling, l'*Air Vice-Marshal* Cole-Hamilton, patron du *85 Group* de la *2nd TAF*, congratule Jacques Andrieux après lui avoir épinglé la DFC, la *Distinguished Flying Cross.* (Photo Jacques Andrieux, Coll. Many Souffan.)

Après la remise officielle de sa DFC, Jaco au centre, pose avec tous les officiers du *91 Sqn*. À gauche, le bras sur son épaule, Jean Maridor. À droite, assis sur la table, le *Squadron Leader* Kynaston, le célèbre commandant du *91 Sqn*. (Photo Jacques Andrieux, Coll. Many Souffan.)

Le capitaine Boudier est photographié ici par Jaco Andrieux avec sa monture personnelle ornée d'un Popeye rageur qui boxe un svastika. Pendant l'absence du commandant du *B Flight*, notre pilote breton, qui est son adjoint, volera plusieurs fois sur ce *Spitfire Mk IX*. (Photo Jacques Andrieux, Coll. Many Souffan.)

Discours du général de Gaulle à Bayeux le 16 juin 1944, qui marquera l'esprit du capitaine Jacques Andrieux. (Photo Jacques Andrieux, Coll. Many Souffan.)

Ci-dessous : le capitaine Andrieux est sur une nouvelle monture codée Z, le PV176, qui a remplacé le PT998. Selon le pilote, ce serait le premier appareil où aurait été inscrit sur la porte (ici baissée) le nom : Commandant Mouchotte. (Photo Jacques Andrieux, Coll. Many Souffan.)

Jacques Andrieux n'aura de cesse d'insuffler à ses pilotes du *341* « Alsace », l'esprit du commandant Mouchotte en commençant à l'écrire sur plusieurs de ses avions. (Photo Jacques Andrieux, Coll. Many Souffan.)

Dessin humoristique représentant les commandants des *Squadron* du *145 (French) Wing* à la date du 31 décembre 1944. Avec le fouet et la pipe, le *W/C* Crawford-Compton, à sa gauche le *Cdt* Fournier du *340 Sqn*, dessous, le *S/L* Hayter du *74 Sqn*, à sa droite le *Cdt* Guizard du *345 Sqn* et au-dessus le *Cne* Andrieux du *341 Sqn*. (Photo Jacques Andrieux, Coll. Many Souffan.)

Ci-dessous : Jacques Andrieux attachait une grande importance à l'amitié. Outre Roland Leblond et Jean Maridor, Jaco avait une haute estime pour Christian Martell (à gauche) qui le considérait comme son dauphin et estimait Claude Raoul-Duval (à droite), qui très longtemps a été son ailier. (Photo Jacques Andrieux, Coll. Many Souffan.)

Ci-dessus : autre pilote apprécié par Jacques Andrieux, Didier Béguin, vétéran du Normandie-Niémen, au centre, à gauche Lucien Foissac, à droite Yves Corveler. (Photo Jacques Andrieux, Coll. Many Souffan.)

Dégât sur le *Spitfire* PL488/NL°R, suite à l'explosion d'un *V2*, le 20 décembre 1944 à Anvers. Jacques Andrieux a volé une ou deux fois sur cet appareil. (Photo Jacques Andrieux, Coll. Many Souffan.)

Ci-dessous : après les bombardements d'Anvers par les V2, le général Martial Valin rend visite au Groupe « Alsace ». Derrière lui le capitaine Andrieux. La communication entre les deux hommes étaient empreintes d'incompréhensions. (Photo Jacques Andrieux, Coll. Many Souffan.)

Ci-dessous : au cours d'une réception à Paris, au mois de décembre 1944 avec remise de fourragères, Jacques Andrieux se fait remarquer comme à son habitude à porter le *Battle Dress* britannique qu'il considérait plus pratique. À sa droite, le commandant Martell. (Photo Jacques Andrieux, Coll. Many Souffan.)

Photo prise à Anvers pour saluer l'arrivée du capitaine Tanguy, à gauche de Jacque Andrieux qui devient le commandant en second du Groupe « Alsace », et fêter la nouvelle année 1945. (Photo Jacques Andrieux, Coll. Many Souffan.)

Après sa transformation sur *Spitfire XVI*, le *341* « Alsace » s'installe le 16 avril 1945, pour la première fois, en Allemagne à B.105, Lingen-Drope. Pour l'occasion Jacques Andrieux étrenne sa nouvelle monture, le *Spitfire XVI* TB902, toujours codé Z, avec en jaune le nom : commandant Mouchotte, (Photo Jacques Andrieux, Coll. Many Souffan.)

Ci-dessus : ce 17 avril 1945, Jaco monte les couleurs françaises, sur le terrain de Lingen-Drope, en Allemagne. Il a ajouté un fanion tricolore orné d'une croix de Lorraine, qui appartenait au GC 1 « Alsace » dans le désert, pour marquer la continuité de l'unité depuis sa création. (Photo Jacques Andrieux, Coll. Many Souffan.)

Ci-dessous : tout au long de la guerre, Jaco Andrieux a été touché 18 fois, a fait six atterrissages forcés, mais n'a jamais été blessé, sauf ce 4 mai 1945. Au cours de cette soirée pour fêter la capitulation de forces allemandes au général Montgomery, il reçoit une bouteille de champagne à l'œil droit. Le capitaine Charles Jeager, médecin du Groupe « Alsace », a immortalisé la « blessure glorieuse ». (Photo Charles Jeager, collection Many Souffan.)

Ci-dessous : Yves Ezanno et Jacques Andrieux étaient tous les deux bretons, des frondeurs, des indépendants, qui préféraient porter le *Battle Dress* que l'uniforme français. La dédicace d'Ezanno résume bien cet état d'esprit : *« À Jaco, en souvenir du temps où les hommes libres étaient des guerriers ».* (Photo Jacques Andrieux, Coll. Many Souffan.)

Remise de la croix de la Libération, le 18 juin 1945 à Paris, par le général de Gaulle. (Photo Jacques Andrieux, Coll. Many Souffan.)

Après la guerre, Jacques Andrieux continuera une belle carrière militaire qui le mènera au grade de général. Il ajoutera 979 heures de vols sur avion à réaction et 173 missions sur avion de ce type. (Photos Musée de l'Ordre de la Libération.)

Les relations entre le médecin commandant Jacques Paul Andrieux et son fils Jaco seront toujours tendues et affectives à la fois, mais sans démonstration. Il est fort à parier que le père a joué un rôle dans le départ du fils vers l'Angleterre. (Photo Jacques Andrieux, Coll. Many Souffan.)

— Vous faites de l'acro comme un pilote de cirque ! Ça vaut six jours de C.B. (*Confine to barracks* : arrêts de rigueur.) Rompez.

J'en prends un vieux coup... Je ne me doutais pas qu'ils me contreraient de cette façon-là. Peut-être après tout qu'avec mes 1 200 heures de vol, dont 600 sur *Spit*, et les *above average* gagnés en écoles, je ne sais pas voler sur les *Spit V*... Peut-être ne l'ai-je pas bien en main... Il y aurait donc incompatibilité entre le *Spit* et moi ? Ou alors...

Les camarades accrochent à ma porte un petit carton : « *Don't disturb, V.I.P. at work !* » (À ne pas déranger, très importante personne au travail !)

Je ne change pas d'avis pour autant à propos du *Spit V* et sur l'impossibilité de le comparer au *FW 190*... Le même jour, au cours d'un *Sweep* au-dessus de Guingamp et Saint-Brieuc, deux camarades ont des ennuis sérieux d'alimentation d'oxygène. Ils font joyeusement, et sans s'en rendre compte le moins du monde, des montagnes russes dans le ciel bleu. Ils ne savent pas que l'anoxémie les gagne. Aussi Pat Hood et Jocke Wilson n'ont pas vu les deux *FW 190* qui, intrigués, sont venus les renifler à assez bonne distance. Nous leur donnons la chasse, en piquant comme des sauvages... Une fois de plus, le pauvre petit *Spit V* était à la traîne...

Les missions préférées des *Ju 88 Hit and run* se continuent sans grand danger pour les raiders. Les *Spit V* ne les rejoignent que très difficilement.

J'ai tout le temps de méditer sur la valeur opérationnelle du *Spit V* pendant les six jours d'arrêts que je passe dans ma chambre – hormis les heures d'opérations de guerre – où les camarades envoient, à tour de rôle, de quoi boire et me distraire. Six jours de repos qui me sont bien salutaires.

Un nouveau pilote français, le lieutenant Aubertin, vient d'arriver à l'escadre. Il vient de rencontrer le lieutenant Maridor du *91 Squadron*, qui opère à Douvres, à l'autre extrémité de l'Angleterre...

Entre Douvres et le Gris-Nez, il y a six minutes environ. Nous, ici, nous avons à nous battre, en plus de l'ennemi aérien, contre quarante minutes de mer nécessaires pour aller le chercher en France...

Aubertin ajoute que Maridor lui a confié que le *91* allait bientôt être équipé d'un avion nouveau, actuellement top secret. Or Maridor est un ami intime et j'ai déjà tenté d'être affecté dans son escadron. Maridor a une solide réputation de chasseur acharné, intrépide et courageux. Jean, pour moi, est le chasseur type. Rien ne compte pour lui que la mission à accomplir...

Quant au *91 Squadron*, c'est un des *top score Squadron* de la *RAF* Sa réputation est considérable et l'auréole qui plane sur ses pilotes est franchement méritée. Tous, y compris les équipiers, ont une formation opérationnelle. Un autre camarade français, le capitaine Demozay, qui combat depuis le début des hostilités, appartient aussi à cette unité d'élite. D'après Aubertin, il doit être muté et envoyé au *Fighter Command* à Stanmore pour y prendre un poste au service du Personnel.

Ma décision est prise. J'en ai assez de la mer, des combats au-dessus de l'eau et mon opinion sur le *Spit V* se dégrade un peu plus chaque jour... Le seul point noir : quitter mes amis, les pilotes et les autres, et mes chefs... J'écris à Maridor. Réponse : *Squadron* au grand complet. Seule chance : intervenir au *Fighter Command* mais par le canal de l'état-major des Forces Aériennes Françaises Libres de Londres. Le capitaine Demozay est prévenu par mes soins. Après mes six jours d'arrêts, j'ai bien le droit à une permission... Alors je quitte les Cornouailles sans dire à qui que ce soit, sauf à René Royer, le but de mon voyage.

En deux années d'Angleterre, c'est mon troisième passage à l'état-major. Je suis surpris par le peu de moyens, en personnel, de cet organisme que je m'imaginais puissant. Pour rencontrer le chef du personnel, c'est toute une histoire... Et une longue attente... Enfin me voici devant un commandant, qui, de toute évidence, ne se «rappelle» pas les noms des pilotes de chasse Français Libres «noyés» dans les unités de la *RAF* Il me laisse commencer ma requête, me coupe et dit:

— Très heureux de vous rencontrer. Vous désirez changer d'unité. Je vais vous affecter à un groupe de chasse actuellement en formation: «l'Alsace» (n° 341). Vous irez rejoindre cet embryon d'escadron à Turnhouse en Écosse, sous les ordres du commandant Mouchotte. Étant donné votre expérience, je vous propose le commandement d'une escadrille, sous réserve d'acceptation par Mouchotte. Ce que vous avez appris dans la *RAF* servira magnifiquement la nouvelle unité Française Libre. L'autre commandant d'escadrille est un pilote brillant, choisi par Mouchotte lui-même. II s'est évadé de France, il y a cinq mois. Son nom est Martell, alias Montet. Évidemment, il a peu l'habitude des opérations et parle peu l'anglais.

J'écoute. J'ai le souffle coupé. Ce n'est pas du tout là le but de ma visite. Ce n'est pas ce que je cherche. Par expérience, je sais que constituer un groupe de chasse homogène, dynamique, mordant, n'est pas simple et demande beaucoup de temps... Par ailleurs, en ce temps-là, je ne me sentais absolument pas une âme d'instructeur.

— Mon cher ami, continue le commandant, sans même me laisser le temps de respirer, nous allons voir immédiatement le colonel C..., chef d'état-major...

On ne me laisse pas ouvrir la bouche... On me pousse dans une pièce voisine. Il y a là un officier supérieur qui me regarde avec curiosité... Veut voir comment c'est fait, un sous-lieutenant français servant dans la *RAF* Il est petit, trapu, son visage est assez rouge... Il a des yeux très vifs. Il s'agite, parle beaucoup et vite.

Peut-être a-t-il ainsi l'impression de créer la fameuse ambiance «état-major»? Bureau bourré de dossiers, bardé de téléphones...

— Voilà le garçon qu'il nous faut, mon colonel, commence le chef du Personnel...

En moi-même, je me dis: *« Qu'est-ce que tu fiches ici, mon bonhomme, tu aurais mieux fait de te taire. »* En fait, je n'avais encore rien dit et, de toute évidence, le colonel C... ne me connaissait pas.

— Ah ah, dit-il, très intéressant... Vous êtes disponible? Où êtes-vous?... En Cornouailles... C'est bien loin...

J'ai l'impression qu'en le poussant un peu, il va ajouter: *« On fait donc la guerre là-bas? »* Je suis accablé. Combien de missions de guerre? Combien de victoires? Tout y passe. Au fur et à mesure que se déroule cet interrogatoire flatteur, je me sens devenir un héros.

— Vous êtes le seul à avoir une grande expérience opérationnelle dans la *RAF* Votre désignation ne soulèvera que des approbations. Il est de votre devoir d'accepter...

Il m'apparaît clairement alors que ce flot verbal peut se traduire par ces simples mots: *« On n'a trouvé personne d'autre. »* J'étais en pleine «ascendance» de gloire. Je prends le «rabattant» en toute tranquillité d'esprit. Pas le temps de placer un mot. Le colonel dit:

— Je vous présente au colonel Corniglion-Molinier...

On me pousse vers une autre porte. Et me voilà devant le colonel Corniglion-Molinier. Je suis curieux et heureux de rencontrer ce chasseur de l'autre guerre. Les pilotes de chasse en parlaient beaucoup entre eux. Ils le considéraient comme un vrai connaisseur et un grand chef. Mots aimables. Mots même gentils, un accueil plein de cordialité à un jeune camarade. Mais impatient de voir un groupe de chasse français homogène au combat, il n'a qu'un souci, c'est de lui trouver des cadres... Mais j'ai eu le temps de reprendre mes esprits. Je m'adresse au chef du Personnel:

— Je ne suis pas disponible, mon commandant. En outre, je ne suis pas le chef d'escadrille que vous cherchez. Dans les Forces Aériennes Françaises Libres, il y a des garçons plus anciens et plus qualifiés que moi... (Et profitant de la surprise générale, je continue par un affreux mensonge.) Je dois, avant peu, être transféré au *91 Squadron* avec le capitaine Demozay et le lieutenant Maridor. Je venais vous en rendre compte...

Je suis un peu affolé par l'épaisseur de mon mensonge. Mais maintenant, il faut aller jusqu'au bout. Le chef du Personnel trouve la formule qui arrange tout le monde :

— Je crois, mon colonel, dit-il à Corniglion-Molinier, que seul le général Valin peut prendre la décision concernant ce garçon.

Et c'est ainsi que je suis présenté à notre chef. En me rendant chez lui, je me surprends à parler presque tout haut : *« Si je continue à gravir les échelons à cette allure, je vais me retrouver dans le bureau du Grand Charles. »* Mais je leur dirai, un peu avant, que lui me connaît... Je n'ai pas besoin de leur faire cette confidence. Le général Valin, très paternel, comprend immédiatement « mon cas » et me rend ma liberté avec beaucoup de gentillesse. Mais j'ai eu chaud. Et je me fais le pari qu'on ne me verra pas souvent à Queensbury Way.

Avant de quitter la maison, je rends visite à mon seul ami à l'E.M.G., l'aumônier des F.A.F.L., l'abbé Godard, un type épatant à qui je raconte mon énorme mensonge. Il me donne aussitôt l'absolution en riant et je lui dis qu'il me reverra le jour où mon mensonge deviendra une vérité.

En quittant l'E.M. je rencontre Mouchotte. Il est avec Martell que je ne connais pas. Je leur raconte ce qui vient de m'arriver en précisant à Mouchotte que je ne suis pas plus libre maintenant que tout à l'heure. Et nous avons beaucoup ri tous les trois. Tout de même, comme je n'ai pas bonne conscience, je téléphone au capitaine Demozay. Il me promet de faire tout ce qu'il pourra pour hâter mon envoi au *91 Squadron*.

Je trouve, en revenant, un *Squadron* en pleine alerte. La veille, par temps favorable, les *Fortress* sont allées sur Brest, escortées par nos *boys*. Oui, mais pendant le retour des bombardiers, toute la formation a été attaquée par des forces importantes... Certains équipages ont dû abandonner les *Big Boys*. Résultat : quatorze *Dinghies* voguent en ce moment sur l'océan entre Brest et les îles Scilly... Comble de malchance... une *gale warning* est entrée en vigueur peu après. Et la tempête annoncée est vraiment là. Elle empêche les vols de recherches. C'est seulement le lendemain, alors que les rafales semblent se calmer, que le *Commanding Officer* prend l'air avec une patrouille. J'en suis le sous-chef. Malheureusement, aussitôt après le décollage, ma bouteille d'oxygène se vide. Je suis forcé de revenir me poser. Au moment même où je sors mon train d'atterrissage, j'entends, sur la fréquence des camarades, une bagarre qui se déclenche... J'avertis mes compagnons au sol et nous écoutons, à partir de nos postes, se dérouler le combat... *Squadron Leader* Wright et ses deux équipiers sont tombés sur quatre *FW* probablement à la recherche, comme nous, des Américains et de leurs dinghies. Le retour des nôtres est salué par des hourras... *Squadron Leader* Wright, le sergent Russeland et le sergent Ripper ont descendu deux *FW 190*... Le soir, au *Tin Willy*, le moral est en hausse...

Nos *Sweep* sont de plus en plus nombreux, avec des formations de plus en plus importantes. Les Allemands n'ont plus de répit : Saint-Brieuc, Lorient, Cherbourg reçoivent notre visite... Le dimanche 28 février est un jour faste... Parce que la guerre ne connaît pas les dimanches, on nous envoie, ce jour-là, faire visite aux gars de Maupertuis, le terrain de Cherbourg. Soleil pâle, dimanche très froid. Maupertuis est un mauvais coin, terriblement défendu. Nous y avons déjà piqué sur l'objectif avec des bombardiers... Altitude prévue 18 000 pieds, protection rapprochée de six Whirlwind que nous ne devons absolument pas quitter, même pendant leur piqué de lancement. Le *602 Squadron* donnera la protection haute avec un *Squadron* de *Spitfire*. Le *Wing Commander* I.R. Gleed commande toute l'affaire. Le contrôleur au sol est celui d'Ibsley où nous faisons les pleins avant le *Sweep*.

Temps magnifique. Pas un nuage. Mais froid polaire. Nous retrouvons les six Whirlwind. Nous prenons position derrière eux. Nos douze camarades de *close escort*, en formation de combat, encadrent bien les bombardiers. Le ciel est si lumineux que, de temps à autre, on doit fermer les yeux. La péninsule de Cherbourg se profile au loin à contre-jour. Mon N° 2 est à sa place. Le *Commanding Officer* et son équipier sont légèrement à ma droite. Je les suis en surveillant les *Whirlwind* du coin de l'œil. Le ciel éblouissant gêne cette surveillance. La péninsule avance comme une carpette que l'on tire à soi...

Tous les radars et les postes de guet ennemis sont alertés depuis longtemps. Le passage sur l'objectif ne va pas être du gâteau. Le contrôleur a déjà repéré, sur son écran, une formation ennemie... Impossible de distinguer quoi que ce soit dans cette lumière... Mais l'ennemi a les mêmes ennuis que nous à cet égard... L'attente est longue. Le *chicken neck* (le cou de poulet que forme, vue de 18 000 pieds : la pointe du Cotentin) va disparaître sous le nez de mon *Spit*...

La danse commence brusquement. En une fraction de seconde, toute la DCA allemande tire. Les bombardiers sont dangereusement encadrés mais leur discipline de vol reste parfaite. Maintenant c'est notre tour. Des flocons noirs nous entourent. Violemment secoué par des fusants, le *Commanding Officer* s'écarte légèrement. J'entends les explosions. Nous sommes à 20 000 pieds (6500 mètres) et la précision de la Flak est grande, Seigneur... Qu'est-ce que cela va être quand On va plonger dans le trou... Le contrôleur dit :

— *Bandits south of you*. (Salopards dans votre sud.)

Les yeux me brûlent tant je scrute la voûte bleue et le soleil lui-même. Les bombardiers effectuent leur virage par la gauche. Le *bombing* se fera face à la mer. Je pense que notre excédent de vitesse, après ce piqué, nous servira à disparaître vers l'Angleterre comme des voleurs... Les *Whirlwind* partent en piqué avec l'aérodrome presque à la verticale. Ils plongent littéralement dans la mitraille. Les chapelets de traceuses montent vers eux. Du coin de l'œil, je surveille l'horizon. Il y a de minuscules pointes de diamant qui brillent dans le ciel au-dessus de nous, je les annonce. Le *Commanding Officer* les a vues :

— *Going down and watch your tail.* (Piquons et surveillons nos arrières.)

À notre tour, maintenant. La danse est sérieuse. Toute la famille des canons allemands crache en même temps... Il y a les gros noirs des 88, et les 37 pètent dans tous les azimuts... Quant aux traceuses de 20 mm, elles viennent à notre rencontre et nous entourent de mortels serpentins multicolores. Les *bombers* continuent imperturbablement sur leur trajectoire verticale. Les bombes ravagent le terrain et ses abords...

Il me semble qu'un *Whirlwind* est à la traîne. La formation n'est plus impeccable... Le traînard a perdu largement sa place. Est-il en difficulté ? Il est à surveiller. La terre vient de plus en plus vite : de temps à autre, on voit les coups départ des grosses pièces. La formation des bombardiers s'étire en reprenant sa ligne de vol en palier.

— *Christ, 2 aircraft diving down behind the Big Boys.* (Seigneur, deux avions piquant derrière les bombardiers.)

Ils sont à peine visibles et se détachent mal sur l'horizon. Instantanément, je vire très serré dans leur direction avec mon N° 2... J'aperçois l'enjeu, l'objet de leur convoitise : le *Whirlwind* à la traîne... Tonnerre de sort, mais ils vont le tirer avant que je sois sur eux... Le *Whirlwind* et les deux *FW 190* m'arrivent dessus plein avant. Les chasseurs ennemis, en léger piqué, gagnent le bombardier de vitesse. Ce sont des fractions de seconde qui sont en jeu. Le *Whirlwind* n'a pas l'air de se douter de ce qui l'attend... Alors je commence à tirer de très loin, bien avant que le bombardier soit à ma hauteur. D'abord pour le prévenir. Ensuite pour empêcher les Allemands de se rapprocher... Une « passe » par l'avant quand les armes tirent est toujours impressionnante. Les deux *FW* nous identifient instantanément et dégagent sec par la droite en disloquant leur formation. Mon excédent de vitesse me permet de gagner du terrain pendant ce virage. J'ai même l'impression que le chef de patrouille gêne son N° 2 au moment du *break*. À moi de faire, maintenant. Ma vitesse se maintient mais il faut agir vite avant que le *FW* retrouve sa supériorité. Je gagne encore sur mon adversaire, entre 300 et 400 yards. Maintenant le filament de mon collimateur l'encadre complètement. La mer est en dessous, légèrement ridée, comme un tapis sale. Coup d'œil dans mon rétro. Mon N° 2 est bien en place et me couvre. C'est le moment. J'appuie sur la détente des armes. Une tôle se détache sous le fuselage du *FW*. De la fumée noire sort de l'avion par paquets successifs. Il semble s'arrêter en l'air, un peu accroché à son hélice qui tourne au ralenti. Il est bon... Tonnerre, voici d'autres avions auprès de nous... Je tire tellement fort sur le manche que je me « voile » [1] complètement... Lentement, mes yeux se réadaptent... Les survenants sont les *Spit* de protection haute qui avaient fait demi-tour pour voir ce qui se passait... Ouf... J'ai eu terriblement chaud...

Maintenant, hélices au grand pas, nos deux *Spit* rentrent tranquillement. Ma victoire est confirmée par le sergent Eid et d'autres pilotes qui ont vu le *FW* faire son trou dans l'eau... Tout va donc bien et le soir, au mess, mes camarades ont organisé une party... Le moral est au beau fixe...

1. Début de voile noir.

Le lendemain, je suis cloué au sol par une sinusite. J'en ai pour trois jours. Les changements brusques d'altitude peuvent provoquer une syncope chez le pilote atteint de sinusite. Les médecins ne prennent pas de risques dans ces cas-là.

16. Du côté du contrôleur... pour une fois

Je fais plutôt une drôle de tête en assistant, malgré l'ordre du toubib, à un *briefing* d'une opération qui doit conduire mon *Squadron* sur Brest... Accompagnant des *Fortress*, le *130* est une fois de plus en *free lance*. Il a pleine liberté de ses mouvements. Willy *the Spy* a annoncé des tas d'avions allemands dans le secteur, *Me 109* et *FW 190*... Bien de la joie pour les partants... L'heure H, verticale Brest, est fixée à 13 h 30. J'y serai aussi mais, pour la première fois de ma vie, à 20 mètres sous terre, dans la salle d'opérations... La voix du contrôleur m'a accompagné, guidé même, dans des coins assez chauds. Cette fois-ci, je veux voir travailler le contrôleur et tout son personnel. Cela me revient de droit. On me l'accorde d'ailleurs aisément. Mais il faut longuement montrer patte blanche pour entrer dans ce sanctuaire de l'action aérienne. Le domaine du radar fait partie d'une chaîne de défense antiaérienne qui ceinture toute l'Angleterre, depuis la fin de la campagne de France. Les « trous » sont défendus comme des forteresses... La *RAF*, grâce à cette ceinture, a pu tenir une comptabilité exacte des avions ennemis pénétrant sur le sol national. Jamais l'ennemi ne s'était imaginé que les scopes le prenaient en charge dès qu'il quittait les pistes des aérodromes installés en France.

Comment est né ce radar ? Par hasard pourrait-on dire. En 1935, les Services Secrets anglais apprennent, une fois de plus, que l'Italie peut disposer d'un rayon mortel capable de trucider un avion en plein vol... L'histoire du rayon mortel est « la tarte à la crème » des Services Secrets... Elle revient et reviendra à intervalles réguliers dans les luttes des agents secrets... Les recherches en Italie ne donnent rien, et pour cause. Mais le physicien anglais Watson-Watt, intéressé à nouveau par le problème, conclut qu'il n'y a pas pour l'instant de Rayon de la Mort, pas plus en Italie qu'ailleurs. Mais il découvre, par contre, qu'il existe un moyen de détecter, bien avant l'œil humain, un avion en vol. Il est même possible d'indiquer avec précision altitude et direction, donc vitesse de déplacement. On met au point cette découverte. En 1939, c'était fait. La ceinture de sécurité s'appellera d'abord *R.D.F.* (*radio detection and range finding system*). Plus tard, tout simplement RADAR. Des trains d'ondes balaient le ciel en direction de l'ennemi. C'est le corps même de l'ennemi en déplacement dans le ciel et sur mer qui se dénonce par simple renvoi de l'onde à la source. Il faut évidemment apprendre longuement à faire parler un scope. Les renseignements qu'il fournit aboutissent dans la salle d'opérations. Ils retrouvent là ceux qui émanent des guetteurs du *Royal Observer Corps*, puis ceux des unités d'aérostiers qui défendent le sol anglais avec les ballons de barrage et aussi ceux des artilleurs de la DCA Analysés en quelques instants, ces éléments sont matérialisés sur une table de *plotting*, dite table de situation générale.

La salle d'opérations ressemble à un immense studio de T.V. où le silence est la règle d'or. Des lampes multicolores et tamisées. Des téléphones dont la sonnerie est remplacée par un voyant lumineux. Et on ne fume pas.

Immense table, la *plotting table*... Le secteur et le secteur ennemi sont peints à même la table... Des *WAAF* en chemisier bleu, armées de rateaux de croupiers, poussent ou retirent flèches rouges, flèches bleues, petits bateaux, les lettres, chiffres qui répondent chacun à une définition précise... Les *WAAF*, avec leurs casque et microphone, sont en communication permanente avec les sources d'information dont la principale est le radar.

Au-dessus de la table, à la tribune d'honneur en quelque sorte, le chef contrôleur, encadré de *OPS-B-One*, une *WAAF* officier, et d'un autre assistant, règne en maître absolu dans sa tranche de ciel...

Quand il décidera de rompre le silence radio, c'est-à-dire quand la surprise aura fini de jouer, il donnera directement au *Wing Commander* qui va diriger la bagarre tous les renseignements recueillis par le radar...

Le chef contrôleur dispose également d'un immense tableau sur lequel on affiche, minute par minute, les situations des différentes unités de chasse dans le secteur. Ce répertoire immense avec ses étiquettes multicolores, c'est le potentiel aérien dont il dispose... Dans un coin, à droite, un tableau lumineux indique que le circus n° 11 a décollé, avec douze avions, à 12 h 42 en direction de Brest. Il s'agit de mon escadron. Une flèche bleue, poussée de temps à autre par une *WAAF*, prouve que les camarades avancent sérieusement sur le cap de Brest, et donne la position de l'escadron...

Tout est silence... Une sorte de suspense... La discipline radio des *boys* reste absolue... Pour l'instant, le chef contrôleur voit bien mieux que le chasseur engagé sous le ciel lumineux... Sur la table voici une flèche rouge, un chiffre, puis un autre chiffre, l'ennemi : nombre 6, altitude 20 000 pieds...

Le cirque va commencer... Maintenant le chef contrôleur parle. Derrière la paroi de verre, je vois remuer ses lèvres. Il s'adresse aux avions d'accompagnement... Le haut-parleur nous transmet son message :

— *Hello Whisky leader, Eddy calling*... Six avions ennemis à l'altitude de 20 000 pieds se dirigent vers Brest, venant de l'est...

Maintenant, c'est une voix qui vient de France qui fait vibrer le haut-parleur :

— *Hello Eddy, Whisky leader*. Bien compris...

Puis le *Wing Commander* enchaîne à l'adresse de ses pilotes :

— *Whisky aircraft, look out at 10 o'clock for bandits*... (Avions Whisky attention, vers 10 heures, les salopards.)

Sur la table immense, la flèche bleue, en direction de Brest, tranche durement sur les contours jaunes de la côte bretonne...

— *Hello Whisky leader, Eddy calling, 10 + bandits over Brest, now at angel 20 000*. (Whisky *leader*, Eddy vous parle : dix ennemis et plus au-dessus de Brest maintenant à 20 000 pieds. (6 800 mètres.)

Voix du *Wing Commander*, absolument calme :

— Bien compris.

J'enrage d'être dans ce sous-sol, enfermé comme dans une cocotte-minute... J'ai l'impression d'être un affreux bourgeois assistant à une grande première... J'ai même le sentiment de trahir un peu mes camarades. Les *WAAF* me regardent, furtivement... Leurs yeux semblent me dire : *« Ça ne vous va pas du tout, mon garçon, d'être assis sur ce tabouret en un moment pareil »*...

Mais peut-être est-ce un complexe que je fais... Peut-être se détendent-elles, de temps à autre, en regardant ce visage d'homme jeune, ce visage un peu anxieux de pilote... La flèche bleue fonce maintenant vers la flèche rouge... Eddy continue à faire le guide :

— *Hello Whisky leader, Eddy calling. Bandits at one o'clock, same angel*. (Les salopards sont maintenant à une heure – même altitude.)

La pendule de la salle marque exactement 13 h 30. Les *bombers* doivent, à ce moment même, effectuer leur tâche. Les

Allemands sont « dans » le soleil et attendent que toute la formation tourne le dos et prenne le camp retour pour tomber dessus... C'est classique. Mais naturellement le *Wing Commander* le sait...

— *Whisky aircraft turning now... For God's sake, keep a sharp look in the sun.* (Whisky, demi-tour maintenant... Pour l'amour de Dieu ayez l'œil sur le soleil.)

Soudain, tout se mélange. Un pilote annonce :

— *Trails behind, look out.* (Traînées derrière nous, attention.) Un autre, avec beaucoup de calme, parle comme à l'exercice :

— *Bandits coming down for Blue Section, break right.* (Les bandits nous tombent dessus, sur la Section Bleue, dégagez à droite.)

J'entends :

— *For Christ's sake, break right.*

Et une voix calme que je reconnais :

— *John, it's for you, break right. Get out of it. Hell, one aircraft going down at 4 o'clock.* (John, c'est pour vous, dégagez à droite. Tirez-vous de là. Par le diable, un avion au tapis à quatre heures.)

Ça chauffe dur... Un brouhaha radio extraordinaire nous donne l'ambiance du combat... « *I have got one... He has had it...* » (J'en ai eu un. Il y a eu droit.) Enfin, la voix du *Wing Commander* demandant la discipline radio... Le silence revient peu à peu. Les *boys* doivent reprendre leur formation autour des bombardiers... Encore la voix du *Wing Commander* :

— *Eddy, turning back, but keep a sharp look behind.* (Eddy, nous faisons demi-tour, mais regardez derrière.)

Puis l'appel d'un pilote :

— *May Day, May Day* (appel de détresse réglementaire). La flèche bleue a repris la direction de nos côtes d'Angleterre. Une *WAAF*, d'un coup de son râteau, a rectifié son cap. Puis elle a enlevé la flèche rouge qui est jetée dans la boîte de conserve...

Ma présence, comme auditeur et unique spectateur dans ce théâtre à grand spectacle, me laisse un sentiment profondément désagréable. Ce n'est pas là ma guerre. Chacun son métier. Celui-ci n'est pas facile... Il est, en outre, ingrat et obscur et généreusement consenti, car la gloire, c'est pour les autres... Je réponds à peu près ainsi à une gentille *WAAF* qui me demande mes impressions... Elle ouvre très grands ses beaux yeux et dit tranquillement : *« ... la mort aussi. »*

À mon retour à l'escadron, j'apprends que le sergent Blow est *missing*. Un *Me 109* a été descendu. Un autre est endommagé. Et la guerre ne s'arrête pas pour autant. Quant à moi, je me jure bien que je ne manquerai plus un seul *Sweep*.

Cent soixante-dix-huit morts, hier à Londres, dans un abri du métro par asphyxie et bousculade... Soixante blessés. La description des scènes est atroce. René Royer est envoyé à « l'Île de France ». L'escadron français quitte Biggin Hill pour prendre du repos en Écosse. René voudrait bien être muté à « l'Alsace » qui, lui, arrive à Biggin Hill. Mais Londres est insensible... Nous apprenons, avant son départ, la mort de Jacques de Mézillis. Affecté à l'« Alsace », il se battait malgré l'amputation de l'avant-bras gauche. Son avion a été disloqué, en combat aérien, le 13 mars 1943. Les *Sweep* se succèdent : Brest, Cherbourg, Le Havre, Rouen, Dieppe, Amiens, Abbeville, Boulogne, Calais, Dunkerque, Beauvais, Poix, Cambrai, Arras pour la France... Puis des *shows* sur la Belgique et la Hollande, sans compter un certain nombre d'attaques de bateaux et d'opérations d'escorte en mer. Missions ingrates entre toutes. Je suis le seul Français à l'escadron. Seul Français dans mon coin d'Angleterre... Au printemps 1943, l'escadron reçoit l'ordre d'aller se reposer en Écosse... Comme je ne suis pas venu en Angleterre pour me reposer, je décide de poser personnellement ma demande de réintégration en opérations. Mon chef donne un avis favorable. J'écris au capitaine Demozay et à Maridor pour leur rappeler leur promesse. Je ne veux pas perdre six mois en Écosse et risquer, après, une affectation quelconque. Je vais à Londres, gonflé à bloc. Le père Godard d'abord. L'aumônier me réconforte. Demozay m'appelle au téléphone au moment où je quitte son bureau. Affecté au service du personnel de la *RAF*, il a son bureau dans une magnifique propriété anglaise de type « victorien », Bentley Priory, qui est devenue le sanctuaire de la chasse. Tout ce qui concerne le *Fighter Command* passe par ici, y compris les opérations naturellement. Demozay me propose Charmy Down, école de chefs de dispositifs aériens. Je dois y apprendre à conduire des formations entières, à commander en l'air. Stage d'un mois. Le patron de Charmy Dawn est un grand as de la *RAF*, le *Group Captain* Rankin. Je suis ravi. N'entre pas qui veut à Charmy Dawn. Au moment où, fou de joie, je vais raccrocher, j'entends encore Demozay dire : *« Ensuite, je te ferai affecter au 91 avec Maridor... »* Ainsi mon rêve se réalise. Et je n'ai pas de regrets à avoir puisque je quitte mes camarades au moment où ils s'en vont au repos.

Le cœur en joie, muet comme une carpe, je rejoins mon *Squadron* en Écosse et j'attends tranquillement les événements. Effectivement mon *posting* me rejoint en Irlande du Nord où mon unité vient de faire mouvement. Je suis désigné pour Charmy Down au grand étonnement de mes camarades. J'ai fait quelques envieux ce jour-là. Je passe un mois sous les ordres de pilotes de chasse de grande qualité. Je deviens un *leader* de formation de chasse. À partir de la fameuse *« Form D »*, je dois construire un *briefing*, puis conduire la formation en l'air avec des dispositifs de plus en plus lourds, à toutes les altitudes, de plafond extrême jusqu'au vol et à la recherche d'objectifs en rase-mottes intégral... L'accompagnement des bombardiers est aussi une des missions d'instruction de l'école.

Au bout d'un mois, à raison de deux missions par jour, je gagne à la fois la sympathie de mes chefs et... un *above average* (appréciation : « au-dessus de la moyenne ») sur mon carnet de vol. Avec un rien de regret, je quitte l'école et mes camarades pour rejoindre le fameux *91 Squadron* quelque part dans le Sud.

17.
Le *91 Squadron*

Allons Jaco, tu voudrais bien te faire meilleur que tu n'es. En ce matin resplendissant de juin, tu voudrais bien avoir le cœur rempli de tristesse. Tu quittes ton vieux *130* et tes amis, tes frères de combat... Et même ton *Spit V*, celui qui ne t'a pas fait de vacherie selon le fier langage des guerriers... Oui, ton *Spit V* qui, malgré tous ses défauts, t'a conduit dans des coins très chauds sans que tu aies à te plaindre de son comportement... Tu quittes tout cela, Jaco, et tu as quand même le sourire... Si tu avais eu un soupçon de regret, le départ de Willy, le bon Willy le *Spy*, pilier moral de l'unité, allant prêcher ses bulletins de renseignements ailleurs, t'aurait guéri... Tu arrives au *91*, Jaco...

Le Kent, et ses vertes pelouses centenaires, le Kent, et ses manoirs, t'appartient ou... presque... Douce lumière d'un été particulièrement beau... Qui a dit qu'il n'y avait pas de soleil anglais ? Pas très loin de Chichester, voici la base de West Hampnett. La campagne tout autour est un régal... On aimerait y rêver avec des vers de Shelley dans sa poche... Les vieux paysans, qui travaillent aux champs pour faire manger l'Angleterre, semblent sortis tout droit d'un bouquin de Dickens...

Sur la base même, toute idée de douceur de vivre, de quiétude même, disparaît... Adieu les vieilles fermes et la campagne aride. La *Station* est bien cachée. Des grillages l'entourent. Depuis une semaine, la base recèle un vibrant secret : le *Spitfire XII*, espoir de la chasse. Terrain en herbe, mais curieusement bordé de hauts arbres par endroits... Entrée difficile... Mais Maridor, qui est venu me chercher à la gare de Chichester, m'évite bien des formalités... La *« station-wagon »* nous conduit tout droit au bureau du *Commanding Officer* du *91*.

L'aspect général en ce qui concerne l'infrastructure logement est le même que celui de Perranporth... Cabanes semi-cylindriques d'un côté pour les pilotes... Les mêmes de l'autre côté pour le *crew-room* des mécanos.

Squadron Leader Harris est dans son bureau. J'apprendrai, par la suite, que c'est exceptionnel. C'est un petit homme très vif, nerveux, l'air aussi peu *British* que possible, passant instantanément du sourire au sérieux le plus complet... L'immobilité est son ennemie – une grande sympathie se dégage de toute sa personne, on sent tout de suite un chef, un *leader* volontaire, accrocheur et sans pitié. Son accueil est amical et même chaleureux. Il sait mettre à l'aise :

— *Good show* d'avoir autant d'heures de vol sur *Spit* en opérations. Les missions que vous ferez ici vous sembleront *piece of cake* à côté de vos interminables *Sweep* au-dessus de l'océan, du 130e *Squadron*. Votre expérience vous désigne d'ailleurs pour être, dès maintenant, parmi les chefs de patrouille de l'escadron...

Sa gentillesse, sa manière de s'exprimer, de vous tirer d'embarras, me comblent de joie. Je sais que je suis en face d'un chef exceptionnellement doué, sa D.F.C. en faisant foi s'il était besoin. Je me souviendrai toujours de ce premier contact. Je suis heureux. Je sais qu'à partir de ce moment même, je vais pouvoir me donner à fond...

— Je connais un garçon qui va être content... C'est Maridor, continue-t-il.

Et comme Jean est resté discrètement sur le pas de la porte, il élève un peu la voix car un moteur ronfle quelque part sur la piste...

— *Eh... « Mary »... What about Jaco ?* Dans quelle escadrille l'affecte-t-on ?

La question est malicieusement posée. Moi je n'ai pas de préférence puisque je ne connais personne, sauf Maridor. Et je trouve tout le monde bien « sympa ». La réponse de Jean arrive sans tarder :

— *B Flight, Sir...*

Un éclat de rire de collégien remplit le petit bureau. Harris se renverse un peu en arrière, sous l'effet de la joie :

— *You want to keep him for you, Mary...* (Vous désirez le garder pour vous, Mary.)

Un coup d'œil rapide au tableau de l'effectif du *Squadron* accroché au mur et une décision : « *O.K., Mary... B Flight.* » (D'accord Mary, escadrille B.)

Naturellement, vous avez compris depuis longtemps que Maridor, le plus ancien pilote du *91*, est écouté par tous et fait un peu la loi dans l'unité...

Après la poignée de main de mon nouveau patron, je quitte le bureau le cœur en joie... Un peu comme une rentrée des classes parfaitement réussie avec un « prof » qui vous plaît tout de suite... Même chance avec le *Flight Lieutenant* Matthews, le chef de *B Flight*. Il vient d'essayer un avion. Les bas de son pantalon encore serrés dans les chaussettes noires prévues par le règlement. Il est grand, mince, regard perçant, visage séparé en deux par une moustache *RAF* anthracite. Il discute avec la mécanique. À mon arrivée, il pose son parachute à même le sol. Sourire amical, sobriété de parole, mais beaucoup de présence... Le genre de chef que l'on suit sans discuter. Nous deviendrons rapidement des amis.

Toujours avec Jean, je remplis toutes les formalités administratives... La question «personne à prévenir en cas d'accident» nous fait sourire. En quoi cela peut-il nous intéresser, nous, *Free French ?*

Mary me déniche un lit de camp dans ce qu'il appelle pompeusement sa chambre. À l'heure du *lunch*, je rencontre la *crowd* (la foule, l'ensemble) du *Squadron*. Je sympathise tout de suite avec un nombre considérable de garçons. Je suis l'ami de Jean et je suis, comme lui, français... Alors ?

Le mess s'est installé dans une résidence confortable, dans un grand parc qui possède des arbres centenaires. Le large perron sert aux pilotes-lézards pour se chauffer au soleil. Le bar donne directement sur la terrasse. L'eau ruisselle dans un grand bassin circulaire. Les salles de restaurant sont remplies par les officiers du *91* et ceux du *41*, son frère de *Wing*. Des *WAAF* font le service. C'est impeccable et le cadre est magnifique. Comme je le dis à Jean, il explique :

— Ne t'emballe pas trop devant cette vie et ce confort. Il est nécessaire. Tu vas voir bien vite que l'on demande beaucoup aux pilotes. Vie intensive et opérationnelle sans répit. Mais tu verras...

Il a raison. Je vais bientôt découvrir que le rythme opérationnel est exceptionnellement élevé, les permissions rares et quasi impossibles dès que l'on assure une fonction quelconque dans l'escadron...

Je reçois ma dotation d'équipement... J'ai droit à un placard qui porte déjà mon nom. Pour comble de délicatesse, on a mis, dessous, en petits caractères, *« Croix de Guerre »*. J'en suis touché.

Pas une minute à perdre, mon vieux, dit Jean... Nous manquons de chefs de patrouille. Il faut t'y mettre tout de suite...

Maridor me mène auprès d'un *Spit XII* qui n'est ici, avec ses frères, que depuis quinze jours. Magnifique avion que j'ai envie de caresser tendrement. Mary me fait asseoir dans le cockpit :

— Tu as vu l'animal. Étudie la notice technique d'emploi. Lis-la tranquillement et pose autant de questions que tu voudras. Mais fais vite. Je pars en « perm » demain soir et je veux que tu sois « lâché » avant mon départ.

Là-dessus, il s'en va vers d'autres pilotes. Et moi, je m'installe sur le gazon, à l'ombre d'une aile. Comme le sous-préfet de Daudet, je n'ai pas la moindre envie de chercher les violettes et d'écrire des vers. « J'apprends » le *Spit XII*... Je me rentre bien dans le crâne le système de démarrage Kauffmann qui utilise l'expansion des gaz issus de l'explosion d'une cartouche énorme (genre fusil de chasse). Il y a cinq cartouches dans le chargeur. On pourrait croire que cela vous donne cinq essais de démarrage à tenter. C'est vrai en théorie. En pratique, si le premier démarrage rate, vous avez moins de chances de réussir les autres. Le moteur est alors gorgé de gaz brûlés et d'essence à un haut degré d'octane. Il faut savoir attendre pour ne pas risquer de prendre feu. Je ferais bien de m'habituer au Kauffmann. Pourtant le démarreur électrique extérieur était bien pratique. Système hydraulique du train d'atterrissage, des volets d'intrados, du système de freinage ; système électrique de mise à feu des armes... La radio est inchangée. J'étudie ensuite le système d'alimentation du moteur et le réservoir supplémentaire. L'hélice est à quatre pales avec un délicat mécanisme de changement de pas. Tout y passe : vitesse de décollage, d'atterrissage, de décrochage, rayons de virage en combat à basse altitude, vitesse de croisière, vitesse économique, vitesse de pointe, vitesse maxima, facile à retenir celle-là : pas de limite...

— *Cup of tea, Sir ?...*

Un mécano, qui n'a pas quitté son tournevis, me tend au bout de son autre main une tasse de thé brûlant. Il est cinq heures.

La cantine roulante est là. Mécaniciens et pilotes l'entourent et discutent avec les deux filles. L'une d'elles est agréable. L'autre franchement chevaline... Même accroché par le plus passionnant contrôle technique, un Français ne peut s'empêcher de se faire ce genre de réflexions...

Je pose quelques questions à un mécano. En vain. J'interroge un pilote qui s'assied sur le bord de l'habitacle tandis que je répète dix fois les formules mnémotechniques de décollage et d'atterrissage en effectuant, à chaque phase, le geste qui correspond. Mon *cockpit-drill* sera au poil demain. Mise en route et décollage : *Brake – trim – petrol – contact – starter – undercarriage.* (Frein – gouvernes – essence – contact – démarreur – train.) Et à l'atterrissage : *Speed – undercarriage – flap propeller – speed.* (Vitesse – train volets (sortis) – hélice au petit pas – vitesse.)

Je me concentre sur le système de tir. Le viseur est secret. Tout va bien. Le soir, au bar, un certain nombre de pintes d'ale défilent sur le comptoir. Bonne ambiance. Demain grande journée. Je voudrais y être.

C'est un nouveau visage qui tire brutalement les rideaux. Voix grave, presque autoritaire du *batman* qui tient la tasse de thé traditionnelle :

— *Come on, Sir, get up. It's time. Weather is good. Sun shines...*

Bravo pour le soleil mais j'avais été habitué à de plus clairs visages pour mon réveil... Au mess, les *WAAF* s'affairent autour des pilotes en retard :

— *Two eggs and bacon for the new Free French officer...*

Maridor pousse une petite crise en français : *« Alors »*, dit-il, *« et moi, je ne compte plus ? »* Maridor a toujours bon appétit et ne laisse pas sa part aux autres. Ceci est valable pour tout ce qu'il fait. Il dort profondément. Il mange solidement. Il s'amuse passionnément. Quand il se bat, il le fait furieusement. Et quand il mourra, il ne pourra mourir que bravement...

Le *Dispersal* bourdonne déjà comme une ruche. Les pilotes d'alerte sont relevés. Les autres cherchent leur nom sur le tableau d'ordres. Pas de mission pour l'instant. Je me fais tout discret dans un coin. J'attends que le *Commanding Officer* ait donné ses ordres, pour me manifester doucement. Tout en attendant, je repasse dans mon esprit toute la notice technique. Je suis prêt. Je voudrais que cet examen fût déjà fini.

Des pilotes s'en vont, en tenue de vol, vers des avions à essayer. Un mécano les suit en criant les lettres matricules des *Spit.* Tout remue autour de moi et j'ai un instant l'impression désagréable d'être de trop...

— *Hello Jaco, come on...*

Voix encore peu familière. C'est Matthews qui m'appelle. La notice sous le bras, je me plante devant lui :

— Comment vous sentez-vous ?

— *Pretty well, thank you.*

— Connaissez-vous à fond la notice technique ?

— Oui, presque par cœur...

— Je n'ai pas le temps de vous interroger. Mais je vous fais confiance. « Mary » va vous aider à mettre en route... Vol local...

Surprise et joie. Je signe le cahier d'ordre et, escorté de Maridor et d'un mécano, je me dirige vers le *Spit* portant la lettre V, avec mon parachute sur le dos... Le V est assez loin de la hutte. Je le vois et déjà les autres mécaniciens crient la lettre pour prévenir tous les corps de métier du décollage : radio, mécanicien – moteur, mécano – instruments de bord, etc.

Ma personne met en branle une partie du cirque. Honnêtement, cela ne m'est pas tellement désagréable. Maridor plaisante en marchant. Il me parle de sa permission, celle qui doit commencer ce soir à Londres... Un autre pilote, Ray Nash, un camarade tout de suite sympathique, est de la partie... Très gai et avec des précisions à faire rougir une salle de garde, il me dit ce que

Maridor va faire à Londres... Je comprends que lui et Maridor ont entrepris de me détendre avant un essai qui ne sera pas une partie de plaisir... Mais moi, je suis toujours dans mes phrases mnémotechniques... Je ne les écoute pas... Dieu que la vie est belle quand on a un engin de cette qualité à essayer... Fini le complexe d'infériorité... Attention à votre peau Messieurs d'en face... Dans quelques jours, je sens que je vais être méchant... Avant d'être poussé par derrière, ficelé dans mon parachute, je respire un grand coup. Le mécano me passe les harnais de l'avion. Je m'attache maladroitement. Maintenant, j'ai peur de me tromper dans tous ces contacts, ces cadrans et ces boutons qui se mettent à danser sous mes yeux. Mais je les connais tous... En les surveillant, tout ira bien. À vingt centimètres de mon nez, le collimateur semble continuer l'énorme moteur. Encombrant et imposant.

Ray Nash crie un *happy landing* que j'entends à peine. Mais j'encaisse la claque sur l'épaule de Maridor qui me montre *cross your fingers* en signe de pot. À moi de jouer. Je suis très calme. Je sais bien que l'on me fait confiance en me donnant à essayer l'enfant chéri du *Fighter Command* et même de toute la *RAF*, réservé jusqu'à présent à une élite. Les séquences de mise en route se passent en quelque sorte automatiquement :

— *All clear...*

Les pouces en l'air, les mécanos sont d'accord : tout va bien. J'allume le commutateur principal et tout le tableau de bord se met à vivre. Les lampes s'allument, différentes aiguilles prennent place sur leur cadran... Je me souviens, tout à coup, de la plaisanterie classique que mes camarades du transport font à ce moment-là aux « gaziers » qui s'effarent de cette profusion de boutons et de cadrans illuminés : *« La moitié au moins c'est de la frime, c'est pour la montre. »* Ce rire me détend un peu plus.

J'actionne l'injecteur. Quatre fois, pas une de plus, et je remets le piston à sa place. J'engage une cartouche dans le barillet du

Kauffmann. « Contact ». Une nouvelle fois la « mécanique » me répond, pouces en l'air. Puis les contacts de magnétos sont mis *switch on...* La manette des gaz légèrement ouverte. Je la tiens fermement pour contrôler tout de suite la puissance. J'appuie le pouce sur la mise à feu du Kauffmann... Explosion. L'hélice part brutalement. Le moteur tousse, hésite, avec une grosse fumée noire aux pipes d'échappement. Enfin, rageusement, il accroche. C'est la manette des gaz qui me le dit. Radiateur sur automatique. Radio en marche. Attention au correcteur de direction. Contrairement à ses devanciers, le *Spit XII* s'engage très fortement à droite au décollage... Alors, tout le trim compensateur à gauche...

— *Eddy Pink for taxying and take off, over.* (Eddy Rose demande à prendre le « taxiway » et décoller, à vous.)

La tour me répond et me donne aussitôt le feu vert. Je me dandine lourdement vers la piste. Le manque de visibilité total vers l'avant immédiat me surprend... Ce nez d'avion est énorme. Il faut donc progresser en zigzag si l'on veut voir où vont passer les roues :

— *Hello Control, may I take off?*

— *Hello Eddy Pink, you may take off...* (Eddy Rose, oui, vous pouvez décoller.)

La minute de vérité est une fois de plus arrivée pour un pilote de chasse. Allons-y. Resserrage dernier des harnais avant de m'aligner exactement face au vent. J'ai un point de repère à l'horizon. Timidement, progressivement, je pousse la manette des gaz... Coup de poing dans la poitrine... Dieu que cela défile vite. J'embarque à droite et j'ai le pied à gauche... Est-ce que cela va durer ? Cet avion est difficile à tenir en ligne... J'ai l'impression d'imposer ma volonté à ce monstre. Un bout d'aile frôle l'herbe mais, rien à faire, je ne lâcherai pas mon point de repère...

Je sens mes tempes se couvrir de transpiration et mon cœur bat très fort. Je vois arriver le rideau d'arbres du bout du terrain.

Il est temps de l'arracher au sol, le « piège », ou alors... Je tire, je soulève l'avion... L'énorme hélice s'accroche et l'entraîne dans la montée... J'entends Maridor dans les écouteurs... *« Bon, tout va bien, rentre le train et prends ta vitesse... »*

C'est vrai que, le train rentré, l'avion a un tout autre comportement. La présence de Maridor à la tour est un encouragement constant... Est-ce que j'ai dompté cette bête sauvage ? Elle répond bien docilement. Trop peut-être. J'ai pris une bonne altitude et dans un coin de ciel, bien à l'abri des regards des cracks du *91*, je m'offre une série de manœuvres de prise en mains... je me rends compte d'abord que ce que l'on m'a dit sur l'accélération du *XII* n'avait rien d'exagéré : la manette à fond, l'avion est en quelque sorte projeté en avant, tandis qu'on a le dos collé brutalement au dossier.

Vitesse énorme en palier par rapport au *Spit V*, au moins 150 km de plus...

Secundo, les qualités ascensionnelles de l'avion, accroché à son hélice quadripale, sont formidables et les commandes répondent magnifiquement bien. Je pousse une pointe maxima à l'horizontale à six mille mètres de plafond : je suis très vite à 800 km/h. Virage, ma tête s'enfonce dans mes épaules... J'ai l'impression que mes yeux sont chassés vers le bas des orbites. Toute vision me quitte, tout devient gris, puis noir. Je rends énergiquement la main en desserrant mon virage... Et par un réflexe normal, j'ouvre le robinet de secours d'oxygène qui m'inonde la bouche et le nez sous le masque. Cela va tout de suite mieux... À peine remis de mon coup de voile, je réalise que je ne sais absolument pas où je suis. J'ai perdu la direction de la base. Je ne suis pas habitué à voler à ces vitesses-là. En regardant ma montre, je réalise que j'ai encore quelques minutes mais encore faut-il retrouver ma route...

Je voudrais bien repérer une voie ferrée, un village, un green de cricket me « disant quelque chose »... Mais rien ne ressemble plus à un village qu'un autre village et une voie ferrée à une autre voie ferrée... À Perranporth, il y avait cette mer que j'ai tant honnie et le découpage connu de la côte. Ici, je n'ai qu'une ressource, passer sur la fréquence du *homing*... c'est-à-dire la fréquence radio du « gonio » :

— *Hello Control, Eddy Pink request a homing*. (Contrôle. Eddy Rose désire un cap pour rentrer à la maison.)

On me demande de transmettre longuement pour bien me situer, et quelques secondes plus tard :

— Cap vers la base 2 300 pour 40 nautiques.

Comme c'est simple de revenir chez soi !...

Je suis bien vite à la verticale de West Hampnett. Il faut un œil de chasseur pour distinguer la base, tellement les baraques sont bien camouflées. Quant à la piste en herbe, rien ne peut la différencier des prairies du voisinage. Essayons la fréquence radio de la tour. Maridor me répond. Une vraie chance... Je dois me poser... Bon... Toujours pour me détendre, je me répète, en riant, l'éternelle plaisanterie de mes premiers moniteurs : *« Il n'y a pas d'exemple qu'un avion ne se soit pas posé... »* Oui, c'est vrai, mais il y a encore la manière... Et les problèmes qui arrivent vite...

Par exemple, celui-ci, ce *Spit XII* qui est bien ce que j'ai jamais piloté de mieux, dès que je lui « rends la main », prend une vitesse excessive... Je me bats contre le « badin »... J'ai un mal fou pour le ramener à une vitesse qui me permette de sortir le train... Gaz réduits à fond, je surveille du coin de l'œil ma jauge d'essence, ma température moteur et enfin le badin, la vitesse... Enfin, elle tombe. Le train sort et se verrouille, voyants verts normalement allumés. Le drame commence, car aussitôt, par manque de sustentation, le nez de l'avion s'embarque, je sens l'appareil terriblement instable. Je corrige tant bien que mal les embardées. La tour me donne l'autorisation de me poser. Elle me la répète. J'ai l'impression qu'ils sont tous impatients de me voir au sol. Et moi donc ! Prudemment, je me présente en ligne droite après un large virage... Maridor vient de me répéter en clair ce que je dois faire. Voilà la grande pelouse sous mes roues. Je sors mes volets d'intrados... À la vitesse réglementaire, je commence mon arrondi en calant mon point de repère sous le nez de l'avion. Dans le masque à oxygène, le micro répercute ma respiration qui remplit les écouteurs... Elle est de plus en plus saccadée, mon front est inondé de sueur sous mon serre-tête. Dès que je réduis à nouveau les gaz, l'avion s'enfonce, tout d'un coup, dangereusement. Je dois lui remonter le nez d'un coup de moteur. Je me rends compte que la voilure tronquée du *Spit XII* l'a rendu bien moins porteur que son prédécesseur, le *IX* aux ailes fines et élégantes. Le nez fiche le camp à droite sous l'effet de la puissance des gaz. Ma roue droite touche le sol. J'essaie de tenir l'avion en ligne, le pied gauche bien à fond sur le palonnier. Mais le « piège » continue sa parabole large vers la droite. À grands coups de freins et de « pied », je veux le ramener vers la gauche, vers mon repère, et je m'énerve car le bout du terrain arrive... Droite, gauche, droite, gauche, avec, tout de même, un plus large mouvement vers la droite... Le moteur, au lieu de m'aider, semble jouer contre moi... Si ça continue je vais le casser... Les secousses en dérapage se font plus rudes... La voix de Maridor cogne dans les écouteurs :

— Réduis tout et fous-lui la paix...

C'est ce que je fais, en désespoir de cause. Je tire la manette en arrière et... Oh ! Seigneur, est-ce possible ? Comme par enchantement, l'avion se stabilise gauchement et s'arrête. Surpris de tant de docilité, je rentre au parking à l'extrême ralenti, avion dompté. A-t-on remarqué ce mauvais atterrissage ?

Le sourire aimable du mécano, peut-être un peu compatissant, me fait du bien :

— *Good show, Sir...* (Bon boulot, mon lieutenant.)

Je suis en transpiration, mais j'ai maintenant compris l'astuce de l'atterrissage... Je sors dignement du cockpit. Je me dirige vers le *Dispersal* pilotes. Ce qui fout tout par terre, c'est que le mécano va aussitôt vérifier, discrètement (du moins le croit-il), les attaches du train d'atterrissage qui en ont peut-être pris un coup pendant ces stupides embardées... Je suis mortifié... Et si le train était tordu ? Les pilotes, d'un œil amusé, suivent le manège. J'ai l'impression de me dégonfler en marchant. Le mécano revient sur moi en trombe :

— *Everything's O.K., Sir*. (Tout est en ordre, mon lieutenant.)

J'ai encore eu chaud ! Et ma modestie en a pris un vieux coup... Je signe les documents techniques « après le vol ». Ma seule ambition : respirer un grand bol d'air en m'isolant dans un coin.

Je vais rentrer le matériel en vitesse dans mon armoire tout en me répétant :

— C'est bien la peine d'avoir une grande expérience du vol pour piloter aussi mal... Au moment où j'ouvre mon armoire, le *Flight Commander* m'interpelle :

— Alors tout va bien ? Comment trouvez-vous le *Spit XII* ?

Je suis à la recherche d'une réponse qui ne soit pas trop cloche. Quand il continue :

— Ne rangez rien, mon vieux, le V Victor est toujours disponible. Allez-y. Maridor est toujours à la tour pour vous aider si besoin est...

Mon commandant d'escadrille a dit cela sur le ton de la conversation, comme si tout s'était bien passé, comme si je n'avais pas dangereusement mis en péril la vie d'un précieux *Spit XII*, qui est sorti d'usine voici quinze jours...

Je suis transporté de joie, inondé d'émotion par cette confiance. Je retrouve toute la mienne, le moral est au beau fixe. Cette fois j'ai compris. Je ne me laisserai pas piéger par la mécanique. Un camarade m'accompagne avec des bourrades affectueuses. Tout se passe comme dans un rêve jusqu'au moment où le V Victor quitte l'herbe rase.

Maridor lance une plaisanterie en français que je trouve de fort mauvais goût, mais je ne réponds pas. J'ai autre chose à faire. Contrôler la puissance des deux mille chevaux du Griffon.

L'avion, docilement, prend de la vitesse. En tirant légèrement sur le manche, je me retrouve très vite à trois mille mètres. Un virage, puis un autre, en cabrant un peu plus, en serrant un peu plus. Les évolutions m'enhardissent, puis me grisent. Une « boucle », puis une autre... Doucement, je lâche ma pression sur le manche et, dans le piqué, la vitesse monte très très vite... Tout y passe... Nous devenons une paire d'amis, le V Victor et moi... Je me rends compte tout à coup que je suis en l'air depuis cinquante minutes... Il est temps d'aller revoir Maridor. Je l'appelle. Il me répond.

Tour de piste réglementaire. Vent arrière, j'ouvre ma coupole vitrée et le vent me fait du bien. Train et volets sortis, vitesse de présentation affichée, je perds mon altitude à 180 km/h... En finale... le sol monte, dernier coup d'œil aux instruments, bon alignement. Je tire sur le manche, bon arrondi, je sens l'herbe qui frôle les roues, je refuse le sol à l'avion le plus longtemps possible. Il s'enfonce de lui-même. Franchement, je réduis à fond, coup de frein à droite, coup de frein à gauche pour rester dans l'axe, lourdement le V Victor s'immobilise...

Je reviens au *Dispersal* plein d'enthousiasme pour cet avion. Je vais conserver de ce vol un sentiment de confiance extraordinaire. À mon avis, et pour l'heure, cet avion est le meilleur chasseur et le plus rapide du monde. Je n'ai maintenant qu'une hâte : effectuer avec lui une opération de guerre.

Naturellement, je continue ma progression. Je pose beaucoup de questions sur le *Spit XII*, mais j'ai des réponses souvent évasives. C'est ainsi que je me sens de plus en plus dans la bonne voie quant à cet appareil.

Le lendemain, je suis le premier au *Dispersal*. Mine de rien, le nez au vent, j'attends la désignation des ordres de vol... Je suis collé aux talons du *Flight Commander*... C'est ainsi que je réussis à voler une première fois. Au moment où je vais tenter mon deuxième essai, notre Spy, le brave Mike Miller, arrive en trombe et alerte le *Squadron Leader* Harris :

— *There is a show on, Sir*. (Il y a une opération en vue, mon commandant.)

Voilà bien ma chance. Mon vol est annulé car mon avion est prévu sur les ordres d'opérations. Je regarde avec envie tous ces garçons se précipiter pour préparer leur show. Douze avions et un *spare* (remplaçant) du *91* doivent participer au *Sweep* sur Poix, dans la Somme... Du rase-mottes. Le *spare* décollera avec la formation, mais il n'ira pas plus loin que la côte. En principe, il doit pouvoir remplacer, au pied levé, n'importe quel pilote du dispositif dont l'avion aurait une défaillance, sauf toutefois le *leader*, qui, lui, est automatiquement remplacé par un commandant d'escadrille désigné à l'avance. Les *Commanding Officers* alignent les noms sur le tableau. *B Flight* doit fournir le *spare*. Mon regard accroche celui de Matthews :

— *O.K. Jaco, you are on...* (O.K. Jaco, vous êtes sur les ordres.)

Je suis prêt en un instant. Le *Squadron Leader* Ray Harris n'a rien de British sauf une volonté et un courage indomptables. On a toujours l'impression qu'il va se battre avec quelqu'un. Il mène son cirque tambour battant et quand il n'est pas content, il le dit, généralement assez brutalement.

Excellent patron au sol, en l'air il est déchaîné. Quand il accroche l'ennemi, il ne le lâche plus. Les *boys* l'adorent. Ses *briefings* sont toujours courts. Il ne revient jamais sur le côté systématique de la mission, à moins d'une particularité. Chacun doit faire son métier dans son domaine en prenant ses responsabilités. Il n'aime pas que l'on pose des questions. On le sait et il n'y a jamais de réponse au réglementaire any questions qu'il prononce à la fin de son exposé.

— O.K. *boys*, nous allons à Poix essayer d'accrocher les *« bastards »* de *Yellow Noses*. (Les fameux Nez Jaunes d'Abbeville.) Nous volerons derrière le *41 Squadron*, « leadé » par le *Wing Commander* Tommy Thomas qui commandera l'ensemble. Parcours jusqu'à la côte française en rase-flotte. Côtes en vue, grimper *like hell* (comme le diable) jusqu'à 12 000 pieds en direction de Poix. Large virage autour du terrain bien camouflé, mais facile à repérer par le château d'eau qui est entre la ville et le terrain et par le viaduc. Silence radio. Fréquence radio sur *B for Baker* après le décollage. *« Time is now 11 h 54 02...* Mise en route 12 h 14. *Any questions, chaps ? »*

Là-dessus, les *boys*, sachant pertinemment qu'il n'y aurait pas de réponse à une question, n'attendent pas la fin du propos et se ruent en se bousculant vers les avions...

Un certain doute m'envahit et mon cœur bat plus fort que de coutume. J'ai peur de ne pas être « dans le bain ». Après tout, on verra bien. Tout compte fait, cette place de *spare* est un bon moyen de s'adapter vite.

Je bondis avec les autres. Mon avion est le DL°Y et je signe la form 700 qui est le cahier de contrôle technique de l'avion. Tout est en ordre et les gants et le serre-tête accrochés au collimateur. Le mécano a un regard complice qui me fait du bien :

— Croisez les doigts, mon lieutenant, peut-être que vous ferez le *Sweep* si un autre a des ennuis.

Assis dans mon cockpit, je sens, une fois de plus, la boucle de mon parachute, placée trop haut, me gêner sérieusement. Mais c'est dans l'ordre normal des choses. L'heure approche. *Squadron Leader* Harris regarde sa montre. Le top n'est pas loin.

À 12 h 14, les pouces de Ray Harris se dressent bien en vue. Les cartouches des démarreurs claquent. Les douze *Spit* tournent.

Le mien suit le dernier. Ray Harris attend que tout le monde soit en place, face au vent. Sa main gantée donne le signal du décollage : « Tout le monde en l'air. »

J'ai les yeux fixés sur le dernier, et je décolle en solitaire. Pas un mot à la radio. Le *41* est déjà en formation de combat, les ailes brillent dans le soleil. Le *91* arrive à sa hauteur. Toute la formation file au ras des toits. Je suis seul à environ quarante mètres derrière l'avion central. La *Wing* (l'escadre, soit deux *Squadron*) fonce bientôt vers la France à deux ou trois mètres de l'eau. C'est un spectacle que je ne me lasse pas d'admirer. Une force extraordinaire s'en dégage. À cette altitude, la *radio location* allemande (radar) du Havre ne risque pas de nous détecter.

Je dis nous comme si je faisais vraiment partie du *Sweep*. En réalité, dans un instant, je vais faire demi-tour au milieu des oiseaux de mer effrayés par notre brusque apparition en saute falaises... Le *Wing Commander* ne sera peut-être pas content mais tant pis, j'insiste un peu, je vole une minute de plus au cadran... Et dans cette minute, je réalise que je possède bien maintenant cet avion, avec à la clef, une sorte de joie intime que me procure cette victoire sur moi-même... Je me retrouve en pensée au *briefing* et j'entends encore Mike Miller, mon nouveau *Spy*, annoncer, avec l'air de s'excuser, une quantité considérable de *Me 109* et de *FW* sur Amiens, Poix, Abbeville et Rosière en Santerre. Je repense aussi au bon vieux *Spit V* qui me semble définitivement *out of date*... Je revois aussi mon ami Maridor, si pressé de s'en aller à Londres...

Allons, il faut faire demi-tour... Au moment où je vais mettre manche et pied à gauche pour un 1 800 de père de famille, voici qu'un avion du *91*, le dernier de la colonne centrale devant moi, bat des ailes, prend un peu de hauteur et vire vers l'Angleterre, radio muette. Les rangs se resserrent. Déjà j'ai pris sa place. Par acquit de conscience, je vérifie mes instruments et je passe sur «oxygène secours» pour tonifier un peu mon système nerveux. J'allume même mon collimateur qui se reflète sur un fond de ciel laiteux entre les deux bosses de mon capot. Il y a déjà une ligne blanchâtre, mal définie à l'est. C'est la France.

D'un seul coup, et toujours dans le silence radio le plus complet, les vingt-quatre *Spit* grimpent, le nez vissé dans le ciel, accrochés à leurs hélices. J'ai l'impression d'être suspendu par les pieds tellement cela grimpe. La ligne des falaises semble reculer au fur et à mesure que nous jouons les ascenseurs.

Voici le nez busqué de la côte et derrière, le Havre... Maintenant les Allemands nous voient sur leurs scopes et l'alerte est donnée. Continuons de grimper, quelle merveille que ce Griffon Rolls-Royce... À 12 000 pieds, mais nous y sommes... *Wing Commander* Thomas stabilise, change de cap et fonce vers Poix... Dans cette escadre, chacun se meut à l'aise dans ce que j'appellerai son alvéole de responsabilité céleste. Tous pour un et un pour tous.

— *Look out chaps, steady now.* (Attention garçons, au boulot maintenant.)

Ray Harris vient de rompre le silence radio. Des «pets» de Flak bien noirs éclatent loin derrière nous. C'est sans importance. La verte France est là sous nos ailes et le temps est radieux. Les *boxes* de quatre de notre formation se protègent mutuellement... C'est un plaisir de travailler dans cette nouvelle équipe... quant à «Appeldore», notre contrôleur, on ne peut pas dire qu'il abuse des conseils... On ne l'a pas encore entendu... C'est que l'Allemand n'a pas encore bougé une patte... Mais comme les antennes de Beachy Head n'ont encore rien repéré, c'est Ray Harris qui découvre le premier les Allemands.

Des points noirs défilent à notre altitude. Pas question de savoir à qui ou à quoi nous avons affaire. Devant cette formation diluée, il n'y a pas de doute quant à la nationalité... Ce sont des Allemands.

— *Bastard at 2 o'clock... Same angel. Booster.*

En un clin d'œil, tout le monde a vu. Je passe mes armes sur « feu ». Ray Harris sait se servir de la supériorité du *Spit XII*... La ville de Poix est au creux de la rencontre de trois vallons... Personnellement, j'ai l'impression que les Allemands se dirigent vers Rouen :

— *Climbing up, chaps.* (On grimpe, garçons.)

Léger cabré pour prendre un peu d'altitude. En quelques instants la route leur est coupée et nous sommes un peu plus haut qu'eux... Examen approfondi du ciel et... du soleil... Rien. Ces gars-là ne nous tendent pas un piège. Il ne semble pas qu'ils nous aient vus. Ray Harris donne des ordres :

— *For Christ's sake, open your eyes... Going down, attack port...* (Pour l'amour du Christ ouvrez les yeux. Piquons en attaque par la gauche.)

Je me souviens bien d'avoir, à cet instant précis, regardé nos ennemis avec une âme de tueur... Mais c'est bien ce que la guerre et toutes ses atrocités avaient fait de nous. J'en estime le nombre à trois paquets de quatre ou cinq avions, sans oublier ceux qu'on ne voit pas. Très facilement, je reconnais des *FW 190*. Ça va barder. Ils sont à mille mètres plus bas, sur notre gauche, et ils défilent vite. Je bascule vers eux avec toute la formation. L'ensemble adverse, si dilué soit-il, éclate un peu trop tôt à mon gré. Mais déjà Ray Harris et nos premiers avions sont sur eux. Et voici que commence une sarabande effrénée dans l'infernal accompagnement des traceuses.

J'essaie de suivre mon *leader* mais ça tourne, ça monte, ça descend à une vitesse vertigineuse. J'aperçois, dans un coin de ciel, un *FW* dont le nez est pointé verticalement et qui paraît étrangement immobile dans un cocon de fumée rougeâtre. Un parachute blanc descend un peu plus bas. Soudain, mon œil accroche une silhouette connue, moteur en étoile, empennage carré, ailes courtes. À moi de jouer. Je pars en retournement dans son sillage. Je creuse ma « ressource » vers le ventre gris, les croix noires. La mouche de mon collimateur caresse d'un diamant de lumière son ventre, *steady now...*

Mais que m'arrive-t-il ? Une peur terrible me monte en frissons, le long de la colonne vertébrale. Je suis inondé de sueur et j'ai l'impression qu'un pouce géant m'appuie sur l'estomac... Des pointillés jaunes et orange passent au-dessus de ma tête : « manqué ». Des courants d'air, d'une violence inouïe, traversent le cockpit, le froid le plus intense emplit l'habitacle. Je tire sur le manche avec frénésie : *« Bon Dieu, le coin est malsain... Il est temps de foutre le camp... »* Si, toutefois, c'est encore possible. Mon moteur tourne rond à ce qu'il me semble et mes instruments fonctionnent... Mais je n'ai plus de radio... J'ai dû « effacer » au moins un 30 mm. Mais où m'a-t-il touché ?

Le virage serré en montée, que j'amorce tout de suite, est certainement ce que j'aurai fait de mieux en matière de pilotage... À en perdre le souffle... J'émerge très haut, droit dans le ciel, suspendu à mon hélice. Tout est calme autour de moi. Dans cette solitude où je suis encore mal à l'aise, je m'efforce de reprendre mes esprits, de calmer mes nerfs...

C'est en quelque sorte automatiquement que j'ai pris le cap retour. Derrière mon siège il y a un grand vide, la lumière extérieure éclaire les entrailles de mon *Spit*. Il doit y avoir un gros trou à la hauteur de la cocarde du fuselage. J'ai la certitude que le poste radio a volé en éclats. Il y a des bouts de ferraille qui pendent à des fils. Mes mains sont encore un peu crispées sur le manche. Du beau travail exécuté par « l'invisible ennemi » ... Retour pénible. J'ai en sainte horreur cette eau de mer qui a l'air de vous espérer pour vous engloutir. J'écoute mon moteur de toutes mes forces. Je pense aux paroles célèbres du « vieux Monsieur » : *« Du sang, de la sueur, du labeur, des larmes... »* Et l'Angleterre me paraît terriblement loin... Cent cinquante « bornes » de mer... Un vrai cauchemar dans un avion « sonné » ... J'éprouve une sorte de panique à la pensée d'être assassiné dans ma fuite ou de voir mon moteur s'arrêter au ras de l'eau...

Je saute les falaises françaises, comme un voleur, avec quelques coups de Flak aux fesses... Je descends un peu pour éviter les gros noirs... Mon moteur a l'air de tenir. Les manos d'essence n'indiquent pas une fuite mortelle... Les réservoirs seraient donc intacts ? Ce serait tout de même une malchance que de finir dans cette eau grise...

Huile, température, normales... Le ciel ? Rien derrière, rien à droite, rien à gauche, rien au-dessus... J'ai le torticolis à force de remuer mon pauvre cou... Vingt minutes en « radada » au dessus de la mer avec un appareil mutilé, Dieu que c'est long... L'oxygène arrive à flots dans mon masque et j'ai la gorge sèche... Je me surprends à penser au *Spit V* et à mes interminables traversées maritimes entre la Bretagne et les Cornouailles et cela me redonne du courage... Enfin, au loin, l'île de Wight et la pointe de Selsey Bill. Je suis le dernier à me poser...

J'aperçois tous mes camarades en pleine discussion devant la hutte des pilotes. Je dois produire mon petit effet car les yeux sont tous tournés vers moi. Les mécanos accourent. Ils entourent Je DL°Y et apprécient les dégâts. J'enlève mon masque et l'air frais me fait du bien. Le mécano m'aide à sortir du « piège ». J'ai les jambes terriblement ankylosées...

Je me tourne vers l'avion. Cela me fait un coup terrible. Une énorme déchirure commence à la hauteur du siège. C'est un miracle que la bouteille à oxygène n'ait pas explosé me transformant avec le reste en chaleur et lumière. Les obus ont fait de la charpie avec les tôles et les membrures. Le poste radio a été, comme je le pensais, pulvérisé... Et la commande de timonerie de profondeur ne tient plus que par un cheveu de métal... Rien qu'à penser que je viens de me servir de ce « cheveu » pour me poser, cela me fait frémir rétrospectivement... Les mécanos sont sidérés de me voir revenir à bord d'un tel éclopé... Je ne dis rien, mais je me jure bien de faire payer cette mésaventure et toute ma trouille aux copains d'en face...

Tout en discutant, le groupe des pilotes se dirige vers mon avion. Mike Miller, en bon *Spy*, suit, le bloc et le crayon à la main, pour noter tout ce qui peut servir au compte rendu général du *Sweep*. Il ne perd aucune des paroles, aucun des gestes. Reconstituer un combat aérien est un sport difficile. Le jargon spécial de la *RAF*, que comprennent seuls les pilotes de chasse, est d'une traduction farcie de difficultés. La pantomime est quasi permanente. Voici Ray Harris tournant le dos à un soleil imaginaire qu'il a fixé d'un doigt dans le ciel. Sa main droite pique pleins gaz vers sa main gauche. La main droite, patiemment mais sûrement, plonge en virages constants pour se retrouver dans l'axe arrière de la main gauche. Il y a un instant de suspense. L'auditoire se tait. Puis la main gauche, par un geste brutal, montre sa paume et passe sur le dos. C'est fini pour elle : rayée du ciel... À cet instant précis, *Squadron Leader* Harris aperçoit le trou béant dans le flanc de mon bel avion tout neuf. Il me cherche des yeux et son grand sourire, fraternel, affectueux, me fait du bien :

— *Bloody good show, Jaco*. (Sacré boulot, Jaco.)

Je comprends à cet instant que je viens de gagner mes lettres de créance auprès du *Squadron* tout entier... Le résultat de l'opération est bon. À lui seul, Ray Harris a détruit deux avions et en a endommagé un autre. Ray Nash a un autre avion à son actif... Un peu plus tard, en me remémorant la scène, j'éprouve de grands regrets de n'avoir pu « tirer » mon *FW*... Mais une fois de plus j'ai eu du pot. Je décide de me venger mais, en attendant, mon courageux DL°Y qui m'a si bravement ramené, doit reprendre le chemin de l'usine. Et c'était son cinquième vol de guerre... Le soir, à la Licorne, à Chichester, Arthur King, le propriétaire, homme affable, aimant beaucoup les *Fighter Boys*, offre le *free drink.*

À partir de cette mission, mon carnet de vol relate une activité aérienne incroyablement soutenue.

Je découvre avec plaisir une des particularités de ma nouvelle unité. Grâce aux qualités exceptionnelles du *Spit XII*, grâce aussi à la valeur propre du personnel volant, nous avons droit aux missions les plus délicates et aussi les plus offensives... Plus de protections de convois, mortellement fastidieuses le long des côtes, plus d'alertes en l'air, inefficaces... Non, nous attaquons l'ennemi souvent, à coup sûr et presque toujours favorablement à cause de notre très nette supériorité... Dans les quinze jours qui suivent, je fais un grand nombre de missions de guerre et je suis engagé dans des combats aériens très sévères... Avec l'expérience acquise au *130 Squadron*, je suis vite considéré comme chef de dispositif. C'est une position privilégiée qui me permet de participer à tous les bons coups comme *leader*. Et c'est une place de choix en combat aérien.

Peu de temps après mon arrivée au *Squadron*, je reçois par la poste une citation nouvelle qui me vaut une autre palme à ma croix de guerre. La citation mentionne ma victoire du 28 février au-dessus de Cherbourg. J'en suis très fier car, par le même courrier, je suis désigné pour recevoir la croix de guerre des mains du général de Gaulle à l'occasion du 14 juillet.

J'arrive la veille dans la capitale anglaise, avec Maridor qui a tenu à me soutenir le moral dans un jour aussi faste. Ce jour-là, à Victoria, pas moyen d'avoir un taxi. Et pas question du métro littéralement pris d'assaut. Nous attendons avec une patience anglaise. Un vieux chauffeur, quasi croulant, remarque, sur notre tunique bleue, les insignes de pilote de la *RAF* Il s'arrête et nous charge. Naturellement d'autres filles et garçons en uniformes s'entassent en même temps que nous dans un de ces véhicules étranges qui peuvent virer sur place et dont la caisse est assez haute pour qu'une contemporaine de S. M. la défunte reine Mary puisse monter sans avoir à baisser la tête, surmontée du fameux chapeau d'époque...

Au moment où je paie le vieux en le remerciant, il pose son doigt sur mes ailes blanches et dit :

— C'est un ticket d'aller simple. Moi aussi j'avais un fils dans la chasse. Il a été tué en combat aérien en 1941...

Encore maintenant, je pense souvent à ce vieux chauffeur qui a fait son métier, tranquillement, sous l'effroyable blitz qui dévastait Londres en 1941, en priant pour son fils bien-aimé, tombé pour la défense de l'île.

Je revois tant de camarades disparus... Mais que fût-il advenu de la liberté du monde si nous n'avions pas disputé à l'aviation de Goering la maîtrise du ciel... C'est un autre vieil homme, plein d'énergie, qui avait dit alors, à ses concitoyens : *« Rien d'autre à vous offrir que du sang, de la sueur, du labeur et des larmes... »*

Le lendemain, la cérémonie militaire a lieu aux Wellington Barracks qui donnent sur la place du palais de Buckingham. Mise en place des troupes de bonne heure. L'aviation est encadrée par l'Armée de Terre et les commandos de la Marine. Foule très dense derrière les grilles quand paraît le général de Gaulle descendant d'une splendide voiture battant pavillon tricolore, foule très chaude, très enthousiaste : *« Vive de Gaulle, vive la France »*... Marseillaise. L'a-t-on souvent entendue près de ces sinistres *barracks* de la Garde ? Le père Wellington doit se retourner dans son tombeau :

— Ouvrez le ban...

La voix du Général est claire. Il domine toute la scène. Sa tunique me paraît trop grande pour lui. C'est étrange que des détails de ce genre puissent vous atteindre en un tel moment. Il s'approche de moi et, figé au garde-à-vous, je me sens terriblement ému. Il accompagne son geste réglementaire de quelques mots de félicitations. Je salue sans pouvoir émettre un son tant j'ai la gorge serrée. Il s'éloigne. Les troupes se mettent en place et défilent. La foule recommence à hurler : *« Vive la France »*... Je n'ai jamais été aussi fier d'être français... La cérémonie s'achève peu après, devant le monument du maréchal Foch près de Victoria. Les honneurs militaires sont rendus à l'effigie du Maréchal et des fleurs déposées devant le monument.

Je suis tout près de mes parents, de mes amis... Où sont-ils tous ? Et que savent-ils de moi ? C'est terrible cette absence de nouvelles !...

Jean Maridor est le premier à me féliciter. D'après lui, il est absolument nécessaire d'aller « mouiller » les nouvelles palmes de ma croix de guerre. C'est ce à quoi nous nous employons aussitôt avec assez de réussite, avec l'aide, il faut bien le dire, d'une quantité de braves gens de Soho, de braves filles qui retrouvent leur français natal avec une joie manifeste et qui oublient toutes sortes de préoccupations pour vivre avec nous, dans l'amitié, ces heures de fête.

La nuit est mouvementée. Nous reprenons, aux petites heures, le chemin de la base. Une voiture nous attend à la gare. Bonne pensée du *Spy ? Hum*... Il y a du *Sweep* dans l'air... Mike nous guette et dit :

— *Sweep* sur Saint-Omer pour le *41* et le *91*. Vous êtes sur les ordres. Vous avez quinze minutes pour être en tenue de vol.

Il ne nous en faut pas le tiers pour être au *dispersal*... C'est la hâte d'un départ en opération de guerre. J'inscris mon cap retour sur le dos de la main, ainsi que la fréquence radio de secours... Au moment où je saute dans mon avion, mes camarades sont déjà en train de mettre leurs moteurs en marche... J'ai horreur de cette précipitation. C'est bien la première fois que cela m'arrive.

Inspection cockpit... J'appuie sur le démarreur Kauffmann... Zéro... Je réarme et appuie à nouveau... Re zéro... Je m'énerve sérieusement car, si j'insiste, il y a de fortes chances pour que mon moteur, engorgé d'essence, prenne feu sur un «retour»... Déjà mes camarades roulent pour aller prendre leur place en piste... Le *Sweep* va m'échapper si je perds une seconde de plus... Nouvelle cartouche au Kauffmann... Manette des gaz à moitié ouverte... Allons-y... Hésitations, fumée, à-coups, bredouillages et gargouillements de moteur engorgé... Oui, mais ça passe, ça tient... C'est parti. Me voilà sauvé. Je veux reprendre le temps perdu. Les vingt-trois *Spit* sont à l'entrée de piste, attendant que Ray Harris abaisse le bras. Je regarde ma montre. J'ai peut-être le temps de me mettre en place. Je commence à rouler, manifestement trop vite. L'immense capot m'empêche de voir devant, mais je sais qu'il n'y a pas d'obstacle. Je roule en fixant la place vide que m'a laissée mon coéquipier.

Je vais, par un virage savant, m'intercaler avant que le cirque décolle. Et c'est la catastrophe !... J'entre, percutant dans deux avions que je ne croyais pas si près et qui se trouvaient à ma droite, masqués par l'énorme nez de mon *Spit*. Les hélices éclatent, les mottes de terre volent. L'extrémité de mon aile est découpée comme un morceau de saucisson par l'hélice de mon voisin. Je réalise ce que je viens de faire... Je saute de mon avion complètement anéanti. Les pilotes sont saufs. Mais les dégâts importants...

Le *Squadron Leader* a vu, à la radio, il donne des ordres. Les avions décollent sans nous. Malchance, malédiction...

Je me mets à pleurer comme un gosse assis sur l'aile de mon avion. J'ai les nerfs brisés et les jambes molles. Je suis abruti par le choc. Le lieutenant Matthews est là avec Jeff Huntley, son N° 2... Mon teint livide et mon immense tristesse ont dû les toucher car ils me ramènent jusqu'au *Dispersal* en me réconfortant.

J'explique de mon mieux ce qui s'est passé à mon commandant d'escadrille. Mais je sais très bien que je n'ai aucune excuse. Je me répète que je finirai mes jours, j'en suis certain, dans un cul-de-basse-fosse, du type « École de vol pour débutants »...

Perspective atroce après mes premières semaines ici. Désespéré, je me réfugie dans ma chambre en attendant le retour du *Squadron Leader* Harris de qui dépend la décision. Il ne tarde pas à revenir du *Sweep* décevant. Et naturellement il me fait aussitôt appeler :

— *What happened to you, Jaco ?* (Que vous est-il arrivé Jaco ?)

Tant bien que mal et plutôt mal que bien, sans pouvoir m'empêcher de montrer mon émoi, je lui raconte mon histoire. Mais je ne laisse aucune place pour une quelconque excuse. Matthews a tenu à m'assister dans mon malheur. J'ai tout de suite l'impression très nette qu'Harris est aussi ennuyé que moi. Lui et Matthews veulent m'aider. Mais la décision finale doit être le fait du général commandant le secteur. Il me convoquera certainement. Et personne ne peut savoir quelle sera sa décision. Ces *Spit XII* sont des appareils neufs d'un prix considérable... Mais surtout, ils sont encore en très petit nombre et leur présence au combat a une valeur irremplaçable... Je le sais très bien.

Le lendemain, *Squadron Leader* Harris me fait appeler pour me faire part de la décision. Abruti par tant de malchance et prévoyant mon renvoi de cette unité à laquelle j'avais tant voulu être affecté, je me sens bien las en entrant dans le bureau. Pas de « suspense » pour un Harris. Il sait, mieux que quiconque, ce que je ressens :

— *O.K., Jaco, everything in order.* (Ça va Jaco, tout est en ordre.) Le général a accepté, à cause de vos états de service en opérations et de vos bonnes notes de vol, de passer l'éponge. Mais faites attention...

Je ne sais que répondre tellement mon émotion est grande. J'en ai les larmes aux yeux. Je ne trouve pas de mots pour remercier mon chef qui a dû se battre terriblement pour moi...

L'après-midi, je participe à une opération sur Abbeville. Malheureusement, l'escadron n'est pas engagé. C'est que je sens que la seule façon de me racheter après cet accident stupide est de ramener à mes camarades une victoire supplémentaire. Je ne me sentirai pas à l'aise tant que je n'aurai pas réparé... Ce soir-là, belle *party* au *mess* : course relais avec une « pinte » d'ale dans la main de chaque sprinter sur les trente-cinq yards de la grande salle. J'ai le privilège de terminer victorieux pour mon escadrille en plongeant littéralement sur le poteau d'arrivée figuré par un fauteuil. Ma « pinte » me précède en allant s'écraser sur la cheminée... Jeunesse... Oui, nous étions tous très jeunes et aucun d'entre nous n'aurait alors osé faire sérieusement des projets d'avenir... Le tournoi qui suit est naturellement à cheval, sur les épaules d'un camarade... Nous recherchons l'altitude en empilant les tables et les chaises les unes sur les autres... Un cheval et son cavalier dégringolent d'un peu trop haut et restent étendus K.O... Avec un calme tout british, ils sont traînés dans le couloir... Alors Jeff Huntley paraît et d'une voix rauque et profonde réclame le silence... en allemand :

— *Achtung, Achtung...*

Matthews, mon commandant d'escadrille, est dans son sillage. Il parle :

— *Flying Officer Jaco Andrieux, kommen sie hier, bitte...* (lieutenant pilote Jaco Andrieux, venez ici, s'il vous plaît.)

Visiblement son allemand n'allait pas plus loin... La surprise est totale... Dans mon entourage, certains camarades, après ces exercices de haute voltige, n'ont plus que des lambeaux de chemise, des pantalons déchirés... Ils s'efforcent de retrouver à la fois leur cravate et leur dignité et forment autour de moi une étrange équipe. Jeff s'avance et lit la citation que voici :

« Flying Officer *Jaco Andrieux, brillant officier pilote de chasse d'une adresse et d'un sang-froid remarquables, a réussi*

à détruire, d'un seul coup, trois Spitfire du meilleur escadron de chasse de Sa Majesté. Cette citation comporte l'attribution de la Croix de fer avec épée et feuilles de chêne... »

Puis Matthews s'avance avec une énorme croix en carton recouverte de papier argenté. C'est le moment que choisissent les *boys* pour me féliciter et me porter en triomphe. Comme les héros doivent marquer d'une manière impérissable leur trop court passage en ce bas monde, mes camarades se saisissent de moi, me déchaussent, me passent la plante des pieds au charbon. Il ne reste plus qu'à appliquer ces pieds à même le plafond, où les empreintes resteront avec nom et date. Je suis affolé par la hauteur de ces plafonds campagnards faits pour le repos des Lords. Malgré les pyramides humaines, on ne parvient jamais au plafond. La faim nous précipite vers la cuisine où nous nous faisons des œufs au bacon. *Bloody good party !* Tel n'était pas l'avis du commandant de la base.

18.
« *Fighter twitch* »

Je me souviendrai du mois de juillet. Le rythme des opérations a été terriblement élevé et nous sommes tous très fatigués. J'ai participé, comme je me l'étais juré, à toutes les opérations et je commence à avoir le *fighter twitch* (expression employée dans la *RAF* exprimant une grande fatigue nerveuse due aux opérations de guerre.)

Jours les plus longs de l'année: position d'alerte souvent à trois heures trente du matin et fin des opérations vers vingt-trois heures ! Et les missions de guerre sont de plus en plus offensives, de plus en plus dures...

« La curiosité », disait ma douce aïeule, *« est un vilain défaut, avec bien souvent une punition immédiate. »* Ce matin-là, je suis curieux, encore un peu plus que d'habitude... En revenant de Beauvais, où nous avons accompagné des *Boston*, je muse un peu et je rentre par la Seine avec mon N° 2... Dans une des boucles, sous ce soleil tendre qui baigne les rives normandes, voici une péniche avec son remorqueur... L'affaire de Beauvais avait été chaude, les *Boston* ayant fait bonne mesure

aux installations de l'aérodrome. Comme nous n'avions pas eu de réaction de la part de la chasse allemande, nous avions encore quelques obus à liquider... Et une péniche est toujours un objectif militaire de choix.

Je préviens mon chef, Ray Harris, et je pique sur ma cible avec mon N° 2 en prenant de la vitesse en excédent. Par acquit de conscience et pour ne pas mitrailler un rafiot civil allant à ses petites affaires, je décide d'abord de faire un passage à très basse altitude en suivant le lit de la Seine.

Fameuse idée... Mon passage au ras de la péniche, de la très innocente péniche, déclenche un tir extraordinaire de Flak... Comme je suis en contrebas par rapport à la Flak qui tire des rives, j'ai la surprise de voir la pauvre péniche terriblement encadrée par les tireurs... Les étincelles des coups de départ brillent sur les deux rives. Mais sur quoi sommes-nous donc tombés ?

— *Let us get out of here, it's hell...* (Foutons le camp d'ici, c'est l'enfer.)

Mon N° 2 fait des S entre les séries de flocons noirs. Pleins gaz, j'essaie de ressortir du piège... Maintenant la pyramide de Flak monte vers nous à deux cents mètres d'altitude, la plus dangereuse pour nous. Je ne quitte pas de l'œil mon N° 2 qui, comme moi, n'en mène pas large.

D'instinct, j'ai baissé mon siège et serré mes harnais pour bien faire corps avec l'avion. Et je n'ai pas besoin de me dire de rentrer la tête dans les épaules. Le tir multicolore des traceuses est impressionnant à cette altitude. Je joue au furet avec la rivière, rendant un peu la main pour aller encore plus vite... Y a-t-il eu une péniche au début de cette aventure ? Je ne veux même plus m'en souvenir... Dorénavant, j'ignore le mot péniche...

Mais cela dure. Les chapelets rouges, verts, jaunes, arrivent droit dans mon sillage et semblent, par miracle, dévier au dernier moment le long de mon fuselage... Je vais finir par « gagner le gros lot» ... Cela ne peut pas durer... Brroum, deux obus éclatent sur ma droite ! L'onde de choc souffle l'avion.

Puis c'est le coup dur... Un éclair très pâle et un fracas du tonnerre sur ma gauche. *« Jesus Christ, I have had it ! »* (Seigneur, je suis fichu.) Cette fois-ci je vais au tapis...

Sous ma jambe gauche, il y a un grand trou à travers lequel je vois la Seine. J'ai une douleur dans le genou. Je sens aussi que je suis précipité irrémédiablement vers le sol... Je sais maintenant que je vais mourir et que ce n'est plus qu'une question de secondes... J'essaie bien de réagir, d'ouvrir mon cockpit pour sauter en parachute... Mais sauter à cette altitude... Mon avion continue à tournoyer en allant vers le sol... Machinalement, je rends la main et je réalise alors, en un éclair, que l'appareil répond encore aux commandes. En explosant contre le flanc gauche, l'obus l'a fait passer sur le dos et l'a précipité vers le sol. Je suis sur le dos à peu de mètres d'altitude mais c'est une position dont je sais parfaitement me tirer... Je reviens en vol normal...

Immédiatement, je fais l'inventaire des dégâts. Tôle du fuselage arrachée, trou béant qui transforme mon cockpit en cap des tempêtes. Pantalon déchiré, genou saignant... En regardant de plus près, il m'apparaît que c'est une coupure superficielle... Les commandes répondent. La radio, elle, se tait, irrémédiablement... aussi silencieuse que les profondeurs de l'océan.

Je demeure très tendu malgré la présence des *Spit* qui sont venus m'encadrer. J'ai du mal à recaler mon esprit... Les démêlés avec la Flak sont toujours dangereux. Tôt ou tard, la Flak a son mot à dire. Il est terriblement précis et désagréable, ce mot. La traversée est, ce jour-là, encore bien pénible. Mais autour de moi mes camarades veillent...

La blessure de mon avion fait sensation au *Dispersal*. On se demande, tout haut, pourquoi je suis encore en vie. L'appareil est littéralement éventré sur le côté gauche par un coup de

37 mm... C'est la septième fois que je suis touché par la Flak depuis 1941...

Mois d'août également très chargé. Mais visiblement l'effort de dix-huit mois porte ses fruits. Nous nous imposons de plus en plus à l'ennemi. Il est souvent en l'air, mais il évite le combat dans la mesure du possible. Nos adversaires, ce sont les gars qui peuplent les terrains de la chasse allemande et qui sont des combattants actifs et courageux, Bernay, Beauvais, Poix, Abbeville, Saint-Omer, Beaumont-le-Roger, Cambrai, Saint-Dizier, des noms qui nous disent quelque chose... Là vit la race spéciale des *Jagdgeschwader*... Il faudra la détruire si nous voulons avoir le champ libre...

19. Maridor, le général et les « *Yellow Noses* » de Galland

Curieuse journée que celle-là... À quatre heures trente du matin, je relève avec Maridor la première patrouille de l'aube. Temps maussade, nuages bas traînant presque sur le sol. Pourquoi les «opérations» ne nous ont-elles pas laissés dormir? Dormir... Une obsession... Nous sentons que nous en avons un terrible besoin... Œufs au bacon et toast de marmelade avalés sans précipitation aucune. Si le ciel pouvait se boucher, mais alors là complètement... Quels rêves en perspective!... *Dispersal* calme, degré d'humidité à haute intensité, panache de fumée sale au-dessus de la hutte. À l'intérieur, deux *boys* tout équipés, prêts à foncer... Le *timekeeper* ronfle comme un bienheureux. La bouilloire à thé fredonne une chanson d'elle seule connue.

Accueil chaleureux des gars, du genre «hérissons réveillés brusquement par la dent d'un renard». Maridor pose les questions rituelles sur un ton grognon... Dieu que ça va mal ce matin... La réponse du chef de patrouille, qui va aller se coucher, est truffée d'injures soigneusement sélectionnées à l'adresse du chef de secteur... N'est-ce pas une honte d'avoir assuré l'alerte par un temps où les oiseaux eux-mêmes ne volent pas !... Il nous confie que *OPS-B-One*, l'officier féminin de la salle d'opérations, a été, elle-même, intransigeante à leur égard... *OPS-B-One*, un officier certes, mais avant tout une femme, peut-être même une jolie fille... Rien qu'en pensant à cette possibilité, le sang gaulois de Maridor ne fait qu'un tour. Il va lui téléphoner, lui, Jean Maridor, à *OPS-B-One* et c'est bien le diable si, le charme français agissant, elle ne nous renvoie pas à nos lits bien douillets... Et voilà Jean qui, le combiné en main, réclame d'une voix chaude et conquérante *OPS-B-One*... Son fort accent français donne à ses questions une douceur supplémentaire... On s'attend à une réponse presque musicale... Mais c'est une voix masculine chuchotante qui se fait entendre :

— *No, Sir, OPS-B-One* est partie se coucher...

Déçu, Maridor devient épique :

— Comment, gronde-t-il dans l'appareil, *OPS-B-One* est partie se coucher, alors que nous on nous « fout » en alerte... *What the hell you think you are ?* Passez-moi le contrôleur...

Il y a un temps mort pendant lequel « Mary » renforce son rire en pensant à la *WAAF* endormie, au mauvais temps, à notre présence inutile... Puis il y a une voix grave au bout du fil... Avant qu'elle ait pu commencer une phrase, Maridor attaque :

— Comment, on nous met *Readiness* alors que les états-majors dorment... Vous pourriez, je suppose, demander l'avis des pilotes... Et je voudrais bien savoir quel est le c... qui a donné cet ordre...

La réponse revient comme un coup de gourdin :

— *It is me* (C'est moi), dit la voix grave.

Il y a encore un petit silence et la voix grave ajoute quelques mots qui rendent facile l'identification de son propriétaire... Maridor s'accroche au mur :

— Je ne comprends pas, me dit-il, c'est le général commandant le *11 Group* qui m'a répondu... Cela fait un drôle d'effet...

Ce n'est que deux heures plus tard, alors que le soleil paraît, que Maridor comprend pourquoi le grand patron, en personne, préside l'opération qui va, une fois de plus, nous amener au-dessus de la France.

À 7 h 30, le *briefing* est terminé et le ciel clair. Le *Spy* a fini son exposé et Harris a conclu : *Piece of cake* en donnant 7 h 45 pour l'heure de décollage. Personne n'a cru cependant qu'il s'agissait d'un « morceau de gâteau ». Les personnes à visiter sont les *Yellow Noses* du général Galland à Beauvais. Ce sont de méchants gars qui disposent de *FW 190* et font partie de l'élite de la chasse allemande grâce à leur encadrement de vétérans... Les *Squadron 41* et *91* sont de la *party*. Nous survolerons les abords du terrain en rase-mottes, environ quatre minutes avant le bombardement que feront nos *Mitchell.*

Formation impeccable des vingt-quatre *Spit* au-dessus de l'eau. Falaises de France en vue. Le *leader*, par un petit coup de manche, nous avertit que nous allons passer l'obstacle de justesse. Surprise, la défense côtière ne tire pas. Nous prenons les positions de combat... Enfin Harris rompt le silence radio :

— *O.K., chaps, climbing up...* (Allons-y les gars... Montons.)

Le terrain n'est pas loin. Et ce serait curieux que les *Yellow Noses* se laissent surprendre alors que les radars allemands ont nos bombardiers sur leurs écrans depuis un bon moment... Nous, on tente la surprise en éclaireurs... Naturellement, les *Yellow Noses* sont en l'air. C'est la voix de Maridor qui gueule à faire éclater les écouteurs :

— *Look out Ray leader, Focke Wulf above at one o'clock.* (Attention, Ray *leader*, les *FW* au-dessus à une heure.)

En effet, j'aperçois l'ennemi qui brille au-dessus de nous. Deux paquets d'une dizaine largement étalés dans le ciel. Enfin, une troisième formation, plus importante encore que les deux premières.

Ray Harris ne perd pas une seconde. Profitant de sa position favorable par rapport au soleil, il fonce vers le troisième paquet... C'est une minute exaltante que celle qui précède un accrochage entre deux formations de chasse dans un ciel limpide. Suspendus à nos moteurs, nous grimpons à une vitesse vertigineuse derrière nos adversaires. Excellente manœuvre. Les *boys* se tiennent magnifiquement... Pas un trou dans le dispositif... Pas de traînards. Ray Harris est un chef... Les *Jerries* ne semblent pas nous avoir vus. Ils nous attendent plutôt comme leur tombant dessus de cette coupole illuminée par le soleil.

Nous arrivons comme la foudre... Presque trop vite. À cent cinquante mètres Ray Harris ouvre le feu, fusille irrémédiablement le premier qui se présente, un autre chef de patrouille à ses côtés en fait autant...

À mon tour, j'en choisis un dans le tas. Il bat des ailes frénétiquement, des ailes courtes, jaunâtres. Je distingue très bien ses croix noires bordées de blanc sur le fuselage vert olive. Je suis presque trop près. Tant pis, le point lumineux de mon collimateur est stable sous son ventre. Le cercle du viseur l'encadre complètement : *« Fais ta prière mon gars... »* J'appuie sur la détente des armes. Mon avion trépigne, tousse comme une bête malade. Tous mes canons tirent. Le *FW* s'arrête en l'air, le ventre ouvert... Une tôle, découpée par mon tir, vient frôler mon avion. Le *FW* plonge d'un seul coup vers le sol, une flamme rouge au milieu d'une fumée noire dévore les croix ennemies... Pour les Allemands, le premier moment de panique est passé. Trop nombreux, ils se gênent mutuellement. Le carnage dure encore quelques secondes et j'aperçois des épaves qui descendent en feu... Y a-t-il des *Spit* là-dedans ? Pas le temps de s'en rendre compte. On verra plus tard. Il faut profiter à fond de la surprise.... C'est fini. Car soudain... Wouff... la première formation de *FW* passe à l'attaque. Elle pique sur le *41 Squadron* qui se trouve un peu au-dessus du *leader*. Les *boys* du *41* se mettent à tourner en cercle défensif avec une belle discipline. Quelques *FW*, voulant venger leurs camarades, essaient de passer au travers du cercle 167 en tirant un *Spit* au passage. Mon camarade Red Bloomer, l'Australien rouquin du *91*, se laisse tomber littéralement sur le dernier de la formation allemande. Il tire à bout portant... Épaisse fumée en volutes noires sur les flancs du *FW*. La coupole vitrée vole dans l'air en tournoyant. Tel un diable sortant de sa boîte, le pilote évacue son appareil touché à mort. Son parachute s'ouvre immédiatement. Et on voit le *Jerry* descendre lentement, suspendu à ses ficelles et à sa large corolle blanche. Il gesticule et proteste comme un pantin articulé tandis que nous tournoyons près de lui... Maintenant il faut décrocher. Et vite...

— *O.K. Chaps, going home.* (Bien les gars, on rentre.)

Ray Harris a réussi à placer un ordre dans le tintamarre des appels radio. Les *Jerries*, eux, sont beaucoup moins pressés de nous quitter. Avant que nous ayons pris le cap retour, ils attaquent. Tout le monde dégage.

— *Break starboard, Jaco, break...*

Mon N° 2 hurle. Avant qu'il ait terminé son appel, je vois un chapelet de traceuses passer au-dessus de mon aile gauche... En tirant brusquement sur le manche dans l'espoir de voir mon ennemi, je me « voile » irrésistiblement. Rendre la main, et vite... En espérant que mon N° 2 veillera sur moi pendant mon retour à une vision normale. À ce moment-là, j'entends un craquement sinistre. Bruit énorme de déchirure métallique, forte secousse au palonnier, grand frisson de l'avion touché... J'appelle... La radio fonctionne. Mon N° 2 me répond et me rassure :

— *Hello* Jaco, vous avez une déchirure dans le gouvernail. C'est sans gravité.

Comme je n'ai pas du tout l'intention de me laisser achever, je pique tant que je peux en prenant mon cap retour. La vitesse monte très vite et je remercie le ciel de voler sur un tel avion... Le ventre quasi au sol, nous fonçons comme des voleurs, vers notre refuge. Je reconnais Dieppe, à gauche, dans une échancrure de terrain... Glissons vers la mer. En sautant les falaises, quelques tirs ennemis nous saluent. Sans danger...

La pointe émoussée de Beachy Head paraît... Il n'y a plus d'essence dans mes réservoirs, mais tout va bien.

Au sol, c'est du délire. Ray Harris exulte. Il a descendu deux *FW*... Le *Spy* Mike et son copain du *41* ne savent plus où donner de la tête : nous avons, en tout, abattu sept avions ennemis. Et tous les nôtres sont rentrés, avec seulement deux avions endommagés. Je suis fier d'avoir apporté ma contribution à cette journée...

Août... Il fait beau, très beau, trop beau. Jamais nous, les pilotes, n'avons autant désiré un jour de pluie, un seul jour de mauvais temps, pour pouvoir dormir... Mais là... dormir.

Comme demain c'est mon anniversaire, je décide d'aller, avec Maridor, dormir pendant quarante-huit heures à Londres. C'est ce que nous faisons. Mais en réalité, nous dormons tellement peu...

Matin de répit pour notre retour. Des nuages bas... Johnny Round insiste fortement pour aller voir ce qui se passe de l'autre côté et, décollant avec son N° 2, ramène une victoire... un bateau qui ne devait pas transporter des sacs de sable car, aux premiers obus, il s'est cassé en deux dans une grande explosion. La destruction du bateau est confirmée par une mission photographique. Johnny, pilote chevronné bien qu'il ait l'air d'avoir quinze ans, est un garçon calme et sympathique.

Ce matin-là, pour profiter des nuages complices et bas sur l'eau, le commandant du secteur autorise le *Squadron* à envoyer deux avions en *Rhubarb* (généralement ce genre de mission déclenche, chez le pilote qui en est charge, le même effet que l'absorption massive de confiture de rhubarbe) sur la France... (d'où le nom imagé de la mission).

Je réussis, au nez de tous, à décrocher la mission. Jeff Huntley sera mon N° 2. C'est un excellent camarade et un bon pilote. Mission : arriver en rase-mottes complet dans la région de Deauville, filer vers le sud jusqu'à Lisieux, virage à droite vers Caen et Mézidon, ressortir enfin par la vallée d'Auge. Il est entendu que nous ferons demi-tour si la météo n'est pas suffisamment mauvaise en France car le parcours est marqué par les grands nids allemands de Caen, Bernay, Conches, Saint-André, Beaumont-le-Roger... Et les *Jerries* sont constamment en alerte...

Naturellement, Jeff est déjà prêt. Sa grande silhouette de Don Quichotte de notre temps se dresse dans la salle du *Dispersal*, chandail, Mae West et sourire sous la moustache en brosse. C'est rudement bon de s'en aller avec un camarade aussi sûr :

— *Ready Jeff? O.K. Off we go...*

J'aime autant vous dire tout de suite que j'ai vu mieux comme temps. Les nuages sont au ras de la mer... Et par intermittence, la pluie colle une gelée grise sur la glace frontale. Je n'aime pas voler au ras de la mer. Aujourd'hui, on ne la voit pas. Une fraction de seconde d'inattention et on entre là-dedans percutant à plus de 500 km/h...

Cependant, comme prévu, il fait moins sale de l'autre côté. La lumière, assez claire il est vrai, me permet de voir les falaises du Havre... Plus près, la ville, en dessous de nous, semble morte... Les fumées qui montent de cette masse grise s'effilochent et sont prises en charge par les nuages crasseux... Jeff sent mon appel aux ailerons. Il s'écarte pour me laisser une plus grande liberté de manœuvre... Ma navigation sur l'estuaire est bonne. La Flak ne s'est pas manifestée. Nous sautons la côte au ras des dunes. Voici Deauville après un léger virage à gauche, le casino, repère en sucre blanc, juste en dessous de mes plans... Tiens, deux êtres humains dans ce décor de ville morte ! ... Ce sont deux Allemands, surpris, qui courent à toutes jambes. Petit gibier pour deux *Spit*

XII de Sa Majesté... Voyons... Ligne de chemin de fer... Légère pression sur le manche pour éviter Pont-l'Évêque. L'évocation est si puissante que l'odeur du fromage entre dans mon cockpit. J'en ai du moins l'impression. Coup d'œil à Jeff. Rien sur la route. Rien en l'air. À croire qu'ils sont tous morts... Pendant un instant, je vois, dans un paquet de nuages, la basilique de Lisieux.

— *Christ, that was bloody close !...* (Seigneur, c'était rudement près...)

Jeff Huntley proteste contre les 88 de Lisieux qui viennent de se réveiller tout à coup et nous font une aubade de l'aube... Mais à part cette sacrée Flak, la France est vide ce matin... pas un train sur la ligne de Caen, pas une seule silhouette de *Messerschmitt*... Allons-nous faire demi-tour sans avoir essayé nos canons ? Écartons-nous de Mézidon... C'est une ville bourrée de Flak... Avions qui glissent dans l'air calme. Le *Spit* de Jeff a l'air d'être suspendu à un fil au dessus d'une verte campagne... Enfin, fumée devant nous sur la ligne de Caen. Train de voyageurs ou de marchandises ? À voir tout de suite. Collimateur allumé, armes sur feu... Allons-y... Longue chenille qui s'étire, si facile à rejoindre... Pas de wagons de voyageurs... Mais par contre, à l'arrière, une plateforme de Flak pour tourelles de 20 mm... autant derrière la locomotive... Nos scrupules éteints, nous fonçons...

Au ras du sol, je lance mon *Spit* pleins gaz, la mouche lumineuse de mon collimateur est fixée sur la base du panache gris sale. Pression franche du pouce sur la détente... Mes obus sont déjà dans le ventre de la machine, gerbe soudaine de vapeur et de fumée à la verticale. Je ne peux éviter de passer dedans... Je cherche Jeff des yeux. Il s'en prend à la Flak du bout du train. Il est encadré par des traçantes qui se font de plus en plus précises... J'ai une peur folle pour lui. Mais cela ne dure pas car le feu des canons de Jeff vient d'avoir raison des chapelets lumineux...

— *Hello Jaco, that shook them.* (Hello Jaco, je te les ai secoués.)

— *O.K., Jeff, good show, boy...*

Suivons, après un 90°, le canal de Caen jusqu'à la côte. Rase-mottes dangereux car à 500 km/h... Mais la grande difficulté réside dans le champ de vision trop réduit vers le bas causé par l'énorme capot du *Spit.* Les plans très larges et l'étroitesse de l'habitacle rendent également difficile la vue d'obstacles aussi dangereux que les lignes à haute tension... Jeff est à ma gauche... Voici la côte... Gare aux mouettes qui font des virages désespérés pour éviter nos bolides... Souvent les jolies bestioles emboutissent la tôlerie, en y laissant, avec leur vie, une bosse impressionnante... Parfois, elles s'écrasent contre un radiateur... Alors pour nous, c'est grave...

Ligne pâle de la côte, les franges de la mer se mêlent au sable blond... Le calme toujours, mais comme toujours, aussi, je me méfie... Tout à coup, trois ou quatre obus éclatent droit devant mon capot, à bien peu de mètres. La batterie à qui je dois cet accueil... Mais je la vois... Elle est là, à cinq cents mètres, enterrée dans le sable. Une autre, à droite, tire et nous encadre. La rage me saisit. Je pousse légèrement sur le manche et je plonge sur la batterie, le pouce écrasant la détente des armes. Je vole sur la trajectoire de mes obus. On dirait un jet qui balaie tout sur son passage. Un petit coup au manche m'évite d'entrer percutant dans la batterie. En passant à la verticale, j'ai le temps de voir distinctement l'emplacement bétonné protégé par des sacs de sable avec son affût à canons multiples. Et du monde s'agitant autour. Virage serré. Attendez-moi les gars, j'arrive. Jeff m'a compris. Deux cents mètres, cent cinquante, cent, calmement, froidement, j'appuie sur la détente. Je vois le sable sauter juste avant le poste... Puis mes coups entrent dans le poste même... Étincelles des obus qui ricochent sur l'acier des pièces... Des hommes tombent. La batterie se tait...

Cap sur l'Angleterre. Jeff se rapproche. Le mauvais temps nous attend, se referme sur nous. L'Angleterre est au bout de ma route, mais elle se cache, une fois de plus, dans une épaisse couverture humide.

À l'atterrissage, j'apprends que mon vieux camarade Philippe de Brettes n'est plus. Son bombardier, mortellement touché pendant un raid sur la France, s'est écrasé en tentant de se poser.

Les *Sweep* se succèdent, pratiquement sans répit... Trente-six *Marauder* s'en prennent, ce matin-là au terrain de Saint-Pol tandis que le *91* et le *41* font, en même temps, une promenade offensive de diversion sur la région Béthune-Arras. Tout se passe bien comme *Spy* Miller l'avait prévu et dit de sa voix pointue. Mais après le bombardement, les prévisions de notre pythonisse maison sont à mettre au rancart. Rien ne va plus. Les *Spit* d'escorte, serrés de très près par les *FW 190*, sont obligés de s'engager à fond. Au moment où Ray Harris va intervenir – et nous derrière lui – une vingtaine de *FW* nous dégringolent dessus, venant du soleil.

Tout le monde dégage aussitôt et la formation de combat est évidemment disloquée. Le temps de se reprendre et... le ciel est vide. Par chance, mon N° 2 est toujours avec moi. J'entends bien la voix de Ray Harris qui donne des ordres... Mais à qui, mon Dieu ? Comment peut-il encore avoir des avions derrière lui ? Soudain, je retrouve les *Spit*... Essaim de points noirs tournoyant haut dans le ciel... Je reconnais les queues pointues des *Spit XII*. J'appelle le *Squadron Leader*, lui donne ma position et annonce que je recolle à la formation. À peine suis-je en place que les *FW* attaquent... Ils s'en prennent à Kyneston et à son escadrille. Ray Harris donne des ordres :

Attention Ken... Ils reviennent à six heures, *break starboard Ken. Keep turning...* (Dégagez à tribord Ken, restez en virage.)

Ils sont quatre derrière. *Keep turning Ken*. Il y en a d'autres au-dessus. Impossible de descendre...

— *O.K. leader, tell me when to stop turning*. (D'accord *leader*, dites-le moi quand il faudra cesser de tourner.)

— *Keep turning Ken... O.K. boys, going, down to attack...* (Garçons, descendons et attaquons.) Je colle à mon commandant d'escadrille et mon N° 2 est dans mon sillage. Le *Wing Leader* peut foncer à coup sûr. Nous veillons sur ses arrières. Les yeux coincés derrière la tête, car il vaut mieux attraper un torticolis que de se balancer en parachute, je ne quitte pas des yeux les points brillants au-dessus de nous. C'est en ce moment qu'ils devraient tenter de nous surprendre... Mais ils ne se décident pas. Coup d'œil vers le bas. Le *Squadron Leader* Harris parle :

— *O.K. Chaps, I have got one.* (Très bien, garçons, j'en ai eu un.)

Je suis de plus en plus convaincu que vingt-quatre pilotes de *Spit* entraînés constituent une équipe redoutable... Discipline et force manœuvrière... Pour confirmer le propos de Harris, une boule de fumée et un panache sans fin. Un *FW* ne rentrera pas ce soir à sa base.

J'entends encore la voix joyeuse de Kyneston : *« Moi aussi j'en ai eu un »*... J'aperçois, en effet, la victime, suivie de son long trait mortel, flammes au ventre, s'enfoncer sur le dos vers le sol. Alors seulement, les gars d'en haut se décident :

— *Look out, leader...* Ils descendent. C'est pour nous... *break port...*

Virage serré de quatre avions vers l'ennemi... Mais fait étrange, ils foncent et n'insistent pas... *Squadron Leader* Harris vient dans notre direction. Le dernier avion de sa patrouille a pris du retard. C'est un jeune pilote récemment affecté. Les Allemands ont donc continué sur leur trajectoire. Ils ont vu le *Spit* à la traîne... En l'espace d'une seconde ils ouvrent le feu... On entend Ray Harris à la radio :

— *Red 4 break, for Christ's sake, break !...*

C'est ce cri qui a sauvé le pilote... Kyneston, en position, donne la chasse à l'ennemi mais en vain. Les *FW* disparaissent...

Au retour, le *Squadron* a repris sa cohésion et sa discipline de vol. Seul, le jeune sergent est à la traîne malgré les exhortations de Harris. Brusquement, c'est le drame :

— *Wing Leader, I have been hit* (chef d'escadre, j'ai été touché), annonce d'une voix légèrement troublée le jeune pilote...

Voix calme mais énergique de Harris :

— *O.K. Yellow Four*, essayez de tenir...

Et le *Squadron Leader* fait demi-tour en prenant de l'altitude pour protéger son blessé...

— La côte anglaise n'est pas loin, dit encore Harris... Essayez de tenir.

— *No can do, Sir. Temperature off the clock. Engine rough, she is going to catch fire in any moment.* (Pas moyen, monsieur. La température limite est passée. Le moteur cogne, l'avion va prendre feu.)

— *Keep going, boy* (continuez, garçon)...

Puis l'appel fatal, fait calmement :

— *Engine has stopped. Bailing out. Look out after my dog. See you soon.* (Moteur stoppé. Je saute. Ayez soin de mon chien. J'espère vous revoir bientôt.)

Ces derniers mots, pleins d'assurance, me réchauffent le cœur... La coupole vitrée du *Spit* s'envole et le pilote enjambe l'habitacle. L'avion, libéré, s'engage immédiatement dans un piqué fatal... Le parachute contraste avec la surface moirée de la Manche. Je me sens mieux. *Squadron Leader* Harris appelle :

— *MAY DAY, MAY DAY, Yellow Four in the drink...* (M'aider, m'aider, Jaune Quatre est au « jus ».)

Une patrouille se détache pour surveiller l'amerrissage de notre camarade. Un pilote dit d'une voix pleine d'appréhension :

— Je ne vois plus Jaune Quatre. Il a coulé avec son *Dynghy*... Ainsi la Manche s'est refermée sur le jeune sergent et sur son avion... *L'Air Sea Rescue* patrouillera en vain. Elle ne retrouvera même pas une simple tache d'huile sur la mer... L'essence baisse dans mes réservoirs. Je suis las. Ce n'est pas une victoire que deux ennemis abattus contre un des nôtres...

20. Août et septembre, mois durs

Ce 18 août 1943 se termine... Nous aurons une joie avant la nuit. Nous apprenons avec fierté la promotion de notre chef, le *Squadron Leader* Harris, au grade de *Wing Commander* et sa promotion à la tête du *Wing*, le meilleur de la *RAF* Joie complétée par la promotion, à la tête du *91 Squadron*, du *Flight Lieutenant* Kyneston, mon camarade. J'avais fait sa connaissance deux ans plus tôt, alors qu'il essayait comme moi de sortir du circuit des écoles.

Son acharnement eut raison de tous les obstacles, ses efforts furent récompensés. Il nous rejoignit bientôt au *91 Squadron* qu'il avait choisi depuis longtemps. Joie de vivre, bonne humeur, bonté, un charmant camarade. Une expérience exceptionnelle, une grande autorité font de lui, bien vite, un des meilleurs commandants d'unité. Et certainement un des plus aimés...

Il disparaîtra l'année suivante, abattu par la Flak sur les côtes de France, pleuré par tous ses amis, par tout le personnel de l'escadre. Mais il avait fait payer cher sa mort...

Quant au *Wing Commander* Harris, pilote et chef exceptionnel, ayant sa façon à lui de voler et de commander en l'air, une sorte d'état naturel qui ne se trouve ni dans les manuels de pilotage ni dans les écoles de guerre, il deviendra à la tête de ses deux *Squadron* un des *Top score* de la *RAF*, et, avec Johnny Johnson, un des deux grands as de la période postérieure à la Bataille d'Angleterre.

Je savais que le *Squadron Leader* Kyneston suivait de près les carnets de vol de ses pilotes. Ce matin-là, 27 août 1943, j'en ai une preuve supplémentaire. Je viens de prendre la première patrouille d'alerte et je sais qu'il y a un coup dans l'air :

— *Show on*... Escorte de *Forteresses* sur la France...

Le décollage étant à sept heures, je me prépare en attendant mes camarades. J'ai pris mes dispositions pour me faire remplacer par un jeune chef de patrouille à la tête de *Pink Section* (la section de réserve).

Mais voici les pilotes en vagues bruyantes. Et les commandants d'escadrilles qui suivent le *Squadron Leader* vers le tableau opérationnel pour y placer les noms des participants. Sur les talons de Kyneston, j'attends avec impatience que le mien soit accroché. Il se retourne et me regarde en souriant :

— Non Jaco, pas cette mission... Vous avez déjà plus de quarante heures en opérations ce mois-ci... Vous assurerez *Pink Section*...

Je suis furieux et déçu. Mais que puis-je faire d'autre que de regarder partir mes camarades... Ce qui me peine le plus, c'est que je sens qu'il va y avoir de la bagarre...

Moins de deux heures plus tard, mes camarades reviennent par petits paquets... J'observe bien les avions en fin d'atterrissage... Les toiles de protection des canons et des mitrailleuses sont détruites, brûlées par le déclenchement des armes. L'affaire a dû être chaude... Car même certains « seconds » ont tiré... J'en suis malade. Je me fais l'effet d'être devenu un étranger dans l'escadron... Mike Miller ne peut contenter tout le monde. Chacun veut raconter son histoire... Ray Harris a naturellement encore fait des siennes... Mike Miller réussit à faire des comptes exacts. Et moi, je me débarrasse, non sans peine, de *Pink Section...*

Après le *lunch* qui est très gai, nous nous retrouvons tous au *Dispersal* au moment même où le téléphone opérationnel annonce un *briefing* pour 16 heures. Naturellement, je bondis sur Kyneston et lui fais remarquer respectueusement que cette fois, c'est lui qui a volé plus que moi...

— O.K. Jaco, dit-il en souriant. Vous avez gagné. Vous conduirez *Blue Flight* (l'escadrille bleue).

Je suis ravi. Je n'en espérais pas tant.

Au *briefing*, *Wing Commander* Harris donne les grandes lignes de la mission, position des *Squadron*, objectif, altitude des bombardiers, cap aller et cap retour, les différentes longueurs d'ondes opérations et secours. Un point, c'est tout.

— *Time is now sixteen thirty-five minutes zero second. Stop. « Press tit » at 17.08...*

Et le *« Pas de questions ? »* qui suit veut surtout dire : *« Filez d'ici au plus vite et préparez-vous... »* Je suis prêt avant tout le monde, Mae West lacée et serrée, cartes et serre-tête à la main, je me dirige vers l'avion, le Z car mon V est indisponible... Séquences rituelles à bord... Longue attente du *press tit...* Voilà, c'est fait... J'appuie sur le démarreur... Mais alors que les moteurs voisins tournent, le mien reste muet... Démarreur coincé. Le mécano bondit, tournevis en main, ouvre l'énorme capot. Je sens que les secondes coulent comme l'eau d'un robinet... « O.K. », me fait signe le mécano. J'appuie plein d'espoir. Rien... D'autres mécanos accourent dont « Chieffy »... Il comprend tout de suite. Il se tourne vers moi et son pouce tourné vers le bas supprime, cette fois, mon dernier espoir...

Le *spare*, le pilote bouche-trou, a compris et son avion vient prendre la place du mien... Je suis amer et déçu. Assis dans mon avion silencieux, je regarde mes camarades décoller vers les côtes de France... Il sera dit que je ne volerai pas aujourd'hui...

Deux heures plus tard, je les vois revenir... Je les compte au fur et à mesure. Il me semble qu'ils sont tous là. Les armes ont à nouveau été utilisées et à côté de moi, au *Dispersal*, les armuriers ne cachent pas leur joie... Mike Miller est débordé. Les victoires sont nombreuses... Jean Maridor se précipite vers moi. Son visage est grave :

— Je crois, dit-il, qu'il y a eu du grabuge dans l'escadron français qui escortait les *Forteresses*... Au téléphone, Jaco... Nous avons vite Biggin Hill au bout du fil et la mauvaise nouvelle nous accable aussitôt, un coup terrible pour nous, Français libres :

— René Mouchotte est *missing*...

René, mon camarade, tu nous as quittés, toi, si grand, si pur, si vrai... Fasse le ciel que nous te vengions. Écrasé de fatigue et d'émotion je m'en vais vers ma chambre... Ce que la guerre me dégoûte !

Le soleil fait une grosse tache rouge à l'horizon... J'entends le communiqué du soir de la B.B.C. : *« Un centre important dans la région de Saint-Omer a été bombardé. L'aviation de chasse a soutenu de très violents combats. Les 240 Forteresses sont rentrées à leurs bases... »*

C'est un long mois d'août qui se termine. Nous sentons tous combien le gros étau allié se resserre, doucement peut-être, mais irrémédiablement... Nous reconnaissons tous, aussi, l'effort fourni par la *Luftwaffe*. Les Allemands se battent avec acharnement comme s'ils comprenaient le caractère irréversible de l'effort des Alliés...

Le 1er septembre, à 3 h 45 du matin, tout le *91 Squadron* est en vol. Lympne est notre but. C'est ce qu'on peut appeler un « terrain avancé » à l'ouest de Folkestone, juste derrière les énormes falaises, au sud de la ligne Folkestone-Londres... Pas de piste en dur... De l'herbe bien entretenue... Tasse de thé et *briefing*... Curieux *briefing*, notre mission nous apparaît sous un jour extraordinaire... Une sorte de prélude au futur débarquement... Il s'agit pour nous d'assurer au ras de la mer la protection des dragueurs de mines et de leurs escorteurs... Mission de ces bateaux : ouvrir un large couloir entre le Gris-Nez et Dungeness... Le travail commence aussitôt, et la première escadrille va prendre sa place. Je dois assurer la relève à la tête de la deuxième escadrille, une heure trente plus tard.

Je décolle, comme prévu, à la tête de huit avions en formation de deux fois quatre. Mon équipier est un Australien athlétique, d'une taille nettement au-dessus de la moyenne. Nous le taquinons à ce sujet en lui parlant souvent du chausse-pied qui doit être nécessaire pour l'incorporer à l'habitacle si étroit du *Spit*. Il a l'air tellement important, épais pour le volume dont il dispose...

Bishof, sergent bon garçon, est imperturbable. Il est d'une gentillesse extrême. Le soleil est déjà bien haut, quand nous arrivons sur les bateaux. Derrière la langue de sable de Dungeness, je vois la première escadrille qui nous attend pour se retirer... Les bateaux, en file, avancent lentement. La côte est proche, la mer calme et le ciel magnifique. Je bats des ailes pour prévenir mes sept équipiers qu'il est temps de prendre la formation de surveillance... Ils se dispersent en ordre. Nous glissons bientôt à « zéro pied » au-dessus d'une mer aussi plate qu'un lac... Je longe les bâtiments qui s'échelonnent à ma gauche. Je suis tellement bas que leurs superstructures me surplombent... La visibilité est telle que je vois avec netteté, sur chaque navire, les hommes aux postes de combat...

Soudain, je me rends compte que le sergent Bishof a disparu de ma formation. Je compte et recompte les avions... J'ai beau faire. Nous étions huit et nous ne sommes plus que sept... A-t-il battu des ailes et viré sec vers le terrain, ennui moteur ou panne radio ?

Tout de même, l'un de nous l'aurait vu... Les chefs de patrouille l'auraient annoncé... Tant pis pour les consignes de silence... J'appelle Bishof et je n'obtiens pas de réponse... Je recommence. Rien. Aucun des sept pilotes ne l'a vu disparaître... Et le secteur, à qui je fais part de cette étonnante affaire, n'en sait pas davantage... Les bateaux que je tente d'appeler ne répondent pas... Ils ne sont pas sur nos fréquences... Où est donc Bishof? Nous nous posons, mission terminée, sans pouvoir élucider ce mystère... Et toute la matinée se passe sans aucun renseignement. Enfin, au début de l'après-midi, un hôpital de Folkestone nous annonce qu'il a récupéré notre Bishof... Il est sain et sauf... La joie et la curiosité nous conduisent droit à son lit. Il nous doit une explication... Il faut voir Bishof le timide, le calme, torturé par son étrange aventure:

— Voilà, dit-il... Nous volions très bas... Je suis entré brusque ment dans l'eau en quelque sorte en glissant, sous un angle assez faible... Pas de bruit, pas de plouf, un peu comme un tiroir qu'on ferme... Mon avion a continué sur sa trajectoire et s'est arrêté à quelques mètres de profondeur, sur un fond de sable... Dès qu'il s'est arrêté, j'ai réussi à ouvrir la coupole vitrée, à me débréler de mes harnais et de mon parachute. J'ai percuté la bouteille CO^2 de ma Mae West et j'ai été lancé à la surface comme un vrai bouchon de champagne. J'ai été récupéré par un des escorteurs... Puis Bishof baisse les yeux, décidément navré, et dit:

— *Sorry for the trouble.* (Je suis navré de vous causer de l'ennui.)

Mais notre joie éclate dans tout l'hôpital. Et le lendemainn Bishof reprend ses vols avec nous...

Ce jour-là, nous avons un autre incident... Le sergent-chef Reed, en «finale», entame sérieusement la queue de l'avion qui précède le sien... Mais sur la mer jolie, les bateaux après leur exercice, car il ne s'agit, hélas, que d'un exercice, font demi-tour vers l'Angleterre...

Vague de beau temps, donc opérations « non stop ». *Flight Lieutenant* Mattews et *Flying Officer* Bond descendent chacun un *FW 190*. Moi, je me fais, une fois de plus, durement « sonner » par la Flak, avec le sergent Monihan, dans les environs de Fécamp. Une fois de plus, je parviens à rentrer en Angleterre... Nous faisons des missions nombreuses sur la Belgique et la Hollande... Un soir, à la tombée de la nuit, le *Group Captain* (colonel) fait lui-même le *briefing*... Du « sérieux » dans l'air... Demain, à l'aube, une armada de bateaux de débarquement se dirigera sur Boulogne... Il nous appartiendra de liquider toute réaction aérienne de l'ennemi...

Aussi, le lendemain matin nous patrouillons entre Le Touquet et Boulogne. Les Landing-craft avancent doucement. Nous prenons une volée de Flak chaque fois que notre périple nous rapproche trop près de Boulogne. Maintenant ce sont de gros bateaux qui bombardent les installations ennemies sur les rivages de France... Tonnerre quelle avalanche !... C'est tellement bien fait que je me demande pendant un bon moment si nous ne faisons qu'un simulacre de débarquement... Hélas ! À dix miles de la côte, toute la formation fait demi-tour... Cruelle déception... Quelques jours plus tard, le commandement veut voir ce qui se passe dans l'estuaire de la Seine... Temps magnifique. Je décolle avec le sergent Monihan comme équipier... C'est un bon et fidèle camarade... Nous traversons, comme c'est l'ordre, à zéro pied... Voici Le Havre derrière sa falaise... Mon regard est attiré par une fumée qui semble jaillir de l'horizon. Je prends quelques pieds d'altitude. Et nous découvrons en même temps, Monihan et moi, un bateau trapu et bas sur l'eau, un gros remorqueur qui vogue « plein ouest »...

Tout est encore très calme. Les batteries ne nous ont pas repérés. J'attaque directement pour profiter de la surprise. *Blue 2* dans mon aile. Nous sommes alors pris à partie par les batteries du rivage qui se déchaînent... J'en discerne parfaitement une qui est située au pied des maisons de Villerville. Elle n'est pas à une rafale près... Mais honnêtement, je dois constater que ces gens-là tirent bien mal... Ce qui est assez rare pour les artilleurs de la Flak. Pendant ce temps, j'ai viré mon attaque en venant de la mer. Le point lumineux de mon collimateur se balance à la proue du bateau puis vient se nicher à la hauteur des machines... C'est parti. J'aperçois nettement les impacts... *Blue 2* tire à son tour et ses obus vont droit dedans... Naturellement, comme nous nous rapprochons de la côte, les batteries se font tout de même plus précises... Les coups des affûts quadruples nous entourent dangereusement et je pense qu'il faut en finir avec ce jeu-là... *« O.K., Johnny, last one... »* Et on y va pour la dernière passe... Obus au but... *Blue 2* lâche sa rafale dont j'observe les effets... Les chaudières explosent... Énorme fumée blanche et sur sa lancée Johnny passe dedans... Enfin, fumée noire en volutes sur l'arrière... Ce bateau est mort. Nous rentrons et quelques heures plus tard un reco-photo prend des clichés convaincants.

Dans l'après-midi, Ray Harris nous emmène avec les deux *Squadron* en encadrement et protection de bombardiers qui en veulent aux installations de la *JG. 26*, les chasseurs d'assaut *Schlageter Geschwader* avec douze escadrons de *Me 109*... L'escadre dépend d'Abbeville et a réparti ses unités sur les terrains du bord de la Manche.

Le *91* est en couverture haute de trente-six *Marauder* qui bombarderont de seize mille pieds... Nous nous retrouvons tous au-dessus de Brighton avec les autres escadrons d'escorte en place autour des bombardiers... Et tout le « Cirque » s'en va vers les côtes de France...

Une petite, mais légitime joie en passant... Près du Havre je retrouve, échoué face à Honfleur, le bateau que Monihan et moi avons attaqué le matin même... J'en fais « profiter » tout l'escadron...

Le secteur de Tangmere nous annonce un certain nombre de décollages des terrains ennemis :

— Trente et plus se dirigent vers vous sur votre gauche, dit le contrôleur...

— Entendu, dit placidement Kyneston.

Un moment après la même voix déclare :

— Une vingtaine, même altitude, devant vous, à dix miles. *Keep a sharp look*, conseille le contrôleur.

Avoir le regard acéré dans de telles circonstances me paraît comme un minimum de prudence... Qui me dira la part d'humour insérée dans ces propos par le digne contrôleur ? Il ajoute encore :

— Tout un paquet d'avions venant d'Amiens et se dirigeant vers Le Havre...

Et ce renseignement tout à fait superfétatoire mais réglementaire :

— Le cap retour est 330°.

Ce contrôleur me casse les pieds. En outre, comme on nous change d'indicatif d'escadron tous les mois, nous hésitons parfois sur le destinataire du message. On n'a pas le temps de se faire à notre nouveau nom de baptême opérationnel que déjà il faut en changer :

— *Wing Leader. Look out at one o'clock slightly below, a bunch of aircraft flying west.* (Chef d'escadre. Regardez à une heure légèrement en dessous, un paquet d'avions volant vers l'ouest.)

— *O.K., I see them* (oui, je les vois), répond Harris en se laissant porter instinctivement vers le soleil, et il ajoute : Ils ne sont pas pour nous mais pour les gars de dessous...

C'est à cet instant que j'aperçois des points minuscules qui brillent comme le feraient autant de glaces à facettes, légèrement au-dessus de nous et en plein dans le soleil... Je les annonce aussitôt. Je sens que tous les *boys* ont les yeux vissés dans l'éclatante lumière... Déjà les trente-six bombardiers font demi-tour, leur lancement réalisé... Leur objectif est certainement cette zone encombrée d'une lourde fumée et cernée de gerbes de Flak... J'essaie de voir les chasseurs d'escorte rapprochée... Ils sont en pleine bagarre si j'en crois les mouvements circulaires qui s'enchevêtrent. La radio est muette en ce qui les concerne car l'escorte opère sur une autre fréquence... Coup d'œil audessus. Des panaches de condensation marquent la position de l'adversaire. Ils nous surveillent comme nous nous les surveillons. Ils attendent que nous plongions vers les combattants engagés de l'autre côté des bombardiers. Alors là, on peut être certains qu'ils se laisseront tomber sur nos arrières... Je continue à annoncer :

— À peu près dix avions à nos « six heures »...

— *O.K. Jaco, watch them and tell me when to break...* (O.K. Jaco, surveillez-les et dites-moi quand il faudra dégager.)

J'ai la tête vissée vers l'arrière, ce qui est terriblement inconfortable... Ces salopards ne veulent pas descendre... Toute la formation passe maintenant la ligne frangée de la côte et je me dis avec soulagement que les gars d'en haut ne vont pas rester longtemps derrière nous... Je me le dis et c'est à ce moment précis qu'ils nous tombent dessus... Je donne le *break* et chacun vire vers la gauche dans un ordre parfait. Les *109* dévalent du ciel à la queue leu leu derrière nous... Mais zéro pour nous atteindre... Ils passent comme un éclair avec peut-être l'espoir de tomber sur un *straggler* et de le « fusiller » au passage...

Le soir, à la Licorne à Chichester, chez Arthur, il y a de l'ambiance. Les gars de l'étage en dessous fêtent leur combat…

***

Derniers jours d'été sans un instant de répit. Nous effectuons parfois deux ou trois missions par jour et nous allons de plus en plus loin au-dessus des territoires occupés... Les Allemands réagissent avec une vigueur qui nous étonne après des mois au cours desquels ils avaient souvent mal accepté le combat... On apprend qu'un certain nombre de groupes de chasse de la *Luftwaffe* ont été ramenés de Russie... Pour nous tenir en haleine par une alerte quasi permanente, les Allemands pratiquent aussi le raid de harcèlement sur les villes du sud de l'Angleterre... Des chasseurs isolés, ne portant souvent qu'une bombe, attaquent des villes comme Douvres, Folkestone, Portsmouth... Il s'agit d'abattre le moral des populations... Aussi nous participons, avec le *41* et les *Typhoon*, à la chasse aux *hit and run*, grâce à nos avions très rapides...

Dans le coin de Beaumont-le-Roger où nous allons plusieurs fois, les *Jerries* réagissent dur. Je me souviens d'un soir où le décollage a lieu très tard... Le retour se fera tout au bord de la nuit. C'est une mission de chasse sans bombardiers, c'est-à-dire avec une liberté d'action presque totale. Je suis « Rouge 3 » derrière Harris qui commande ses vingt-quatre avions. Traversée de la Manche à zéro pied et mer sans rides avec des mouettes qui tournoient pour nous éviter. En vue des côtes, tout le monde grimpe plein pot à cinq mille mètres. Je vois encore la Seine et ses boucles, un paysage de rêve, engourdi sous une paix irréelle que nous allons troubler.

C'est le contrôleur de Beachy Head, « Appledore », qui commence en déclarant :

— *Bandits at two o'clock. Angels 20. Twenty miles.*

Et quelques instants plus tard :

— Quinze de plus sur votre gauche, pas d'altitude.

Et cette précision :

— Les salopards ne sont pas loin de vous, probablement au-dessus et à vos dix heures.

— O.K., répond Ray.

Et à ce moment précis, je vois un essaim de mouches curieuses, sur la gauche, et un peu plus haut que nous. Ray a vu, lui aussi, et commence déjà à manœuvrer. Le soleil, bas sur l'horizon, est, pour une fois, notre complice.

— *O.K. Chaps*, on y va, mais veillez vos arrières...

La formation entière vire derrière lui, en pleine escalade... À eux la mauvaise surprise, cette fois. Mon collimateur brille étrangement dans cette fin de journée. Ce sont bien des *FW 190* et ils ne savent pas ce qui va leur arriver au moment où Ray Harris leur fonce dessus comme la foudre :

— Taïaut, Taïaut...

Les *FW* volent « en échelon sur la droite », dans une formation très quelconque. Et, à quatre cents mètres, le *Wing Commander* Harris ouvre le feu sur le dernier avion, plein arrière. Je vois un éclair sous le fuselage et un gros chou de fumée noire. Je parviens à me placer mais mon excédent de vitesse fait que ma cible se rapproche trop vite. J'ai pourtant réduit les gaz à fond. Aligné exactement dans la queue de celui que j'ai choisi, sans correction de tir, j'ouvre le feu par courtes rafales appuyant légèrement sur la détente à chaque fois. Pendant une fraction de seconde, mes obus semblent stopper le *FW* et une langue de feu apparaît à la hauteur du moteur. Je tire à nouveau mais je suis surpris par l'appel hurlé d'un camarade :

— *Jaco break left, break left...* (Jaco dégage à gauche.) Je me jette dans un virage fou vers la gauche. Une giclée d'obus et de balles de mitrailleuse passent nettement en dessous de moi, curieusement étincelantes dans le soir. J'entends la voix de mon chef d'escadrille Matthews qui répète :

— *Keep turning Jaco. I am coming behind you...* (Continuez à virer Jaco, j'arrive derrière vous.)

J'ai un long frisson le long de l'échine au moment où le Jerry recommence à tirer, mais, Dieu soit loué, les mouvements que j'exige de mon avion m'évitent d'être dans la mortelle trajectoire.

— *O.K. Jaco, stop turning, all clear.* (O.K. Jaco, arrêtez de tourner, tout va bien.)

J'ai la bouche sèche. Je me ressaisis et je me colle en formation avec les autres. Le ciel est vide. Mais pour moi, curieusement, il reste franchement hostile. Et ce n'est pas tout. Il faut rentrer. Je me repère. À mon avis, nous avons dû nous battre au-dessus d'Évreux. Je n'ai vraiment rien vu du combat et j'ai hâte de savoir ce qu'ont fait mes camarades Tangmere, éclairée comme une fête foraine malgré le *black-out* des alentours, nous accueille. Nous rentrons les derniers ; dans l'ombre, devant les baraques, les *boys* revivent le coup autour de Ray Harris. Il y a ce soir-là trois victoires de plus à l'actif du *91 Squadron*...

Le lendemain, nous sommes sur Merville, un grand aérodrome dans la plaine au nord de Béthune. Soixante-douze *Marauder* doivent bombarder la base mère d'une grande quantité de terrains de chasse de ce secteur. Attention aux chasseurs de Cambrai, d'Amiens et d'Arras... Je commande l'escadrille *« Blue »*. Le *118 Squadron* est en escorte rapprochée. Nous sommes au-dessus avec un autre *Squadron*. Flak intense quand les *Marauder* se mettent en position de bombardement. Deux ou trois flocons rouges à proximité des *bombers* nous indiquent que la chasse ennemie est en l'air mais le contrôleur reste muet. De temps en temps nous avons sa voix, mais c'est uniquement pour nous montrer qu'il est là et laisser tomber le classique *« Nothing for you »*... Il vient de répéter cette phrase quand un camarade annonce :

— Avions à quatre heures, passant à six heures plus haut...

Et un autre :

— Attention, ils arrivent par-derrière, à six heures...

Et aussitôt :

— *Break left...*

Je n'ai absolument rien vu mais j'ai viré avec les autres. Et c'est à ce moment-là que je les vois passer sous moi, fonçant comme une bande de requins affamés vers les *bombers* et le *118 Squadron*.

Naturellement, avec le *leader*, nous plongeons à notre tour derrière les *Jerries*... Manette à fond, les *Spit* se rapprochent... Au moment où les Allemands vont atteindre le *118*, ils font une ressource en groupe et montent droit dans le ciel, stoppant ainsi leur attaque. Étant resté plus haut que les autres, je parviens à me placer derrière le dernier *Me 109* avec derrière moi mes trois équipiers. J'ai l'étrange sensation d'être littéralement suspendu à mon hélice, à deux cents mètres derrière le *Me 109*, au moment où j'ouvre le feu. Mes obus ricochent sur le fuselage, à la naissance de l'aile, puis des traits meurtriers entrent dans le ventre de l'adversaire... Mais je perçois un éclair à ma droite au moment où j'entends :

— *Look out, Blue leader...*

En une fraction de seconde, l'air autour de moi s'est peuplé d'une masse effrayante d'avions de combat. D'où viennent-ils ? Il y a quelques instants, tout était clair. Et maintenant je ne comprends plus rien à ce qui se passe.

En bas, le *118* est engagé dans un *Dogfight* sans fin. Des avions montent et descendent. Je ne retrouve pas le chef de groupe. Enfin nous piquons sur la droite du *118* et nous nous trouvons hors de la marmite...

Les bombardiers n'ont pas l'air d'avoir souffert. Il y en a deux qui sont cependant à la traîne et je surveille leurs arrières. Nous prenons le cap retour. Nous avons perdu un pilote, le *Pilot Officer Fraser*, mais on peut tout de même considérer que nous avons eu de la chance...

Quelques jours plus tard, le 16 septembre 1943, nous accrochons dur l'ennemi au-dessus de Beaumont-le-Roger. Imperturbables, les pilotes des trente-six *Marauder* ont conduit leur affaire au milieu d'une épaisseur de Flak impressionnante. Je ne vous cache pas que j'admire ces garçons dont les appareils sont bien plus vulnérables que les nôtres et qui tiennent leur cap, sans flancher, dans le déferlement des obus et des traceuses... Nous sommes en couverture haute.

Tout redevient calme mais Tangmere semble atteint de panique. Les différents *Squadron* entendent parler de formations ennemies en concentrations exceptionnelles mais cependant invisibles... Le ciel est bleu et le soleil éblouissant, trop fort pour nos yeux.

— Regardez bien derrière vous, larmoie encore Jenson, le contrôleur.

Voici la côte et le nez camus du Havre sur une mer argentée... J'aperçois l'éclat furtif d'une pointe de diamant au-dessus de nous... Ils sont donc là. Après les avertissements multiples de Jenson et son cap retour *emergency*, c'est une sorte de soulagement que nous ressentons :

— Attention *leader*, ils piquent sur nous...

Kyneston donne le break après un laps de temps qui me semble bien long... Et nous voici face à l'ennemi en formation impeccable... C'est terriblement bien fait et l'ennemi ne s'y trompe pas... Il continue donc son plongeon vers les bombardiers... Coup d'œil vers le ciel... Non, il n'y en a pas d'autres... Puis vers les bombardiers que l'on voit très nettement au-dessus de l'eau et qui sont protégés de près par les *Squadron* d'escorte... Kyneston renverse le virage défensif :

— *Red and Yellow, going down !* (Rouge et Jaune, piquons !)

Le nez vers la mer d'argent, les *Spit* dégringolent du ciel. «*Blue section*» surveille le ciel derrière nous. On peut y aller carrément.

Kyneston arrive le premier sur l'arrière de l'ennemi et ouvre le feu. Il foudroie un *Me 109* sans rémission. Mais naturellement, l'ennemi se ressaisit aussitôt et les *Me 109* amorcent une ressource pour tenter de se réfugier dans le soleil. Red Trois, c'est moi. Kyneston m'a mis dans la meilleure position de tir. Je suis sur ma lancée et je prends le *Me 109* suivant dans le cercle de mon viseur. La mouche lumineuse se fixe sur son fuselage, droit derrière. J'essaie de bien la stabiliser. En voilà un qui peut faire sa prière. J'ai un peu l'état d'esprit du chasseur qui suit de son « 12 » un faisan au-dessus de lui, en pleine montée, en « coup du roi »... Je me secoue pour n'être plus qu'à mon affaire et la pression de mon pouce s'accentue sur le bouton des armes.

Mais le Me bat brusquement des ailes, des ailes courtes, gris vert et il part en piqué plein pot vers le rivage... Cela m'apprendra à fignoler... Surpris, je me suis laissé distancer. Mais, bien suivi dans tous mes mouvements par mon N° 2, je passe sur le dos et, manette à fond, je fonce vers le gaillard en fuite. Les aiguilles de l'altimètre commencent une joyeuse sarabande arrière. Je creuse encore mon piqué pour aller plus vite et aussi pour me cacher dans l'angle mort du fuselage du *Jerry*. La vitesse monte et les commandes s'alourdissent.

Je suis bien dans le sillage d'un *109 G*. Sa tactique est facile à comprendre. Il espère que son camouflage lui permettra de fuir au ras du sol. Encore plus vite. J'ai une bonne température moteur. Je gagne sur lui et le tapis normand monte vers nous à toute allure. Je tire doucement sur le manche sans trop prendre garde aux secousses que provoquent les remous si près du sol... Je laisse glisser, sans hâte, la cible au-dessus du nez du *Spit*... Je suis encore à cinq cents mètres sur son arrière... À quatre cents mètres, je suis en position bien stable et j'appuie doucement sur la détente. Un bruit familier emplit ma carlingue... Le *Spit* tousse ses obus comme un vieillard quinteux à l'article de la mort... L'odeur de la poudre passe les filtres de mon casque... Et la mort est de la partie... Éclair sur son plan droit, le *Me 109* G fait une pirouette au ralenti comme un lapin qui boule droit devant. Je me rapproche... J'appuie une nouvelle fois et l'ennemi s'écrase à jamais dans une boule de fumée noire nuancée de rouge vif...

Maintenant, il faut rentrer, et le plus vite possible. Je suis trempé de sueur. Mes mains sont tellement humides que mes gants sont entièrement imprégnés. Je me surprends à écouter mon souffle court qui siffle dans le masque. Allons, oxygène sur *emergency*... Coup d'œil circulaire... La présence de mon ailier me redonne courage... Dans le lointain, il y a toujours et encore Jenson qui s'inquiète : *« What is the form ? »* et veut absolument faire le point. On rentre. Ce soir-là, les *91* et *41 Squadron* ont droit aux honneurs de la B.B.C... C'est laconique, mais c'est bon quand même : *« Aujourd'hui, au cours d'une action de bombardement dans la région d'Évreux, nos pilotes ont détruit quatre avions de chasse ennemis. Tous nos bombardiers sont rentrés... »*

Mais la chance est capricieuse. Peu de temps après, au cours d'une opération sur Lille, les combats furent meurtriers et notre vieux camarade Bond – que nous appelions familièrement Bondus – est porté manquant.

Le mois de septembre s'achève. Le *91 Squadron* est de loin en tête de liste sur le palmarès des victoires. Il a détruit en un mois, en combats aériens, dix-huit avions ennemis.

La fatigue fait aussi son effet sur certains pilotes. Le *twitch* du chasseur est dangereux et les forces humaines ont des limites. Le fait d'être en danger de mort, parfois plusieurs fois par jour, casse les âmes les mieux trempées... L'appréhension nerveuse marque des points... L'esprit agressif, si nécessaire au pilote de chasse, s'émousse... Son équilibre s'en ressent... Il lui arrive de perdre ce sang-froid qui est sa qualité fondamentale... Le changement d'air est alors nécessaire... Repos forcé, parfaitement organisé pour les pilotes de la *RAF*.. Moins bien en ce qui nous concerne. Il est vrai que nous, les *Free French*, sommes si peu nombreux que nous tenons, avant tout, à rester au combat pour l'honneur de notre uniforme et de notre pays...

Nous volons aussi bien en hiver qu'en été. C'est une habitude anglaise de mépriser au maximum les difficultés météo et de faire prendre l'air aux pilotes par un temps à faire renoncer un canard.... Les Américains sont sidérés par les étonnantes facultés de vol par visibilité ultra-réduite que possèdent les gars de la *RAF*... Nous, les *Free French*, nous faisons comme les autres, nous suivons la «mode» anglaise...

Un soir, au mess, nous apprenons que nous allons quitter West Hampnett. J'en suis bien désolé. J'aimais ce terrain en herbe et son mess installé dans cette propriété campagnarde avec un joli parc. Il y avait ce secret, ces précautions qui nous entouraient. Nous aimions nous figurer que nous étions des personnages un peu à part, spécialement protégés comme on le fait pour les grands «cracks», ceux qui gagnent les épreuves... En réalité, cette protection ne visait que le *Spit XII*... Nous avions été les seuls à voler sur les premiers exemplaires. Maintenant notre avion était plus connu. Il n'y avait aucun inconvénient à nous mélanger aux autres.

C'est Tangmere qui nous reçoit. La base, construite avant-guerre, a durement encaissé au début de 1940. Mais elle a été réparée et améliorée et sa piste d'envol permet d'utiliser un maximum d'avions. Les bâtiments du mess sont de style cubique, rébarbatifs... Mais dès que la porte est franchie, on retrouve avec plaisir l'ambiance d'un «confortable» intérieur anglais...

Il y a un grand salon de lecture et une immense cheminée où brûle un feu de bois. L'aile droite comporte des salles de billard et une bibliothèque... À l'extrémité, nos chambres de pilotes... N'oublions pas la salle à manger, très victorienne, et le bar... Jean Maridor et moi avons la même chambre et une aimable *WAAF* veille sur nos affaires... C'est curieux comme, très rapidement, nous nous sentons chez nous. Le commandant de la base, le *Group Captain* «Paddy» Crisham, est le créateur de cette ambiance.

Pilote de chasse et officier de carrière de la *RAF*, il connaît son monde et il est aimé par tous les pilotes comme par les rampants. Calme, énergique, aimable et sympathique, il s'occupe de notre bien-être. Je suis de ceux qui n'oublieront jamais Tangmere...

Nous n'avons pas perdu nos bonnes habitudes de West Hampnett. Chichester était notre capitale, agréable, pittoresque petite ville de province, des rues commerçantes, des cinémas, une cathédrale de charme et une fontaine couverte qui avait un cachet du tonnerre... Non, notre pôle d'attraction depuis West Hampnett n'était ni la cathédrale ni la fontaine... mais la Licorne, le sanctuaire des «*boys*» de Tangmere... Le «tôlier» bien-aimé, c'était Arthur King, qui fut si content d'apprendre que le groupe de West Hampnett ne quittait pas la région que toute l'escadre eut droit, ce soir-là, au *free drink*... Un cœur en or cet Arthur qui non seulement offrait à boire, mais qui était bien capable encore de vous avancer une livre sterling ou deux pour les fins de mois difficiles. Hélas, nombreux furent les pilotes qui eurent un «empêchement majeur» et ne purent régler leurs dettes... Mais Arthur pleurait l'homme, jamais l'argent. Et ces drames quotidiens ne l'empêchaient pas de rester aussi bon. L'argent que les disparus au combat ne rendraient jamais était, selon lui, des pounds placées chez le Bon Dieu.

Il y avait aussi un coin où je me trouvais bien à l'aise. C'était le *Old Ship*.

Perdu au fond d'une crique où la marée montante ne parvenait pas à troubler les eaux tranquilles d'un petit estuaire sinueux, le village de Bosham ne semblait pas appartenir à l'Angleterre du XXe siècle. Le *Old Ship* était caché au fond d'un sentier. Pour y entrer, il fallait montrer patte blanche ou simplement faire partie du groupe de chasse de Tangmere. Il y avait là, souvent, de très jolies filles, invitées par quelques pilotes. J'y retrouvais Michel Boudier et Philippe Livry-Level avec un grand plaisir.

Voler par tous les temps, c'est très bien. Mais les brouillards d'octobre, quand ils sont par surcroît anglais, ont raison quand même des contrôleurs et des pilotes les plus optimistes... Aussi, les opérations ralentissent-elles au moment même où tombent les feuilles jaunies... On avait droit souvent à des « rhubarbes »...

Ce jour-là, le sergent Monihan et moi avons attaqué des trains sur la ligne Pont-l'Évêque–Lisieux–Mézidon–Caen... De toute évidence, le premier n'était pas bourré de camemberts... Les plates formes de Flak étaient à la fête. Les paquets de traceuses montaient le long de nos deux avions. C'est bien à la témérité de Monihan que nous devons d'avoir eu la vie sauve... La simultanéité de notre attaque ne permit jamais aux défenseurs de concentrer leur tir sur un seul avion... Avant la troisième passe, tandis que les wagons-Flak crachaient leurs chapelets mortels, je dis :

— *O.K. Johnny, going down again...* (O.K. Johnny, allons-y encore une fois.)

Et Monihan :

— Désolé, je suis touché...

Je dégringole tout seul et, au moment où j'appuie sur la détente, avec le dernier wagon-citerne dans mon collimateur, un « bang » sonore fait trembler mon *Spit*... Je continue à appuyer et mes obus atteignent leur but... Explosion aveuglante. Je saute de justesse le train stoppé. La Flak continue son travail. Mon cockpit est rempli par l'odeur de la poudre et celle du caoutchouc brûlé... Un gros courant d'air me passe entre les jambes. Ma carte de navigation s'envole. Mais je me rends bien compte que les commandes répondent et que les températures moteur ne changent pas... Une vraie chance... C'est un 30 mm qui m'a touché à la hauteur du logement de la roue gauche. Une balle de mitrailleuse est entrée dans l'habitacle... Il y a un bout de pneu qui dépasse, je le vois très bien sur l'extrados de l'aile gauche... Je n'ai pas l'impression que cela va être du gâteau pour me poser. Pour l'instant, je suis bien en vie et maître de mon avion... Pessimiste, je me dis que ce pneu peut très bien avoir défoncé le réservoir d'essence gauche et que traverser la « baille » dans ces conditions est risqué... Cap sur l'Angleterre… Et c'est ce que je fais avec cette réserve que jamais la Manche ne m'a paru aussi interminable...

L'atterrissage est, comme je l'avais pensé, terriblement mouvementé. Pas question de sortir le train. Je m'amène à la limite de sustentation et je plaque l'appareil qui se met à glisser, à croire qu'il ne s'arrêtera jamais. Naturellement, l'hélice vole en éclats et le choc est brutal. Cramponné au maudit collimateur pour en protéger ma tête, j'attends... Je suis persuadé qu'en bout de course, l'avion va passer sur le dos et que ce sera la fin, la terrible grillade dans ce cockpit ou le manche continue son infernale sarabande... C'est ce qui doit se passer... Le gros capot creuse sa trace. Ralentissement... Derrière moi le fuselage monte, monte... De quel côté va-t-il retomber ? Il y a un moment de suspense qui dure beaucoup trop à mon gré... Puis derrière moi le dossier redescend... Grand bruit de ferraille de l'avion qui retombe... à l'endroit... Silence que va bientôt troubler le bruit de vaporisateur de l'essence tombant sur du métal rougi... Ça peut cramer d'un instant à l'autre. J'entends la voiture des pompiers, puis je vois l'ambulance... Et des gars qui me saisissent et m'éloignent... Johnny, qui a pu se poser avant moi, est parmi les sauveteurs... J'ai eu de la chance. Oui, c'est vrai. Mais le soir même, j'ai presque oublié cette prise de terrain « à la désespérée » en regardant atterrir un bombardier U.S. sur notre piste de chasse... Soixante-cinq *Forteresses volantes* ont été descendues aujourd'hui. Parmi celles qui sont rentrées, il y a celle-ci. Je la regarde pendant qu'elle se présente en finale, deux moteurs seulement sur quatre tournent au ralenti.

Dans son message radio, le copilote dit que son chef est mort aux commandes, traversé par une balle de mitrailleuse... Luimême est blessé à la jambe ; le mitrailleur de queue, tué à la première passe du chasseur ennemi, pend à l'air libre en dehors de la tourelle arrière comme un pauvre pantin désarticulé... On saura plus tard que l'Américain a tout de même largué ses bombes sur l'objectif avec déjà un moteur en moins...

Tout seul, l'homme blessé a ramené son cercueil volant en Angleterre traversant, sans protection et à vitesse réduite, les barrages de Flak... Volonté, ténacité... Il posera le bombardier qui n'est plus qu'une épave dont on peut se demander pourquoi elle obéit encore aux lois de l'air... Dans la machine déchiquetée, les douilles des mitrailleuses baignent dans le sang de l'équipage... On la traîne au cimetière des avions morts en service aérien commandé, un gros tas étrange, au bout du terrain... J'en oublie ma désagréable « rhubarbe » de Mézidon-Caen...

J'écris ce soir à mon père. J'ai appris, bien que ce soit top secret, que Philippe Livry-Level doit se poser cette nuit en France, en mission spéciale. Il n'a pas voulu en dire davantage. Ce soir à minuit, son petit bimoteur emmènera ma lettre... Même si la réponse revenait trop tard, je veux que mon père sache que je me battrai jusqu'au bout pour la libération de mon pays.

Je regarde cette grande feuille blanche. Jamais je n'ai autant aimé mon père, ce personnage qui peupla toute ma jeunesse, ce haut visage d'homme à qui je dois tant, et surtout la ténacité... Peut-être l'avais-je déçu, jadis, en refusant le grand honneur de lui succéder dans ce métier qu'il accomplissait comme une sorte d'apostolat... Sur la page de l'actif, dans le grand livre qu'il ouvrait dans son cœur pour enregistrer la vie de ceux qu'il aimait, sans avoir jamais voulu le leur montrer, je venais d'inscrire des faits compensateurs... Ce Jaco, dont les rêves étaient jadis peuplés de moteurs et d'ailes blanches, ce Jaco qui ne serait pas « le docteur Jacques Andrieux », était un homme maintenant qui voyait chaque jour la mort d'assez près... J'avais mille pensées à jeter sur ce morceau de papier un peu hostile, ce papier qui, Dieu aidant mon ami Philippe, serait un jour dans des mains aimées, et je ne savais pas où commencer... Un parfum étrange montait déjà à mes narines... Toutes les odeurs de ma terre natale, celle de l'âcre feu de bois... Et tant d'autres... Sans l'avoir voulu, le petit Jaco se retrouvait, loin des *Spit*, loin de l'ambiance souvent puissante d'un mess déchaîné, assis autour de la table familiale à l'heure où, devant des sourires pleins d'amitié, une main de femme soulevait le couvercle blanc d'une soupière odorante...

Il y avait une grande pudeur des mots chez les Andrieux... Je la maudissais ce soir-là, car il me semblait tout naturel que cet avion emportât vers mon père le reflet exact de mes pensées... Plus tard, un compagnon anglais, qui avait beaucoup lu Dickens et qui ne pensait pas indigne d'un gentleman d'exprimer ses sentiments intimes, a tout de même ajouté qu'un tel retour sur le passé, un tel moment profond dans l'amour des siens, devait être plus éprouvant que vingt missions de guerre... Au fond de mon cœur, je partageais cette façon de voir mais rien au monde n'aurait pu m'obliger à le dire.

21. *Rhubarbe*, la bien nommée

Le 18 octobre 1943, on me crédite officiellement d'une victoire sur un *Me 109 G* et le procès-verbal relate sommairement les faits situés dans la région d'Amiens.

J'ai aussi des souvenirs précis sur une « rhubarbe » réalisée, toujours dans le coin Pont-l'Évêque-Lisieux-Mézidon-Cabourg, avec cet être étonnant et agressif qu'était l'Australien Red Bloomer. Nous l'appelions « Trompe la mort », mais nous étions tous d'accord sur un fait : le sergent Red Bloomer était un excellent pilote et un équipier précieux... Il revenait généralement sur des avions pleins de trous pour être allé chatouiller les gens d'en face d'un peu trop près. On passait beaucoup de temps, après un de ces retours, à lui expliquer que les « jeux de la guerre », auxquels nous étions bien obligés de participer pour en finir avec l'hydre nazie, consistaient surtout à tout faire pour tuer les autres en évitant d'y rester. Mais Red, hochant la tête comme s'il était d'accord, vous confiait qu'il n'était pas venu de sa lointaine Australie pour faire la guerre « en amateur »... Ce « professionnel » de la guerre était facilement repérable... Il y avait d'abord la couleur de ses cheveux... Puis sa tenue, assez anormalement excentrique... C'est avec ce gaillard-là que j'arrive sur Mézidon qui nous attend avec deux jolis petits trains dans sa petite gare... Ils nous faisaient signe d'assez loin ces deux trains... En sautant les haies et les rideaux d'arbres, on pouvait voir leurs deux panaches blancs montant tranquillement dans l'air limpide :

— *« O.K. Red ? »*

— *« O.K. Jaco... »*

Pas besoin d'en dire plus long. Et chacun choisit « sa » fumée... On arrive en trombe. Je ne sais pas pourquoi – ou plutôt je le devine – mais mon souffle est court. Je tire un peu sur le manche pour me rendre compte... Parbleu... Mais nous sommes en plein dans la gare. Allons-y tout de même... Cinq secondes avant de jouer... Red est à ma droite... Au moment où je vais plonger, une Flak se déchaîne... J'en ai rarement vu autant. Tous les calibres et de tous les azimuts... J'ai l'impression que nous sommes tombés dans un piège. C'était vraiment trop beau ces deux colonnes de fumée blanche s'inscrivant dans le ciel et visibles à vingt bornes... Pour l'instant, c'est la pétarade dans toute sa beauté... Des gros, des plus petits et toute la cochonnerie des mitrailleuses lourdes... Rien que pour me donner du cœur au ventre, je tire sans ajuster mes coups. Et « ma » locomotive éclate comme une bouilloire trop pleine. Un coup d'œil à Red... Et la trouille intense me saisit car je me rends aussitôt compte que le feu d'artifice qui l'entoure est le même que celui qui me poursuit. Je rentre la tête dans les épaules et je plonge dans les flocons noirs et blancs tandis que les réseaux de traceuses montent vers moi... J'ai le ventre collé au sol et je viens, par réflexe, de sauter un château d'eau et des miradors allemands... Cela va être la fin du monde pour nous deux. Un coup m'arrive comme une masse dans le dos. Le choc est très brutal et l'avion est durement secoué. J'ai l'impression que le nez de l'appareil a été touché. Cependant mon « Griffon » poursuit sa chanson et les instruments n'indiquent aucune catastrophe. C'est à cet instant que Red dit tranquillement :

— *Bon Dieu, j'ai été touché...*

Et il se rapproche de moi, toujours à zéro pied d'altitude. Je prends le cap retour. Notre peau vaut plus que deux trains et ceux-là ont eu quelques ennuis. Les *Spit* ont l'air de tenir bon. Mais d'ici Tangmere, il y a encore quarante minutes de vol dont trente au-dessus de la mer... Normandie, tapis vert morcelé, haies innombrables et chemins creux... Machinalement, l'œil du pilote cherche six cents mètres d'une piste possible... et ne les trouve pas... Enfin la frange, les « chiens blancs » des bords de mer... La Flak, la maudite Flak... attention... Les *Spit* glissent dans l'air calme et au ras du sol. Et la Flak, surprise, peut aller se faire voir. Il y a bien quelques flocons et des trous d'air dans l'eau mais c'est trop tard pour le tonnerre, mes gaillards... On reste encore un moment en rase-flotte intégral, puis je prends un peu d'altitude pour pouvoir sauter au cas où un moteur ferait des siennes... Ce n'était pas pour ce jour-là.

Au *Dispersal*, Red comptera six balles de mitrailleuse dans son avion. L'une d'elles a traversé un réservoir d'essence sans y mettre le feu. Par chance, les parois en caoutchouc mousse ont fait leur office et Red n'a perdu que peu d'essence. Quant à moi j'ai pris un coup de 20 mm qui a déchiqueté la tôle à l'emplanture de l'aile sans, cependant, atteindre les tuyauteries hydrauliques du train...

Le soleil glisse derrière l'horizon... Heures de détente, « pinte » de bière à la main... Discussions des *boys* en pleine joie de vivre.

« Tomorrow is another day... »

Je viens de voir rentrer la patrouille-météo. Les gars ont de larges sourires. De l'autre côté, il fait au moins aussi beau qu'ici... C'est-à-dire ciel bleu ce qui, en Angleterre, est assez rare il faut en convenir ;

— *O.K. Chaps, briefing at 08.30...* (On sait évidemment ce que cela veut dire...)

— *Once more Beaumont-le-Roger* (la difficulté pour vous sera de prononcer «Bimontt» comme le fait Ray Harris). Beauvais et retour. Le *Wing Commander* nous explique de façon extrêmement succincte, à la Ray Harris, ce que sera ce *fighter Sweep* :

— Deux escadrons le *91* et le *41*. Je volerai avec le *91* et le *Group Captain* Crisham sera mon ailier. Jaco, vous volerez derrière nous.

On apprend que nous éviterons Le Havre avant de tomber sur l'objectif. Traversée à zéro pied. Le *41* en couverture arrière. Fréquence radio *B for Baker* pour l'opération... et *D for Dog* pour l'*emergency*... Après nous avoir donné l'heure exacte, Ray Harris a encore un commentaire qui est une plaisanterie ;

— Watch your tail... Les *Yellow Noses* sont prévenus...

Je retiens, pour ma part, que je deviens, en quelque sorte, l'ange gardien du «basier» moustachu, le *Group Captain* Crisham, qui s'offre une sortie de combat... C'est un vieux renard, rompu à toutes les opérations de chasse, et je suis tranquille de ce côté-là... Je lui lance, au *Dispersal*, un petit clin d'œil complice et il répond par un geste énergique...

Décollage parfait des vingt-quatre avions et les deux formations glissent au ras de l'eau... Chaque élément participe à la parfaite cohésion... Et pourtant chaque pilote sait qu'il n'a rien abandonné pour autant de sa propre personnalité...

Face aux falaises de France, on grimpe et on passe la côte à 9000 pieds (3000 mètres) sans prendre un coup de Flak. Silence radio absolu... Même Jenson, le maître radar du secteur, est muet... Léger virage au-dessus de la Seine argentée, dans le lointain, sous mon aile gauche, voici Rouen...

Évreux ne doit plus être bien loin. Virage à gauche avec du soleil qui éclabousse mon aile de lumière et me gêne... Ciel creux... Va-t-on faire chou blanc ? Cap sur Beauvais... Le *Wing Commander* poursuit sa courbe... Je reconnais la voix hachée de Maridor dans mes écouteurs. J'entends à peine ce qu'il dit, mais je découvre immédiatement sur notre gauche et au-dessus de nous des silhouettes en forme de croix... des *109*... Ray Harris lance des ordres et renverse son virage vers la gauche. La formation s'étale immédiatement derrière lui en disposition de combat... Quelqu'un lance un break et quatre avions se mettent à virer très sec suivis par deux *Me 109* étrangement précédés par le pointillé des obus de leur Mauser...

J'aperçois à ce moment-là une autre formation, de *FW 190*, qui essaie de nous contourner... Ray Harris leur envoie, pour toute réponse, le *41 Squadron* tout entier...

Comme les *Me 109* se sont laissé entraîner plus bas que nous, le *Wing Commander*, avec une promptitude extraordinaire, fonce sur la formation. Maridor tire à bout portant sur un *Me 109* qui flambe comme une allumette. Le *Wing Commander* détruit coup sur coup deux chasseurs ennemis. Au-dessus de nous, il y a une sarabande extraordinaire. La bulle blanche d'un parachute flotte légèrement au milieu des avions en folie. Je ne quitte pas des yeux le *Group Captain* :

— Attention quatre avions derrière...

J'annonce leur position et j'ajoute :

— Attention *FW 190*. Ils tombent dans notre dos. *Break*...

Mais le *Group Captain* ne semble pas s'intéresser à mon appel. Le *Wing Commander* amorce son virage au moment où les canons tirent et les traînées grises des obus des *FW* passent tout juste sous le ventre du *Spit* du *Group Captain*. Je l'appelle à nouveau. Aucune réponse. Je suis désemparé car il n'a pas l'air d'entendre. Tant pis, je resterai derrière lui coûte que coûte...

Il y a un méli-mélo d'avions de toutes formes et dans toutes les positions, auquel nous participons... Par moments, des rafales traversent le ciel par saccades, sans que l'on puisse dire, tant le mélange est grand, qui les a tirées et sur qui elles l'ont été... Un

FW 190, touché à mort, pique droit vers la terre dans un panache de fumée sale...

— *Look out Chaps, they are coming down from behind... Break...*

C'est Harris qui vient de donner l'ordre du *Break*. Je m'accroche à son sillage en essayant de voir d'où viennent les coups. Le *Group Captain* Crisham, qui, manifestement, n'entend rien, ne se laisse pas pour autant distancer. Il suit le *leader* comme une ombre et une fois encore, la rafale ennemie se perdra dans le ciel. Irrémédiablement lié au sort de Rouge 2, qui ne reçoit pas les ordres radio, je ne peux manœuvrer comme je le voudrais. Mais je ne me sens pas le courage de le quitter d'un pouce.

Ray Harris attaque encore. Le *Group Captain* colle à lui. Et je suis tout aussi près avec mon N° 2... Ray Harris tire... L'image est parfaitement nette... Au moment où ses obus arrivent à destination, un autre *Me 109* me passe sous le ventre... C'est trop tentant... Un coup d'œil vers l'arrière pour être tranquille... J'attends un peu pour être à portée... Au moment où le point lumineux de mon viseur se stabilise sur l'avant du *Me 109*, j'écrase la détente... Mon *Spit* est tout secoué par son terrible tremblement... Et l'avion ennemi s'arrête, il me semble, dans sa course...

— *Red Section, break left...*

Grâce au réflexe mécanisé par une longue expérience, je pars brutalement, d'un coup de manche à gauche, rejoindre mon muet Rouge 2 qui n'a pas lâché d'un seul pouce son *leader*. Je ne saurai jamais ce qu'est devenu mon adversaire.

Ciel soudain vide. Étrange sensation que je n'éprouve pas pour la première fois. Comment tout peut-il s'arrêter ainsi... Comment ce tournoiement d'avions peut-il disparaître si brutalement ? Mystère... Mais pour l'instant, tout n'est que paix et soulagement dans un ciel presque ami...

Quarante minutes plus tard, nous sommes à Tangmere... Au *Dispersal*, c'est du délire. Et il y a de quoi. Succès sans précédent, nous avons neuf victoires certaines et deux probables... Et surtout nous n'avons perdu personne ce mercredi 20 octobre 1943.

Naturellement, je ne suis pas tout à fait content... Car je n'ai pas eu de certitude sur ma victoire... Par contre, j'ai réussi à remplir une mission difficile car le *Group Captain* Crisham a pu atterrir sain et sauf, alors que son poste de radio était tombé en panne dès le début de la mission. Il n'a rien entendu et souvent, par cela même, il a très mal suivi le déroulement du combat.

Squadron Leader Kyneston me convoque dans son bureau entre deux missions. Je suis flanqué de mon vieux camarade le *Flying Officer* Ray Nash et du terrible *Sergeant* Red Bloomer dont les cheveux flamboient plus que jamais... Quelle joie quand le *Squadron Leader* m'apprend que je suis proposé pour la *Distinguished Flying Cross* en même temps que Ray Nash !... Quant au pétulant Australien, sa proposition est faite pour la *Distinguished Flying Medal*... J'aime autant vous dire que ces propositions nous ont coûté cher, le soir même, au bar...

Le mois d'octobre se termine et mon carnet de vol accuse quarante heures de vol en opérations de guerre... Et les missions continuent bien que le froid devienne sérieux, intense même...

Le 11 novembre est à marquer d'une pierre noire. Red Bloomer est *missing*. Tout le *Squadron* ressent durement cette perte. «Trompe la mort» va terriblement nous manquer... Je me sens extrêmement fatigué.

Je me souviens de cette étrange vision d'une France comme noyée sous un drap blanc. Le bombardement du terrain de Saint--André-de-l'Eure est plus terrible encore que de coutume et j'ai longtemps dans la mémoire la vue de ces énormes flocons noirs et rouges écrasant le tapis uniformément blanc...

Sur la route du retour, je prends en charge, avec mon escadrille, un des soixante-douze *Marauder*. Celui-là a été touché à mort. Il flambe, mais par un effort surhumain le pilote essaie de le tenir en ligne de vol vers la côte... Des parachutes s'ouvrent, puis c'est la fin du gros avion, dans une fumée noire très épaisse avec des traînées de flammes et des projections de morceaux incandescents... L'avion se désintègre sous nos yeux. On voit la queue se détacher... Enfin une boule de feu, entourée de fumée, va mettre un temps incalculable pour percuter le sol... J'ai dans la bouche un goût amer que je confondrai toujours avec l'approche possible de la mort.

Quelques jours après, j'ai la même terrible vision alors que nous attaquons les installations de Cambrai-Épinoy... À l'aller, méandres incompréhensibles de nos caps d'attaques, j'ai vu la basilique de Lisieux qui, recouverte de neige, luisait au soleil comme un palais de marbre indien...

Nous voici à Noël... Fêtes si belles, si douces mais qui ne parviennent pas à nous faire oublier nos luttes farouches, sans pitié, sans pardon pour personne... Noël de guerre... Un Noël de plus, loin de ma famille... Que font-ils ? Sont-ils, comme je le pense et comme je l'espère, rassemblés devant l'âtre, priant pour les absents, pensant à eux avec tendresse... Dans les chants qui montent sous les voûtes des églises, dans la douceur des mots qui caressent un berceau d'enfant, il y a certainement la prière des hommes pour une paix qui les unirait tous.

Nous avons à lutter pour notre vie et pour notre liberté. Nous avons à abattre un monstre... Il faut donc le faire sans pitié. Dieu nous pardonnera cette volonté, cette nécessité de tuer, de tuer encore...

Je commande aujourd'hui l'escadre entière, en couverture haute, de six *boxes* de douze *Marauder* qui s'en prennent à l'aérodrome de Lille-Lesquin. C'est un coin particulièrement bien défendu et nous avons eu à regretter un retard de six minutes des bombardiers au rendez-vous... Six minutes de vol, c'est beaucoup pour les chasseurs... Les installations de Lesquin sont atteintes et détruites (un mess d'officiers rempli de dîneurs est détruit de plein fouet et, comme je l'apprendrai plus tard à Lesquin même, les pertes en hommes ont été sévères). Cependant, des *FW 190* sont en l'air et essaient de nous surprendre. En vain. Tous les bombardiers et les chasseurs rentreront de cette mission sur Lille.

J'en éprouve beaucoup de satisfaction car c'est la première fois que je commande une escadre en mission de guerre... Cependant nous perdons un sergent-pilote qui se tue à l'atterrissage à Tangmere...

Peu après, deux camarades, Ray Heninger et *Pilot Officer* Thomas, se rencontrent en vol. Seul Heninger saute en parachute. C'est à cette époque aussi que mon camarade Stevens « Inky » se tue d'une manière assez peu explicable, au retour d'une mission spéciale sur la France... Des deuils et toujours des deuils !... Triste fin d'année...

Pourtant, au cours de l'obligatoire retour en arrière, j'étais désormais certain que l'année qui allait commencer serait la dernière... Il ne pouvait pas en être autrement si l'on regardait objectivement les faits... Reddition inconditionnelle, avait décrété Churchill... Le vieux lion rugissait de plus en plus fort... Et ses fils étaient, eux aussi, de plus en plus vigoureux et armés... Et il était certain qu'ils allaient bientôt quitter le refuge de l'île pour aller reconquérir les terres occupées... Je me souviens de la prière que j'adressais au Ciel :

— Mon Dieu donnez-moi suffisamment de force pour me battre, pour me battre jusqu'au moment où le « Fanatique » dira « Assez »... Fasse aussi le ciel que je survive à cette tuerie pour embrasser ceux que j'aime, pour revoir ma patrie...

J'ai retrouvé ces mots dans mes notes. Je ne vois aucune raison pour qu'ils ne figurent pas dans ce récit. Notre vie opérationnelle se poursuit non sans casse. Ray Heninger disparaît après un *Sweep* sur Dreux et Chartres. Dans la région d'Évreux, où nous allons plus souvent qu'à notre tour, l'ennemi ne manque pas de mordant. À la tête de l'escadrille, alors que je poursuivais un *Me 109* et au moment même où j'allais appuyer sur la détente des armes, j'étais obligé de dégager brutalement. Un bruit assourdissant, une secousse sérieuse à mon avion et, dans mon aile, il y avait un trou bizarrement découpé, comme si un ouvre-boîte géant avait déchiré le métal... Le *Me 109*, cause de tout ce mal, et qui tirait de loin, avait dû, lui aussi, dégager en vitesse.

Le 7 janvier 1944 ne se présente pas d'une façon particulière. Il fait très mauvais temps et le *show* d'escorte de *Mosquito*, bombardiers légers et rapides, a été remis deux fois au cours de la matinée... Comme le haut-parleur appelle les pilotes des deux *Squadron* à déjeuner plus tôt que de coutume, nous savons ce que cela veut dire... Et nous avalons l'œuf de Sa Majesté, l'œuf réservé aux pilotes par un ravitaillement sévèrement rationné pour la Nation en guerre, nous avalons cet œuf comme une pilule et... en route pour le *briefing*...

On nous demande d'escorter des *Mosquito* dans la région d'Amiens, *weather permitting* (si le temps le permet). Et toute la question est là.

Si je me souviens bien de ce *Sweep*, c'est à cause de son côté irréel. Le temps était franchement mauvais mais la discipline et l'expérience des *boys* rendaient l'affaire possible, sans danger exagéré. Plafond bas. À peine sommes-nous au rendez-vous que Jenson nous apprend qu'ils n'ont pas décollé et que leur mission a été tout simplement annulée.

Kyneston, qui est aujourd'hui au commandement de l'escadre, décide de continuer. Il pleut mais la visibilité est relativement bonne avec un plafond de nuages aux environs de 1 500 mètres... Nous volons en essaim serré au ras de l'eau... J'ai presque l'impression d'être en canot automobile car la glace frontale du *Spit* est obscurcie par des ruisseaux qui s'étendent sur toute la largeur...

Quand le regard parvient à se glisser à travers ce ruissellement, il se heurte à des masses nuageuses couleur d'étain qui se confondent dangereusement avec la mer... C'est notre entraînement qui nous permet une telle navigation et la bande des petits *Spit* a l'air d'une escadre de poissons volants tandis qu'au-dessus de nous des nuages forment des cavernes profondes dont les portes sont tendues de rideaux de pluie... Un peu de jour plus clair perce de temps à autre, et la formation poursuit imperturbablement son vol, accrochée à son cap, en direction de Berck et du Touquet... Mon cercle de viseur allumé ressemble à une auréole dans ce magma...

Nous sommes sur la côte quasi sans nous en rendre compte. On la saute en rase-mottes et, plein moteur, on se met à grimper sec. L'ennemi a été plus surpris encore que nous car il n'a pas tiré. C'est étrange que, là où le plafond s'est un peu élevé, la visibilité soit franchement moins bonne. Kyneston se faufile avec ses avions dans de grandes crevasses nuageuses dont les parois basses rejoignent souvent les sapins des forêts picardes... Ciel vide. Parbleu, on ne voit pas ce que ferait un avion allemand dans cette mélasse... Mais nous y sommes bien !... Du coin de l'œil, je surveille le fond du trou parsemé de taches vertes qui contrastent avec le sable argenté des dunes... Il y a une voie de chemin de fer qui remonte vers le nord... Montreuil doit être à notre droite, accroché à une pente. Tout se passe très vite.

Là, un peu plus bas, deux ombres gris-vert qui se faufilent au ras des arbres... J'ai agi par réflexe plus vite que je n'ai parlé... Au moment où passe mon avertissement radio, je suis déjà en piqué pleins gaz vers les deux ombres, suivi par l'escadre entière... Ce sont deux *FW 190* au camouflage sombre... Je manœuvre très vite. J'essaie de larguer mon réservoir supplémentaire qui ne veut pas s'en aller et m'alourdit... En un instant, je suis sur les *Jerries*, au ras du sol.

Posément, je colle la mouche de mon viseur sur la partie renflée du fuselage et légèrement en dessous, à la hauteur de l'habitacle. J'appuie... Je retrouve le tremblement convulsif du *Spit*, heureusement très bref... Mes canons crachent de petites flammes courtes... Effet immédiat. Le *FW 190*, touché à mort, se cabre légèrement, puis, sans contrôle, s'engage en tonneaux déclenchés avec une extrême brutalité... Je tire sur le manche pour éviter la collision. Il s'écrase au sol dans une explosion de fumée et de flammes... Mes camarades tournent en rond au-dessus de moi. Le combat a duré quelques secondes à peine, et j'ai tiré en tout cinquante obus de 20 mm pour mes deux canons. J'exulte mais je suis furieux aussi que mes camarades aient laissé échapper l'autre *FW 190*...

Ce soir-là, au mess, on fête une victoire de plus au *91*...

Ce qui m'attend est beaucoup moins intéressant. Un beau matin, le *Wing Commander* Harris me fait appeler :

— Jaco, vous êtes réclamé par l'état-major des Forces aériennes françaises libres de Londres. Il est entendu que vous partirez au repos sur une base dans le nord de l'Angleterre car votre état-major attend des pilotes de chasse en renfort en provenance d'Afrique du Nord. Vous devrez donc prendre le commandement d'une escadrille d'instruction d'une base de la *RAF*, où vous aurez à transformer le personnel français pour le rendre disponible au combat...

Je suis effondré à l'idée de quitter mon escadron, mon chef, mes amis. J'invoque tous les arguments possibles, même peu imaginables... Je ne suis pas venu en Angleterre pour me reposer... Je n'ai pas une âme d'instructeur... De plus, il est certain que je ne supporterai pas le climat du nord de l'Angleterre !!! Ray Harris m'écoute avec bienveillance, mais une bienveillance attristée car il ne peut rien pour moi... Il m'aime bien et voudrait me garder... Mais les ordres sont les ordres...

— *Sorry Jaco, you are going tomorrow...* (J'en suis désolé Jaco, mais vous partez demain...)

Ma seule consolation – pas très amicale il est vrai – est que Jean Maridor se trouve dans le même cas et fera le même travail sur une autre base... Ce soir-là, on organise, en notre honneur, une *big party...* Dégagement sérieux. Mais dans la nuit, assis sur le bord de mon lit, je me sens soudain malheureux et beaucoup plus vieux, d'un seul coup...

Le lendemain matin, avant de partir, je vais une dernière fois serrer la main de mon chef et ami Kyneston. Il me prend à part :

— Ne regrettez rien Jaco. Je peux vous dire, entre nous, que tout l'escadron partira bientôt au repos... Ensuite... Il y aura une bonne surprise mais je ne peux vous en dire davantage...

Cela me réconforte en quelque sorte, d'apprendre que mon escadron, qui est devenu ma famille, en exil, ne se battra pas sans moi...

22.
Kirton in Lindsey : la base la plus triste de la *RAF*...

J'arrive par un matin d'hiver très rigoureux sur la base de Kirton in Lindsey, qui est bien la base la plus triste, la plus déshéritée de la *RAF*... Elle est commandée par un officier supérieur très sympathique qui, pour se protéger du froid, porte une peau de bique qui lui descend jusqu'aux chevilles... Pas réglementaire la peau de bique, mais drôlement confortable... Et l'homme qui la porte est souriant...

Par contre, le *Wing Commander*, directeur des vols, qui est de langue française, est franchement antipathique. Il connaît et pratique toutes les petites tracasseries du métier... On dirait même qu'il les apprécie en connaisseur...

Je commande *A Flight* dont le personnel masculin et féminin est exclusivement *British*. Les avions, les pauvres avions, comme tous les avions d'entraînement, sont tous très près de leur dernier souffle... Ce sont des *Spit II*... C'est vous dire le nombre et la qualité des pilotes qu'ils ont dû endurer avant d'échouer à Kirton in Lindsey.

À quelques kilomètres de Kirton, il y a un autre terrain, Hibaldstowe – qui rappelle un peu l'aviation à la « Jean-Jean » avec sa piste en herbe et ses huttes camouflées dans les bois -, terrain qui dépend du nôtre.

L'ambiance du *Flight* est excellente grâce au dynamisme et au caractère enjoué du sous-officier, chef de piste... C'est grâce à lui que nous évitons bien des ennuis et bien des heurts, inévitables généralement quand on est loin des opérations de guerre... Les vols d'essais commencent avant l'arrivée des pilotes-élèves, malgré la météo presque toujours mauvaise dans ce coin du Lincolnshire. C'est le 20 janvier 1944 qu'arrivent les renforts français. Ils débarquent derrière le commandant Fleurquin en unité constituée, mais seule une partie du groupe de chasse des Cigognes vient à Kirton, l'autre, commandée par le commandant Ozanne, est dirigée sur une autre base où les attend Maridor...

Première et grosse difficulté pour nos camarades : comprendre et assimiler le jargon spécial *RAF*... Je m'efforce, en tant qu'instructeur, d'entrer dans leurs principales préoccupations... Une appréhension est très nette. La plupart n'envisagent pas facilement d'avoir, un jour, à se battre au-dessus de l'eau... C'est une psychose difficile à démonter. Pour le reste, ils sont tous très vite lâchés sur ces veaux de *Spit II* et tout se passe très bien... Il s'agit, en général, de pilotes chevronnés dont les seules difficultés en vol proviennent d'une navigation difficile au-dessus d'un pays inconnu avec presque toujours une « visi » très approximative... Voler « anglais » n'est pas une plaisanterie... Il est visible, par exemple, que les manœuvres de chasse en formations importantes les déroutent. Cette technique du vol est entièrement nouvelle pour eux et ils ont perdu, au cours d'une longue période d'inaction passée en Afrique du Nord, un certain nombre de qualités absolument primordiales pour un chasseur... Par exemple : voir en l'air... Un pilote de chasse qui ne sait pas scruter et voir est voué aux pires aventures. Mais à cet égard, les progrès devaient être très rapides, et les qualités extrêmement brillantes de ces pilotes en matière d'acrobatie devaient combler très vite certaines failles...

Je me suis efforcé de «soigner» leur vue. En me transformant en ennemi, je sautais leur formation, je les surprenais... Et au bout, je parvenais à ramener d'étonnants films pris par la caméra de bord... Mais cela ne dura pas. Et à la fin du stage, tous les pilotes étaient devenus opérationnels. Rien ne les distinguait plus des autres nationalités dans leur uniforme gris *RAF*... On les dirigea vers leur unité d'origine en regroupement à Perranporth... Un matin, pendant ce stage, je reçois une nouvelle qui me cause un immense plaisir. Le commandant de la base m'annonce que Sa Majesté le roi d'Angleterre vient de me décerner la *Distinguished Flying Cross*.

Le commandant de la base l'apprend lui-même, par haut-parleur, à tout le personnel en y ajoutant des paroles élogieuses. Je reçois évidemment les télégrammes d'usage des grands chefs et celui dont je suis le plus fier porte la signature de l'*Air Chief Marshal* Leigh-Mallory, grand patron de la chasse. Mes camarades du *91 Squadron*, son chef en tête, m'envoient un long télégramme très affectueux et très cordial. Je suis très content d'apprendre, en même temps, que mon vieux copain Ray Nash a reçu la même distinction... J'apprends aussi que l'escadron entier est au repos, sur la base de Drem en Écosse. Naturellement, le lendemain je m'y pose en avion et on m'accueille en frère... L'escadron ne doit pas rester longtemps dans le Nord, juste ce qu'il faut pour recevoir son nouvel avion, le *Spit XIV*. Personne ne peut me dire à quoi il ressemble. Je repars vers Kirton avec la promesse formelle de Kyneston de me faire revenir au *Squadron* dès qu'il sera équipé... Promesse qui atténue ma peine de quitter, une nouvelle fois, mes camarades...

Mais cela va prendre du temps et ce triste hiver n'en finit pas. Je ne demande même qu'une chose, c'est parvenir à oublier que je me suis trouvé là, un jour, à Kirton, et que j'y ai vécu des heures moroses. J'attends sans patience ma mutation au *91 Squadron*... J'aurais même complètement effacé Kirton de ma mémoire si, un an après mon départ, il ne s'était produit, sur ce sinistre terrain, une histoire aussi invraisemblable que rocambolesque et qui aurait pu se terminer tragiquement. C'est une histoire que l'on pourrait intituler « Une *WAAF* sur la queue d'un *Spit* »... Je préfère laisser raconter par l'héroïne, elle-même, son vol hors série sur *T for Trouble*…

23.
« *T for Trouble* », coursier impétueux et la jolie *WAAF* écuyère... (février 1945)

Je me nomme M.I. Horton, et je suis une des innombrables *WAAF* qui aident les guerriers à en finir avec les *Huns*. Je ne me suis jamais fait d'illusions sur le manque évident de panache de mon travail et dans mon équipe, à la base de la *RAF* de Hibaldstowe, nous étions toutes d'accord là-dessus...

Mais il n'y a pas de « p'tit boulot » quand il s'agit de vaincre, et nous, femmes anglaises, nous avons la certitude d'avoir fait notre possible aussi longtemps qu'on nous l'a demandé, et dans des conditions parfois très peu agréables... Personne, en effet, n'a jamais pensé que vivre en hiver à Hibaldstowe dans d'infâmes baraquements était suivre à la lettre le manuel du parfait scoutisme féminin... Je suis là avec beaucoup d'autres. Et c'est là que « j'ai failli avoir un accident » ...

C'est un vendredi que cela s'est produit. Un marin déclarerait que le vendredi est un jour désigné pour ce genre de coup dur... Des camarades qui ont assisté à l'aventure ont déclaré, sans rire, que j'aurai dû demander au receveur de me faire descendre... Mais tous les gens de la base ont affirmé que ce qui s'était passé, ce matin-là, était parfaitement normal, à partir du moment où l'avion *T for Trouble* était dans le coup.

Comme aide-mécanicien, on m'avait confié la garde de cet appareil depuis des mois, bien avant le jour où il réussit son plus bel exploit... Pendant tout ce temps, il est nécessaire d'affirmer que *T for Trouble* (mes lecteurs ont depuis longtemps compris que T est la lettre géante peinte sur le flanc de cet avion facétieux, la mention *for Trouble* for n'étant qu'un moyen auditif de ne pas se tromper sur la première lettre) ne nous avait jamais laissés vraiment tranquilles. Presque chaque jour, les mécaniciens revenant avec des soupirs de soulagement, du décollage général des avions, s'arrêtaient net en voyant un *Spitfire* solitaire revenir au *Dispersal*...

— C'est *T for Trouble*, c'est certain, disais-je au chef mécanicien, et j'avais raison presque chaque fois.

Cet appareil me rappelait ces vieux chevaux vicieux qui éprouvent une joie sans pareille à jeter leur cavalier au fossé le plus proche mais qui s'arrangent pour que la chute ne soit pas trop rude... J'ai dit un jour à un pilote qu'il n'avait pas tiré une bonne lettre :

— Il a toujours des ennuis mais il ramène toujours son monde vivant...

Je ne pensais pas que je serais un exemple – toujours en vie, Dieu merci – de cette affirmation qui a dû chagriner *T for Trouble*... À Hibaldstowe, comme ailleurs, l'ordre : « Procédure de mauvais temps » donné par le contrôle exige que chaque *Spit* se rendant du parking à la piste charge un mécanicien assis sur la queue pour que le vent ne puisse pas retourner l'appareil pendant le roulage au sol, vent dans le dos ou travers. Cela permet aussi au pilote de donner des coups de frein, en toute sécurité, sans passer sur le nez.

Ce jour-là, j'entends crier l'ordre par un sergent alors que je me rends au stationnement où *T for Trouble* est au démarrage. Je dis au caporal, chargé de la mise en route, que je vais le remplacer sur la queue de l'appareil et, d'un bond, sur le côté tribord, je m'installe, le dos confortablement collé au gouvernail, que vous, Français, appelez la « dérive »...

À l'arrivée, à l'intersection des pistes, je m'attends à ce que *T for Trouble* ralentisse assez pour que je puisse sauter à terre... Mais je me rends compte tout à coup que l'avion accélère... N'ayant plus le temps de sauter, je me jette sur le fuselage pour saisir le gouvernail de profondeur afin d'attirer l'attention du pilote. Avant même d'y parvenir, je suis bien forcée de convenir que, déjà, nous sommes en l'air.

Les gens qui m'interrogèrent par la suite sur ce que j'ai pensé à ce moment-là m'ont posé, en quelque sorte, des questions-réponses... Vous avez pensé à Dieu ? Vous avez revécu votre jeunesse ? Vous étiez sûre de mourir ? Etc. Or, rien de tout cela ne s'est produit.

Je m'accroche, et ma seule volonté est de m'accrocher. Je n'ai pas d'autre prise que le pan coupé du coin de gouvernail de profondeur où je peux placer trois doigts. Je n'ai pas l'impression de glisser. L'aileron m'empêche de rouler et la force du vent me plaque... Le vent ? Être sur la queue d'un *Spit* en plein décollage, je ne sais pas si vous vous rendez compte de ce que cela peut donner comme prise à l'air ! Mais je tiens bon avec mes ongles enfoncés à bloc dans la fente... Il est certain que je m'imaginais condamnée et que c'est justement parce que j'eus ce sentiment de la mort inévitable que je perdis tout sentiment de crainte : *« Ma fille, voilà ta dernière bourde... Mais c'est vraiment la meilleure. Tu auras été la seule WAAF d'Angleterre à mourir sur avion de chasse !... »*

Je me souviens d'avoir eu des regrets que mon aventure terrestre se termine si vite... Des regrets, aussi, de perdre ma toute prochaine ration de chocolat et de cigarettes de la NAAFI... Et si j'eus une pensée pour ma mère, c'était le regret que j'avais de ne pouvoir lui laisser un message qui lui aurait expliqué combien il m'avait été facile de mourir.

Mais, je vous l'ai dit, *T for Trouble* ne poussait jamais ses facéties jusqu'au dénouement fatal... Et j'étais bien obligée de me dire, aimablement traversée par l'air frais de février qui m'accueillait à trois cents kilomètres/heure, que je tenais bon et qu'après tout, il n'y avait aucune raison pour que je ne tienne pas jusqu'au bout, à condition que le pilote me ramène, sans trop tarder, car l'engourdissement pouvait me gagner d'une minute à l'autre... D'ailleurs le pilote, lui, avec son gouvernail presque hors service, n'était pas à la fête.

Il fait un tour de circuit en recherchant la cause de ses ennuis de pilotage et demande la permission de se poser... On la lui accorde d'autant plus facilement que le contrôleur de vol vient de recevoir un message d'avoir à faire atterrir *T for Trouble* sans donner aucun motif au pilote, sans lui dire que la cause de ses ennuis était une *WAAF* de soixante kilos sur son fuselage.

Heureuse décision. Le pilote fait un atterrissage tellement doux que je ne me suis rendu compte que nous étions sur le sol qu'en ressentant à nouveau, en regardant filer l'herbe, cette impression de vitesse que l'on n'a pas en l'air. Voilà.

T for Trouble n'a pas souffert de sa sinistre plaisanterie. À l'heure actuelle, il rit de bon cœur avec Pégase et le Rocket de Stephenson dans le Walhalla réservé aux coursiers immortels. C'était d'ailleurs un vétéran de la Bataille d'Angleterre et, comme tel, il méritait le respect.

Quant à moi, j'ai vainement tenté de me faire reconnaître dorénavant comme membre du personnel navigant et je n'ai pu obtenir du contrôleur financier la moindre prime de vol... On n'écrira jamais assez sur le côté « radin » de la *RAF*... Mes meilleures amies m'ont dit que j'avais dû encore m'endormir à mon poste et que si j'étais tombée de deux cents mètres de haut, cela aurait pu me servir de bonne leçon...

Les questions pertinentes sur mon aventure ont été : Pourquoi l'ordre de vol « procédure mauvais temps » n'est-il pas parvenu au pilote qui aurait su alors qu'il avait quelqu'un sur son plan fixe ? Pourquoi le contrôleur ne m'a-t-il pas vue avant de donner l'ordre du décollage et pourquoi, enfin, l'ambulance n'est pas venue en piste pour me ramasser en petits morceaux ?

À toutes ces questions, une seule réponse, la seule qui soit également pertinente pour tous ceux qui ont connu ce phénomène : *T for Trouble...*

24.
West Malling...

Un grand jour... Je retrouve le *91*... Je ne tiens plus en place et les formalités me semblent fastidieuses. Je crains fort d'avoir trop montré à ceux de Kirton combien j'étais joyeux de les quitter.

J'arrive le lendemain à Drem pour apprendre que mon *Squadron* est parti depuis deux heures. Je vais le rejoindre en route car il doit faire escale pendant quarante-huit heures avant de gagner sa nouvelle base : West Malling... La base d'étape où je retrouve mes camarades est une énorme usine où vivent surtout des bombardiers. Les chasseurs se font très remarquer et je lis une annotation de mon carnet : *Awful place but nice WAAF* (Sinistre base mais jolies *WAAF*)

West Malling c'est autre chose. D'abord une base merveilleusement agencée. Une forêt en bordure du terrain qui dissimule les citernes et tout le matériel d'équipement. Climat merveilleux du Kent au mois d'avril. Mess agréable que nous partageons avec des Hollandais qui pilotent, eux aussi, des *Spit XIV*. Une unité de chasse, le *29 Squadron*, fait du harcèlement de nuit sur *Mosquito*.

Londres est très proche. Cependant la proximité de la capitale ne nous tente guère depuis que nous avons établi notre P.C. «Opérations civiles» dans un coin charmant, Tonbridge, au sud de West MaIling. Le Hilden Manor Club tient ses assises dans une vieille demeure. La cuisine est bonne, ce qui est assez peu courant en Angleterre, et l'accueil diablement sympathique. On y voit défiler toute la semaine des Londoniens qui viennent oublier là les bombardements et les ennuis de la capitale... Pendant les week-ends, le vieux manoir est plein à craquer. Mais par mesure spéciale, nous avons réservation prioritaire pour le gîte et le couvert.

Aussi, le soir, après la bagarre dans le ciel, nous nous réunissons à Hilden Manor, qui devient notre vrai manoir familial... On bavarde et on rit, garçons et filles autour du bar... Quand la soirée, parfois la nuit, s'achève, Ray Nash, remettant en marche sa vieille voiture, nous ramène à la base où nous attendent d'austères routines de guerre que nous connaissons.

Naturellement j'ai été heureux de faire la connaissance du *Spit XIV*. C'est un magnifique avion qui a gardé la ligne élégante et pure de ses prédécesseurs et, à des qualités reconnues, a ajouté des améliorations techniques qui nous donnent l'avantage sur l'ennemi dans n'importe quelles conditions de combat.

Sur ce super *Spitfire*, le capot moteur est, seulement, augmenté d'un mètre par rapport à l'ancêtre, le *Spit II*. L'avion dans son ensemble a quelque chose de plus robuste, de plus agressif aussi. Il a pris un peu de ventre, queue pointue, hélice à cinq pales, énorme casserole, puissance de montée exceptionnelle, avec des compresseurs successifs. On ne montera pas mieux et plus vite pendant de longues années.

Le 14 mai, la météo permettait de lancer une «rhubarbe» sur les côtes de Hollande. Johnny Monihan se propose immédiatement pour m'accompagner. La mer est sale sous une épaisse couche nuageuse et nous nous glissons entre les deux. Au bout de quarante minutes au ras de l'eau, nous avons au bout des capots la ligne plate de la côte, vers Nieuport...

Je n'ai pas l'impression que je vais faire aujourd'hui une seconde expérience des qualités ascensionnelles extraordinaires de notre nouveau *Spit*... La première a été concluante ; envoyés en Scramble sur un ballon-sonde qui se trouvait entre Saint-Omer et la côte française, nous avons « pris » 14 000 mètres en... 14 minutes... Il a fallu attendre longtemps pour qu'un avion à réaction puisse en faire autant...

Mais revenons à Nieuport, ou plutôt à Flessingue, car nous avons progressé depuis que je vous parle de mon « ascenseur »... À Ostende, des petits trous dans l'eau saluent notre passage. Comme cela s'est passé de la même façon à Zeebrugge, nous sommes déjà rassurés sur les possibilités des divers comités d'accueil de la région... Le plafond des nuages s'est un peu élevé mais la visibilité reste mauvaise... Tiens, tiens... une masse sombre, courte et assez plate sur l'eau, une cheminée basse qui traîne un panache de fumée... D'instinct, je fais sauter la sécurité des canons :

— *Red 2, un bateau devant...*

Nous sommes dans l'estuaire vers Flessingue et Johnny a d'autant mieux vu le bateau que les superstructures avant et arrière de ce « piège à *Spit* » sont illuminées par les éclairs départ d'une flopée de mitrailleuses lourdes et de *ack-ack*... Je prends la décision d'attaquer seul... Si près des côtes, un mauvais coup de la chasse ennemie est bien vite arrivé... Pourquoi aussi serait-il utile de risquer deux avions et deux pilotes ?

— *Johnny, keep away and look out for enemy aircraft*... (Johnny, prends du champ et fais attention aux avions ennemis.)

— O.K., Jaco...

Je fais mon dernier circuit avant l'attaque. Et hop... La tête rentrée dans les épaules, je me fais le plus petit possible car des chapelets de traceuses multicolores m'arrivent dessus pour curieusement s'incurver, du moins c'est ce que je vois, et passer le long de mes flancs... Sur les rives, des engins de tous les calibres participent à ce joyeux feu d'artifice... J'ai un moment de découragement... Le Père la Trouille que tout individu, normalement constitué, recèle en lui intervient pour me demander ce que je viens faire dans cette aventure, le tout avec un accompagnement d'épithètes blessantes... Jaco, mon ami, qu'as-tu à foutre de ce rafiot à la gomme qui ne vaut même pas le prix de ton hélice quintupale ? Heureusement pour moi, mon avion est sur sa lancée et du diable si je lui fais quitter cette ligne droite qui me conduit sur la cible... Je reconnais, cependant, que j'ai une trouille intense... Cela m'a pris comme un accès de fièvre, peu avant le moment où, l'auréole de mon viseur encadrant la partie centrale du bâtiment, j'ai accroché le point brillant sous la cheminée, à la hauteur de la ligne de flottaison. Éclairs, flocons gris et noirs, traceuses, quelle orchestration pour le petit concerto que je veux faire entendre au rafiot... Même Johnny, là-haut, que j'ai eu le temps de voir pendant ma ligne droite, même Johnny reçoit sa part, abondante et variée...

Cela me redonne du courage... Le bateau n'est plus qu'à cent mètres. La mouche lumineuse du collimateur reste fixe. J'appuie sur la détente avec une sorte de rageuse frénésie... Pas toujours au tour des mêmes... La longue rafale pénètre au cœur du bâtiment. Et je garde toujours le pouce bloqué... J'ai le temps de voir un énorme jet de vapeur blanche s'échapper de la passerelle. C'est gagné, le bateau est touché à mort. Quand je passe au ras des superstructures, je vois des flammes courir sur le pont...

Je me retrouve au milieu du goulet, le ventre collé à la boue, puis je vire sec sur mon cap retour. C'est alors que je vois les larges volutes noires qui sortent du bateau stoppé. Son compte est bon. Les reconnaissances photo, faites un peu plus tard, confirmeront la destruction. Pour l'instant, je rejoins Johnny sur un coup d'ascenseur, et nous rentrons par le plus court en nous servant des nuages pour éviter la chasse ennemie car je suis, personnellement, à court de munitions...

À West Malling, je rends compte de mon aventure à Kyneston, son visage perd, peu à peu, son sourire au fur et à mesure de mon fidèle récit... Il me laisse parler et arriver au bout de mon affaire... Mais je n'ai pas besoin de le regarder longtemps pour voir qu'il n'est pas d'accord et il va me le montrer en me disant d'un ton un peu agacé :

— *Rhubarb, piece of cake, but shipping attack in that region, bloody silly.* (Une « rhubarbe », c'est du gâteau... Mais une attaque de bateau dans cette région, bêtement dangereux !!!)

Je le quitte un peu décontenancé avec Johnny sur les talons... Mais au fond de moi-même, je me dis qu'il n'a pas tort...

La fin du mois de mai arrive. Il y a quelque chose dans l'air. Dans notre secteur, les mouvements de troupes sont de plus en plus fréquents. Pourtant, il ne semble pas qu'il y ait une activité anormale dans les ports de la côte sud. Cependant, nos régions très boisées sont littéralement truffées de matériel de guerre... Mais, je vous le répète, il n'apparaît à personne qu'une action soit imminente... Les opérations aériennes contre le Continent sont nombreuses, mais notre *Squadron* est gardé en alerte permanente depuis quelques jours, ce qui nous laisse un peu de répit... Mission principale de nos rapides « ascenseurs » : rechercher à haute altitude les avions de reconnaissance ennemis qui sont très curieux de ce qui se passe sur la côte sud de l'Angleterre à l'heure où, selon toute vraisemblance, les Alliés doivent tenter l'ouverture du fameux « second front » en Europe... Mais les *Jerries* curieux font demi-tour avant que nous arrivions à portée de tir et s'enfuient vers l'Europe...

La vérité m'oblige à dire que nous passons le reste du temps soit au mess, soit à l'Hilden Manor où il y a toujours quelques filles capables de nous faire oublier, pendant quelques heures, que nous sommes en guerre... Nous faisons aussi des visites à nos camarades malades ou blessés, en leur apportant, avec des gâteaux, l'air du *Squadron*. Kris Doll, qui était à l'hôpital de Halton, était de ceux-là...

De nouveaux pilotes arrivent en renfort. Je suis chargé d'en entraîner un comme équipier, un Australien, aimable, gai, sympathique, qui se révèle très vite comme un magnifique pilote et un chasseur de classe. Peu de temps après son arrivée, il reçoit, en ma compagnie, le baptême du feu. Ce compagnon devait devenir célèbre, un peu plus tard, en détruisant avec son *Spit* mais d'une manière peu commune – une bombe volante qui se dirigeait droit sur le cœur de Londres...

Changement brutal dès le 1er juin... D'abord une consigne sévère nous interdit de quitter la base. Cela nous exaspère car nous voilà privés de notre cher Hilden Manor et des hôtesses qui faisaient le charme principal du vieux manoir... Nous sommes d'autant plus furieux que nous ne comprenons pas le sens de cette consigne qui ressemble, pour nous, à une brimade... Et ça proteste ferme jusqu'au jour où un gars, en quittant le *Dispersal* avions, nous annonce au retour d'un *Scramble* :

— Il se passe quelque chose, les gars... L'île de Wight c'est vraiment Piccadilly Circus... tellement il y a du monde...

Effectivement, au vol suivant, toute la *Wing* peut constater sans peine que l'île de Wight est devenue le rendez-vous de bateaux de tous les types et de tonnages extrêmement divers... Et comme notre curiosité est terriblement éveillée, voilà que nous découvrons, dans tous les ports, de véritables concentrations de bateaux de guerre, escorteurs, dragueurs de mines, etc. Le soir, au mess, il y a une discussion qui dure très tard dans la nuit... Pendant les jours qui suivent, nous faisons encore et toujours la guerre aux « photographes » qui s'obstinent à venir repérer, de très haut, cette animation extraordinaire...

Le 5 juin à 19 h 30, Jean Maridor entre dans ma chambre en coup de vent :

— Ça y est, mon vieux, quelque chose d'énorme se prépare... *Briefing* pour tous les pilotes à 20 heures. Il sera fait par le commandant de la base lui-même... C'est certainement POUR DEMAIN...

La joie de Maridor provoque en moi un choc formidable. Je ne peux pas rester un instant de plus dans ma chambre. Je pars avec lui vers le *Dispersal* pour le « *briefing* historique ». À huit heures, on entre sans bruit. Et dans la salle, il y a un silence de cathédrale. Tout le monde regarde le *Group Captain*. L'émotion est grande, mais je crois bien que le *Group Captain* est encore le plus ému de nous tous...

— Demain matin, à l'aube, les unités alliées débarqueront sur le sol de la France. Ce n'est pas un exercice cette fois, mais la réalité. Un nouveau front sera établi en Normandie entre la Vire et l'Orne. Cette zone, moins fortifiée que le Pas-de-Calais, permet, entre autres, une exploitation rapide de l'arrière-pays. Elle peut être enfin relativement facilement isolée par des offensives aériennes contre les ponts de la Seine. Cinq points de débarquement sont prévus. Le secteur britannique est figuré par les flèches Sword et Juno... Les prévisions météo ne sont malheureusement pas très bonnes pour un débarquement... Toutefois, nous allons vers une éclaircie... Faisons confiance au *Group Captain* Stagg de la *RAF* et chef météo auprès du Grand Quartier général... Les ordres de détail seront donnés par les commandants d'unité... *That is all. God bless you.* (C'est tout. Que Dieu vous bénisse.)

La surprise est considérable. Le silence reste religieux.

Ce soir-là, le sommeil me déserte. Je crois bien que personne ne dort sur la base... Je pense, les yeux grands ouverts dans le noir, à mon rêve de trois années de guerre : revoir la France, revoir les miens...

Je rêve, les yeux ouverts certes, mais l'émotion aidant, je m'enfonce peu à peu dans le sommeil comme on glisse dans un trou sans fond... J'essaie encore de tenir, de survivre, cramponné à mon oreiller...

Un peu de repos était nécessaire car à trois heures trente, c'est la mise en alerte... Et nous nous retrouvons tous brélés dans nos avions sans que rien ne se passe. J'enrage, je trépigne de ne pouvoir aller me rendre compte sur place... Les visions de sable blond, de ces longues plaines jaunes frangées d'écume que j'ai si souvent rapportées de mes *Sweep* sur la Normandie, m'assaillent sans arrêt... Je revois ces trous de *ack-ack* que mon équipier et moi avons pris dans nos collimateurs... C'est là, ce matin, que se déroule un événement dont dépend notre avenir à tous... Et je suis saucissonné dans ce « piège » avec, comme seule consigne, « attendre les ordres » ... Naturellement, les histoires les plus diverses nous parviennent par bribes incontrôlables. Et, malheur de malheur, le 6 juin se terminera sans que nous ayons été appelés à l'aide dans le secteur... Que fait donc la chasse allemande ? Et pourtant les chiffres officiels indiquent que, ce jour-là, il y eut 14 660 vols d'avions de toutes catégories au-dessus du *Beach head*...

Le lendemain, alors que des alto-cumulus voilent le ciel, annonçant certainement le mauvais temps, nous effectuons un *Sweep* de chasse dans les environs de Lisieux... De la fumée, des flammes montent de la ville. Lisieux est en feu. La tête de pont est une véritable fourmilière. L'invraisemblable armada est en perpétuel mouvement... Mais on distingue très bien les bateaux qui ont accosté au port artificiel et qui déchargent du matériel. Quelques-uns semblent tenus au-dessus de l'eau, en quelque sorte suspendus aux câbles qui les relient à leurs ballons de protection... Choc énorme que cette vision d'une immense armée navale déversant sur le sable de France tout ce qui va être nécessaire pour la libération de notre sol...

Des jours qui suivent, il faut retenir les nombreuses missions d'attaque au sol autour du champ de bataille, missions que l'on nous confie car la *Luftwaffe* continue à être inexistante... Alors notre escadron fait une chasse sans merci à tout ce qui bouge sur les routes et les chemins de Normandie. Il ne fait pas bon les emprunter du très petit jour au coucher du soleil... Il y a toujours un avion, aux cocardes *RAF*, pour foncer sur l'engin quel qu'il soit... Et le détruire... La réussite de nos camarades de l'Armée de Terre dépend de notre vigilance.

Je n'ai pas besoin de vous dire avec quelle impatience j'attends le moment de me poser en France...

Moins d'une semaine après le débarquement, la *RAF* a déjà cinq terrains d'atterrissage fonctionnant à plein et le front s'étend, d'une façon continue, sur près de cent cinquante kilomètres, de Carentan jusqu'à la Dive, descendant en profondeur jusqu'à Caumont...

Je fais valoir que je considérerais comme une très grande récompense le fait de me poser, même pour quelques instants, sur un de ces terrains... Autant parler à des sourds... La récompense d'un jeune pilote français n'entre pas en ligne de compte dans une aventure aussi prodigieuse... Je dois renoncer à mon projet... en souhaitant qu'une «carafe» quelconque vienne m'obliger, cas de force majeure, à me laisser glisser avec mon beau *Spit XIV* sur un terrain normand... Mais les ennuis moteurs et autres ne viennent jamais quand ils sont souhaités...

Il est de plus en plus question que je sois affecté au groupe «Alsace» pour y prendre le commandement de la deuxième escadrille. Quelques jours plus tôt, j'ai rencontré le commandant Martell qui a insisté dans ce sens. Je ne suis vraiment pas très chaud pour quitter une unité comme mon cher *91* où, grâce à mon ancienneté, je remplis largement les fonctions de commandant d'escadrille...

C'est un matin de juin que Red Bloomer, le rouquin australien dont je vous ai déjà parlé, fait son apparition au *Dispersal*... Il avait été descendu et on le croyait tous mort... Et nous le retrouvons parmi nous, plus vivant que jamais... Il nous raconte des tas d'histoires sur son séjour en France et nous parle de la Résistance... Il garde un excellent souvenir de son passage en Normandie... Il en parle un peu comme s'il avait passé, dans un décor de verdure, des vacances forcées... À Hilden Manor, il est fêté comme un héros et porté en triomphe par les habitués...

La guerre continue, Red Bloomer a repris sa place parmi nous au combat.

J'apprends avec joie, mais aussi un peu d'envie, que le général de Gaulle vient d'effectuer un bref séjour à Bayeux. Qu'il me tarde de le suivre! Le temps est toujours mauvais. Le vent qui souffle en tempête a fortement matraqué le port artificiel d'Arromanches, le port américain «Omaha» est inutilisable. Par une chance inouïe, «Port Churchill» a tenu bon... Il est vrai qu'avec un nom comme celui-là...

L'aspirant Leguie et l'adjudant Oury se sont posés sur une piste en Normandie qui a reçu le nom de code de *B.2*... À Tangmere, où je les rencontre par hasard, ils me racontent, avec des larmes dans les yeux, leur visite à Bayeux après leur atterrissage forcé... Mais leur émotion, si forte qu'elle ait été, ne les a pas empêchés de rapporter force camemberts et calva...

25.
Le premier V1 sur Londres (jeudi 15 juin 1944)

Ce soir-là survient un événement d'une exceptionnelle gravité. Après les opérations de la journée, nous avons quitté le bar du mess trop enfumé et nous nous sommes installés au frais audehors, « pinte » de bière à la main, sur la terrasse d'entrée. Et nous attendons la voiture qui va nous conduire à Hilden Manor. Une grande partie de l'escadron est réunie et la nuit tombe doucement. Tout est calme... Seulement le bruissement doux du vent dans les grands arbres qui nous entourent. Et soudain un bruit étrange naît, se développe... De très loin vient et grandit une pétarade saccadée qui remplit le ciel... Un engin ? Alors nous sommes sur sa trajectoire... Par claquements successifs, le son ne fait que s'amplifier... Nous nous regardons. Nous n'avons jamais rien entendu de tel... Et un *Boy* crie tout à coup : *« Look ! »*

L'engin paraît. Il doit nous survoler. Il fonce droit sur Londres... Petites ailes courtes, un corps allongé surmonté par une sorte de gros tuyau qui crache une grande flamme, un nez rond. Voilà donc l'arme nouvelle... Voilà donc l'engin mystérieux et terrible avec lequel ce fou d'Hitler entend changer la farouche détermination des Anglais... Nous le suivons des yeux dans sa progression au-dessus de la capitale... Le bruit, soudain, s'arrête. La lumière disparaît. Et quelques instants plus tard, nous percevons distinctement le bruit d'une explosion... Nous nous regardons tous... Est-ce que nous avons rêvé ? Mais, un quart d'heure plus tard, le même fait se produit... Pauvres Londoniens. Le lendemain matin, nous demandons au Secteur le droit de tirer sur ces avions sans pilote. Mais il faudra plusieurs jours avant d'obtenir l'autorisation...

C'est ainsi que notre escadron, qui se trouve basé sur la ligne de passage des *V1* allant sur Londres, deviendra, grâce à la qualité de son matériel, l'un des champions de la chasse des *Doodle-Bug*... Ce n'était pas, hélas, sans danger et l'un des meilleurs d'entre nous devait, peu de temps après, périr en détruisant un *V1*.

On organisa la chasse. Mais chacun des pilotes voulait son *V1* et c'était la bagarre pour se placer derrière l'avion-robot à bonne distance de tir... La première fois que je réussis à tirer un *V1*, un damné pilote de *Tempest* eut l'audace de s'intercaler entre la cible et moi et lui envoya le coup de grâce... Je n'ai jamais été aussi furieux de ma vie de me voir chiper ma proie... Alors c'est ici que se place l'aventure extraordinaire du *Pilot Officer* Faulkner, l'Australien que j'avais eu la joie de coacher lors de son arrivée à l'escadron. Un *V1* vient de passer la côte anglaise et se dirige vers Londres à grand renfort de pétarades...

Scramble de Faulkner qui établit le contact avec la torpille volante. Il commence alors sa passe de tir qui doit l'amener juste sur l'arrière. Il stabilise son viseur à bonne distance et ouvre le feu. Les premiers obus partent mais les deux canons s'enrayent. Faulkner réfléchit une seconde. Il faut absolument empêcher ce *V1* d'aller jusqu'au bout de son carburant au-dessus de Londres... Il faut sauver des vies humaines... Mais comment ? Faulkner, je vous l'ai dit pour l'avoir constaté à ses débuts parmi nous, est un très bon pilote. Dans un *Squadron* comme le *91* où les « meilleures mains » de la chasse anglaise abondent, Faulkner compte parmi les cracks. Il faut être diablement sûr de ses réflexes pour faire ce qu'il va faire. Pour dévier le *V1*[2], il va d'abord voler en « patrouille serrée » avec lui. Si vous avez eu l'occasion, un jour, de piloter un avion vous comprendrez encore mieux ce que représente l'idée de voler, aile dans aile, dans une atmosphère perturbée, avec un robot porteur de six cents kilos d'explosifs à haute puissance capable de sauter au moindre choc...

Mais Faulkner se rapproche de plus en plus. Il fait passer tranquillement le bout du plan de son *Spit* sous l'aile atrophiée du robot et la soulève. Mais il la soulève progressivement, sans la moindre secousse, car une seule secousse et c'est la mort dans une fulgurante explosion... Et je te soulève doucement, doucement... Et je t'oblige, un peu à la fois, à virer...

Il devient vite perceptible au pilote du *Spit* que le système gyroscopique actionnant la centrale de navigation à inertie est

---

2. La bombe volante, le *V1*, fut une réussite remarquable. Elle se présentait comme un petit avion, sans pilote, ayant des ailes courtes. Son fuselage arrière est surmonté par une espèce de tuyau de poêle horizontal qui est le système propulsif. (Tuyère pulsa-réacteur.)

La partie avant contient la charge explosive : 600 kilos d'un mélange à 50 % de dinitrobenzène et de nitrate d'ammonium.

- Envergure : 5 m 30 ;
- Longueur : 8 m 40 ;
- Vitesse : 620 km/h ;
- Altitude d'emploi : de 500 m à 2 500 m ;
- Lancement sur rampe ;
- Autonomie : 700 litres d'essence pour 300 km, précision à l'arrivée de l'ordre de 5 km.

alors troublé. Le robot devient fou et se met en vrille en dehors de sa route... Il tombe dans des jardins bien loin de Londres... Il ne tuera personne...

Faulkner revient se poser à West MaIling... Toujours aussi paisiblement, il dit à Mike le *Spy* exactement ce qui s'est passé... Tout autour de lui naissent des sourires assez sceptiques... L'histoire paraît un tantinet folle aux vieux pilotes... Mais Faulkner n'en a pas d'autre à notre disposition et ce sont les mécanos qui ont le dernier mot... Car ils signalent, comme c'est leur devoir, des éraflures et des traces de peinture toutes fraîches sur le bout du plan de Faulkner... Alors tous les doutes s'évanouissent et nous faisons une ovation à cet Australien qui trouve tout simple de faire un bout de « patrouille serrée » avec un tonneau de dynamite en vol...

26. En « Spit XIV » sur Paris

Le téléphone du secteur réveille le *timekeeper* et stoppe, pour un temps limité, un rêve que nous lui envions tous. Sa voix est encore dans les brumes du sommeil quand il répond à l'officier des opérations.

Nous savons déjà qu'il est question d'un *Sweep* de chasse, avec les deux escadrons, dans la région de Pontoise après le passage d'un vol de bombardiers... Pontoise, Conflans... Mais c'est Paris... Je jubile, on va voir Paris de près.

Pendant le *briefing*, il est bien spécifié que les avions très à court d'esssence pourront, en cas de nécessité absolue, se poser sur une des pistes provisoires de la tête de pont. Eh, eh... Tout cela est bien fait pour me réchauffer le cœur...

Je suis à la tête de *B Flight*... Déjà nous passons la côte française, à trois mille mètres, dans la région de Dieppe.

— Rien pour vous, dit à intervalles réguliers, la voix réconfortante du contrôleur de Tangmere... (C'est tout de même curieux, aujourd'hui, cette voix ne m'énerve absolument pas... Mes dispositions d'esprit sont excellentes et mon optimisme assuré.)

Coup d'œil en vitesse à la carte dans un cockpit qui n'est pas fait pour un étalement de papier... Je connais tellement bien le coin que c'est là un geste vraiment passe-temps... Rouen défile au loin, à notre droite, et la ville semble morte... Les larges anneaux de la Seine luisent dans le soleil... Les routes, les voies ferrées, les chemins, tout semble maintenant aller vers un seul point, la capitale qui est quelque part à l'est, dans un halo de brume sèche... Pourquoi irais-je vous cacher que j'ai les mâchoires serrées par l'émotion, l'inévitable émotion... J'accuse l'oxygène du masque de m'assécher la bouche... En fait c'est autre chose... Le temps est radieux et j'ai une furieuse envie d'avoir affaire à un *Jerry*, mais pas n'importe quel *Jerry* abandonné à l'avance à son sort... J'ai envie de faire du sport... Cependant rien en l'air... Et, au sol, les routes sont étrangement vides... Le contrôleur du secteur nous fait changer de fréquence radio et du diable si je sais pourquoi... C'est alors que j'entends une voix lointaine qui nous veut du bien... Elle dit :

— Vingt bandits, et peut-être plus, venant de la droite, à cinq miles au-dessus de vous...

— *Roger*, répond placidement Ray Harris...

Le contrôleur de Tangmere reprend aussitôt :

— Une autre formation, droit devant vous au-dessus de Paris. Le cap retour de secours est 320°...

Il n'y a cependant aucune trace d'avions dans le ciel... Soudain, légèrement sur notre gauche, dans la région du Bourget, un flocon rouge se suspend dans l'air bleu... Ouvrons bien les yeux, c'est le moment. Et c'est un conseil qu'il n'est pas utile de donner aux *boys*...

Je crois que c'est moi qui ai découvert le premier les *Jerries* à la verticale du Bourget. Ce sont des *FW 190* si l'on considère leur façon de voler. Je les annonce, et aussitôt je les perds de vue... Mais le *Wing Commander* les voit à son tour et manœuvre en montant derrière eux. Un vrai travail d'entraînement, réalisé comme à l'exercice, et tout serait parfait si, au même moment, un camarade n'avait annoncé une autre formation, à droite et plus bas... Un moment d'hésitation et déjà le *41* fonce tout droit sur la deuxième bande... Mais c'en est fait de notre magnifique formation... Au moment où Harris jette le « Taïaut » attendu, chacun se précipite...

Paris, grande crêpe grise bien aplatie de chaque côté du ruban Seine, est au-dessous de nous. Seule, la Tour Eiffel émerge comme une sorte de paratonnerre, la pièce montée du Sacré-Cœur fait sentinelle sur l'horizon... et les ballons de barrage semblent dormir au soleil comme de gros pachydermes.

Deux *FW 190*, curieusement longs, défilent l'un derrière l'autre sous le nez de mon avion... Pour du culot, c'est du culot... Je ne crie pas mon attaque, je n'en ai pas le temps... Un balancement des ailes et allons-y...

Je pique pleins gaz en évoluant pour couper dans le virage et je tire sur la poignée qui libère mes réservoirs supplémentaires. Elle résiste et comme je tire plus fort, elle me reste dans la main. Tant pis pour le *baby*, mais il va me « prendre » de la vitesse... Piqué accentué, mais la distance ne diminue pas. Et Paris monte vers moi... Je sais, au fond de mon cœur, qu'il s'agit du plus beau Paris de l'année, du Paris du printemps, du Paris qui sent déjà sa libération et qui prépare ses armes... Il y a, au-dessus de la grande ville, des petits nuages légers, tout ronds, suspendus dans l'air limpide comme autant de bulles blanches... C'est bien le moment de se sentir poète... La silhouette du deuxième *FW* se détache nettement du sol. C'est un « long nez » ... Mais le sol approche et déjà entre en jeu l'aspect géométrique de la ville, déjà des rues défilent en toile de fond... Mon collimateur danse devant moi, je connais cette danse de mort... Je suis dans les remous de l'adversaire et le « relief » est aussi la cause de cette instabilité... Le *FW*, la trouille aux fesses, descend encore plus bas, au ras des toits... Et la chasse continue... J'ai l'impression de gagner du terrain et son cockpit brille sous le soleil... On saute des maisons et des rues... J'ai hâte d'en finir car ce rase-toits est un sport difficile et plein de pièges... J'ai le gars dans mon collimateur et j'appuie sur la détente bien que ma cible me paraisse un peu loin... Un *Spit* qui crache de toutes ses armes, cela doit faire un fameux raffut à cinquante mètres du sol maximum... Je prie Dieu que mes amis parisiens soient tous à l'abri... J'appuie encore et j'observe un éclair sur le plan droit du *FW*, mais il continue...

La Tour Eiffel m'arrive dessus et me domine étrangement. Paris défile tandis que mon pouce écrase encore la détente. J'enrage car je sens que ce salopard va m'échapper et se réfugier dans la brume laiteuse qui entoure les coteaux de Meudon... Rien à faire... Je suis à la fois furieux et désespéré et j'ai, pourquoi ne pas l'avouer, de grosses larmes de dépit qui coulent sur mon masque à oxygène... J'ai raté mon ennemi... Et j'en voulais tellement de cette victoire au ras des toits de la capitale... Je sais bien qu'il y aura eu beaucoup de Français qui, malgré le danger, auront voulu assister à ce spectacle réconfortant : deux *Jerries* fuyant devant des avions amis...

Maintenant je me retrouve seul. Coup d'œil à droite et à gauche... Je ressens ma solitude et je sais que je ne suis pas du tout en sécurité dans ce ciel hostile... Tant pis... Ma porte de sortie, c'est la Seine, majestueuse... La Seine au ras de ses flots jaunes, la Seine en sautant quelques ponts... Cap sur l'Angleterre... Je suis toujours aussi furieux et je souhaiterais tomber sur un objectif valable pour passer ma hargne.

Voilà deux heures dix de vol dont je conserverai le souvenir...

27. Retour au bercail : le groupe de chasse Alsace

Le souci de la vérité m'oblige à reconnaître que je n'ai pas le sourire en recevant l'ordre du Quartier général m'envoyant prendre le commandement d'une escadrille du groupe de chasse Alsace.

Je saute de mon *Spit* au retour d'une mission sur Saint-Ormer et c'est Kyneston, en personne, qui m'annonce la nouvelle. Je sais déjà que le commandant Martell est à la tête du groupe et que Michel Bourdier est le chef de l'autre escadrille. Il me faut donc quitter mon cher *91*, mes camarades, mes chefs et... le *Spit XIV*... La guerre se soucie bien des sentiments intimes de ceux qu'elle met en scène ! Sans retard, je rejoins ma nouvelle unité dans un avion de liaison que pilote de Bordas... Je n'ai même pas eu le temps d'offrir le pot du départ, mais ce n'est que partie remise... Prise de contact avec le groupe sur un terrain provisoire, établi en pleine campagne dans le sud de l'Angleterre... Tout le monde vit sous la tente en attendant l'ordre de passer le Channel... Le commandant Martell me reçoit sous son abri en toile et il a des mots parfaitement cordiaux pour me souhaiter la bienvenue... Je connais depuis longtemps un certain nombre de pilotes anciens, les lieutenants Raoul-Duval, Pabiot, Roos, Pierre Laurent, Kiki Laveissière, Girardon, Farman, Bruno, Parent, Rastel... et les sous-lieutenants Leguie, Mailfert, Dabos, Davies, Henri Mathey, l'adjudant Foissac, le sergent Legoff et quelques autres... Au total, une bonne trentaine...

Mon arrivée au groupe s'effectue sans cérémonie et même sans manifestation de sympathie particulière... Je sens que je suis un chef d'escadrille venant d'une unité anglaise... On doit reconnaître aussi que ces pilotes sont à la fois fatigués et énervés à l'approche du retour en France...

C'est même ce jour-là que les «Opérations» nous annoncent que «l'Île-de-France» et l' «Alsace» iront se poser sur une des pistes de Normandie et opéreront de là pendant la journée... Mais tout se tasse très vite. Sans pour autant oublier mes compagnons du *91* parmi lesquels je m'étais fait, en un an d'opérations, une place enviable, j'entre dans un nouveau cercle d'amis, très vite agréable, et je me lie tout de suite avec Raoul-Duval et le lieutenant «toubib» Jeager...

Martell, magnifique athlète, impressionnant en taille et en force, est le patron incontesté à qui les pilotes vouent un véritable culte qui en fait un personnage mi-dieu, mi-homme. Évadé d'Espagne avec son camarade Dick Farman, il est arrivé ici avec une solide réputation de pilote acquise à l'école d'Étampes. Il commande le groupe depuis la mort de Mouchotte... Le groupe est équipé de *Spit Mark IX*. Certes, ils ne valent pas le *XIV* mais représentent un excellent instrument de travail, aussi bien comme avions d'attaque au sol que comme combattants. Ce *Spit IX* possède une large part de responsabilité dans la victoire finale des ailes alliées.

Il est près de six heures le lendemain matin, quand le groupe se pose entre les petits villages de Bazenville et de Crépon.

Pour moi, si ému que je sois à la pensée de cet atterrissage sur la terre de France, je suis tout de même obligé de constater que je roule d'abord dans la poussière... Et quelle poussière ! À côté d'elle, les nuages de sable du Sahara ne sont, à dire vrai, que de la roupie de sansonnet... D'ailleurs, les soldats du *RAF Regiment* ont tous un véritable masque de poussière jaune sur le visage... On en a dans le nez, les yeux, les oreilles... Partout... Et l'avion qui se pose soulève un nuage de plus de quarante mètres de haut... Cela n'empêche nullement Laurent, qui a revêtu un uniforme français pour la circonstance, de se jeter sur le ventre à sa descente d'avion et de baiser le sol... Il se relève content. Mais ceux qui le contemplent doivent bien reconnaître que son camouflage en gris est désormais parfait...

J'ai encore une autre impression. Et celle-là est merveilleusement douce et émouvante... Je m'écarte de la piste, j'entre dans les champs environnants... Et tout d'un coup je retrouve la France... Champs verts, cloisonnés par des talus, encadrés par de vieux arbres biscornus, des pommiers, du blé qui ondule, des chemins creux qui débouchent sur de vieilles fermes aux toits de chaume et des tas de gros fumier odorant devant des portes d'écuries, marquées par des harnais suspendus... La chère vieille Angleterre devient soudain un souvenir lointain... Nous nous promenons en jetant des regards timides sur ces simples visions... Nous rêvons en marchant, à peine atteints par ce gentil : *« So, you are back »*, que des soldats anglais nous glissent au passage en souriant. (Ainsi, vous voilà de retour.)

Oui, on est là, de nouveau. C'est bon et c'est chaud au cœur. Mais malgré l'émotion qui nous étreint tous, malgré les larmes qui obscurcissent les yeux, nous n'avons pas beaucoup le temps de rêver...

Farman et Foissac ont pris la *Readiness* (l'alerte) aussitôt après l'atterrissage et nous les avons presque oubliés dans leur cockpit.

Pourtant, on ne s'ennuie pas, ici, en *Readiness*... Il y a un spectacle permanent de premier ordre, sportif certes, mais cruel, avec des suspenses de toute première qualité... Ce sont les *Marauder* qui l'offrent en allant bombarder Caen par groupes de six... Le premier box arrive lentement sur l'objectif. Brusquement, il est environné de petits nuages noirs... Un *Marauder* perd un bout d'aile et vrille lentement en flammes. Mais les cinq autres continuent leur chemin comme si de rien n'était... Même approche pour le deuxième *box* mais aucun avion n'est touché et le *box* s'éparpille... Et voici déjà le troisième. Deux *Marauder* sont touchés et glissent lentement vers les lignes alliées, laissant derrière leurs moteurs une longue traînée noire... Tandis que le vent entraîne vers la mer les inexorables petits flocons noirs qui se diluent lentement, je pense à ce que disait, hier soir, la radio allemande : *« Le régiment de D.C.A de Caen est un des meilleurs de la* Wehrmacht *et a fêté, la veille, sa 400 victoire »*... Et, tous, nous le croyons bien volontiers.

Je voudrais parler à des Français mais, à la vérité, nous avons bien peu de temps pour nous promener dans les environs. Et en fait nous ne sommes pas venus en Normandie pour cela. Vers 9 heures, la venue d'un paysan dans un champ voisin provoque une ruée des pilotes. On veut tous lui serrer la main et c'est tout juste si on ne l'embrasse pas... Et lui aussi est très visiblement content de nous voir...

— Heureusement que vous êtes venus, dit-il... Il était temps...

Son champ de blé a été détruit pour faire notre piste... Tant pis... Tout de même c'est une perte épouvantable... Français, Anglais, Allemands ? Ou d'autres encore... Guerre ou paix... Mais un champ de blé est quand même un champ de blé... Pas vrai ? Faut manger, non ?

Entre les brancards de sa charrette de foin, il y a un magnifique cheval... de selle. C'est un cheval allemand... Allons, le bonhomme n'aura pas tout perdu...

Quelques jours plus tard, nous allons apprendre que l'énorme effort de la lourde machine alliée a été payant, car Cherbourg tombe en laissant dans nos mains quarante-cinq mille prisonniers...

Enfin la *Luftwaffe* se met à réagir. Le 30 juin, nouveau combat. Le *Squadron* remonte lentement au nord de la Seine quand j'aperçois trois *Me 109*, suivis d'un quatrième, qui s'éloignent du lieu d'un combat vraisemblablement assez peu heureux qui vient d'avoir lieu dans notre sud et à une altitude supérieure avec un *Squadron* canadien. Je manœuvre et je commence une longue chasse derrière un des Allemands de la section de tête, au ras des arbres... Il va finir sa carrière en flammes, dans un champ... Girardon et Mathey prennent en charge un autre Allemand et, après un rapide combat, l'Allemand s'écrase dans un champ près de Pont-Audemer...

Voici le rapport du lieutenant Girardon :

Rapport personnel de combat du lieutenant GIRARDON
341 Squadron*, Ramrod 1050-30-644*

Je volais comme « Yellow 3 » et descendais derrière le capitaine Andrieux, commandant l'escadrille, pour attaquer trois Me 109.

Je le vis attaquer le dernier avion. Continuant derrière lui, je regardais le Me 109 commencer à fumer fortement, quand j'aperçus un quatrième 109 s'approchant du nord. Tournant sur lui, je tirai de face une rafale d'une seconde, avec une déflection de 15°, sans voir aucun impact. Le dépassant, je me retournai sur le dos et le rattrapai dans un piqué jusqu'au sol. À 250 yards derrière lui, je fis feu par une série de courtes rafales, et tirai jusqu'à ce que je fusse obligé de dégager à 50 mètres de lui. Pendant tout ce temps, je vis des flocons de fumée aux points d'impact. Cette fumée se développa bientôt en un long panache, montant jusqu'à 500 pieds, je le vis s'écraser dans un champ labouré, à environ 30 miles du Havre.

Je vis plus tard un Me 109 s'écraser dans un champ du nord de Lisieux et deux autres près de Pont-Audemer.

Nous volons beaucoup moins au-dessus du «Beach Head» pour la protection des troupes débarquées. On a moins besoin de nous dans ce secteur et on nous emploie davantage pour escorter les bombardiers qui s'en prennent chaque jour plus violemment aux rampes de lancement des engins diaboliques avec lesquels Hitler s'est mis en tête de faire lâcher prise aux Anglais... Les bombardiers attaquent sans répit les bases de bombes volantes le long des côtes de France. Le 29 juin, au sud d'Amiens, nous assistons à un drame car les *Lancaster* n'hésitent pas à prendre des risques... Lentement, les uns après les autres, les lourds bombardiers passent au-dessus de l'objectif dans une Flak d'une densité terrible. Nous en voyons quatre partir en mille morceaux, qui tombent en tournoyant, boules de feu entourées de débris incandescents... Un fort sentiment de respect pour les «gros lourds» nous envahit... Car les autres, malgré l'hécatombe qui se déroule sous les yeux de tous les équipages, continuent, imperturbablement, leur tâche... Pour nous ramener à une plus normale compréhension, le commandant Martell nous fait repasser la côte à huit mille pieds au-dessus de Boulogne... Et ce qui était prévisible se produit en effet... Un superbe, un formidable feu d'artifice, tiré spécialement pour nous, disperse le *Squadron* aux quatre coins de la Manche...

Ainsi se termine, pour le groupe «Alsace», ce mois de juin 1944, un mois qui comptera dans l'histoire du monde et surtout dans celle de notre pays, mois d'activité incroyable aussi pour notre groupe...

Au début de juillet, nous nous installons à Selsey Bill, sur une pointe de la côte sud de l'Angleterre, juste en face de l'île de Wight... Le « basier » doit être une sorte de metteur en scène génial, car notre installation se fait dans un brouillard assez épais qui limite étrangement nos possibilités... Puis, brusquement, toute cette maudite grisaille est balayée par les souffles venus du large et nous découvrons un joli petit terrain en herbe entouré de trois côtés par la mer...

Pendant un mois et demi, en attendant notre départ pour la France, notre groupe va prendre le soleil dans ce coin de paradis... Mais le bon soleil de Selsey, dorant les torses des pilotes, n'incite pas les « barons » à nous laisser au repos... Presque chaque jour, nous escortons les bombardiers sur les *No Ball Targets* (rampes de lancement) et nous allons très loin à l'intérieur de la France avec des réservoirs supplémentaires de 45 gallons qui transforment, au départ, nos légers *Spit* en d'abominables « veaux », peu maniables et peu sûrs.

C'est ainsi que le 9 juillet nous faisons une escorte de *Mitchell*, dans la région de Dreux, et nous en profitons pour faire un *Sweep*, en compagnie du groupe « Île-de-France », en remontant vers le nord. Vers Pont-Audemer, à 14 000 pieds, entre deux couches de nuages, nous avons un accrochage sérieux qui va occasionner la plus amère des pertes.

Des *Me 109* nous surprennent, sortent des nuages au-dessus de nous, piquent et remontent... Immédiatement, une mêlée englobe tout le groupe 340, notre *Blue section*, une escadrille américaine de *Thunderbolt*, tandis que tournent autour du paquet nos sections *Red* et *Yellow* dans l'espoir d'en voir sortir une proie encore mal remise de ses émotions... Les pilotes de la *Red*, conduits par Martell, voient mal ce qui se passe dans la bataille. Deux avions tombent en flammes et ils entendent soudain, avec angoisse, la voix de Raoul-Duval :

— *Blue One, he has had it !* (Bleu Un est fichu.)

— Non, Boudier, ce n'est pas possible !

Réflexion due à l'amitié car, enfin, pourquoi n'importe lequel d'entre nous pourrait-il échapper à son destin dans un de ces combats ?

Hélas ! Au retour il faut bien se rendre à l'évidence. C'est bien la perte la plus cruelle ressentie par nous depuis la disparition de Mouchotte. « Boubou » a piqué dans la bagarre à la suite d'un *Me 109*, suivi lui-même par un *Thunderbolt*... Raoul-Duval a vu distinctement les balles de l'Américain frapper le fuselage du *Spit* et ce dernier prendre feu... Ce qu'après trois années de combats terribles les pilotes allemands n'avaient pas réussi à faire, un pilote allié l'a réalisé, en toute tranquillité, en moins de deux secondes !... Journée noire, journée abominable...

Le vide que laisse le capitaine Boudier ne sera pas comblé. Il n'y aura pas de vie normale à l'escadron tant que nous ne saurons pas exactement ce qu'est devenu cet homme qui avait si vaillamment combattu, fort de ses quatorze victoires... Boudier c'était aussi, et surtout, un camarade à la philosophie souriante, au dévouement inlassable...

Dix-sept jours plus tard, nous recevons une première nouvelle rassurante : Boudier a pu sauter en parachute. Il est vivant, quelque part en France. Et il se cache... Deux mois plus tard, à Bernay, le « toubib » découvre à la fois la maison où il s'est caché et les détails de son aventure... Boudier ne devait pas disparaître du champ de bataille sans une nouvelle victoire... C'est au moment où il mettait en flammes le *Me 109* qu'il poursuivait qu'il fut lui-même abattu par l'Américain... Bien que grièvement blessé au pied, il parvint à sauter en parachute... L'Allemand qu'il avait abattu avait sauté lui aussi. Et les deux parachutes descendirent à quelques centaines de mètres l'un de l'autre... Les patrouilles allemandes s'occupèrent d'abord de l'autre... Et Boudier ne fut pas inquiété après son atterrissage... Il marcha quatorze kilomètres et arriva ainsi à Goupillières près de Bernay. Il fut recueilli, soigné et caché par d'excellents Français, M. et Mme Gallon... Mais au bout de trois semaines, la Gestapo, qui était à la recherche du fils Gallon, évadé dans le maquis, fit une descente chez ses parents et découvrit Boudier. Il fut emmené à Rouen ainsi que M. Gallon. En décembre 1944, nous apprenions officiellement que le capitaine Boudier était prisonnier en Allemagne... Mais de M. Gallon, on ne trouva plus jamais la trace...

Le 20 juillet, dans la nuit, une douzaine de *Squadron*, tous feux allumés, tournent en rond au-dessus de la base de Manston, illuminée comme Trafalgar Square après le *black-out*... Tous les appareils qui rentrent d'une longue mission sont à bout de carburant. Le groupe « Alsace » se pose comme il peut parmi les *Spit XIV* et *IX* et, par un miracle extraordinaire, il n'y a pas d'accident... Du pot... On compte un à un les avions que l'on ne sait plus où ranger... On recompte et les spécialistes se trouvent devant un problème assez peu courant... Deux avions en trop. Mais le plus curieux de l'aventure, c'est que ces deux avions sont indiscutablement des *Me 109*... Ils se sont trompés après la bagarre et sont rentrés avec nous... Fallait voir la gueule des gaziers, comme dirait Phiphi de Saxcé ! S'étaient-ils vraiment trompés ? Le cap de Manston pris au-dessus de Saint-Omer est fort différent de celui de Lesquin-Lille ou de Coxyde. Mais certains d'entre nous, pris de pitié pour ces combattants à la navigation approximative, étaient prêts à jurer que ces Allemands avaient dit la vérité !

Le 18 juillet, après avoir accompagné des bombardiers au-dessus de Vaires-sur-Marne, à l'est de Paris, nous survolons au retour la capitale à la verticale. C'est par un magnifique après-midi et ce n'est pas sans une violente émotion que nous regardons défiler sous nos cocardes le Sacré-Cœur, l'Arc de Triomphe et la chère vieille Tour Eiffel... Notre émotion est soigneusement entretenue et développée par une Flak qui fait bien les choses...

Le lieutenant Borne rapporte même, de ce voyage, un souvenir précis logé dans une aile de son *Spit...*

C'est le 19 juillet que nous quittons l'Angleterre. Le groupe prend la formation en croix de Lorraine pour survoler la côte sud d'Angleterre pour la dernière fois. Nous allons nous installer à quelques kilomètres de Bayeux, dans une sorte de base avancée... Dans la nuit, une batterie de D.C.A nous fournit tout ce qu'il nous faut de « couleur locale » pour nous empêcher de dormir...

Pour compléter l'illusion, nous allons être soumis, pendant près de quinze jours, à un régime de biscuits secs, de lait condensé, de camembert, de calvados, le tout saupoudré d'une très intense poussière...

Quelques jours après notre arrivée, une décision du Haut Commandement jette la consternation dans le groupe : le commandant Martell est envoyé au repos... L'impression est très pénible. Le groupe de Biggin Hill perd son chef. Il semble privé de vie. Bruno abandonne l'idée de continuer dans ces conditions et, se déclarant fatigué, nous quitte à son tour pour suivre Martell. Mais les autres anciens du *Squadron*, dont le toubib, marquent leur volonté de faire survivre, dans ce groupe, cet esprit de mutuelle confiance et de discipline librement consentie qui en fait une unité digne « des grandes escadrilles de l'autre Guerre » (dixit commandant Martell).

Le commandant Schloesing, croix de guerre, DFC, aux mains et au visage brûlés, héros d'une évasion de France après avoir été descendu en flammes le 13 février 1943, prend la tête du *Squadron*. Sa simplicité et sa franchise nous aident à supporter le départ des anciens. En fait, il est adopté d'emblée.

Mais à sa quatrième sortie, alors qu'avec le sous-lieutenant Parent et le sergent-chef Legoff il attaque des véhicules ennemis au nord de Rouen, le commandant est pris à partie, avec ses équipiers, par une vingtaine de *FW 190*. Schloesing et Parent ne rentreront pas. Le « Zigofl », un trou dans la queue, s'échappe en rase-mottes et revient tout tremblant et excité nous raconter l'histoire. Il a vu un *Spit* tomber en flammes et un autre touché à l'aile. Le corps de Schloesing ne sera retrouvé que beaucoup plus tard. Parent, grièvement blessé au bras, sera abandonné par les Allemands, soigné par les Anglais, après des mois et des mois d'hôpital.

Au lendemain de la disparition du commandant Schloesing, nous apprenons officiellement sa nomination comme Compagnon de la Libération.

Le sort s'acharne vraiment sur les plus anciens chasseurs de la France Libre, mais n'est-il pas plus juste de dire aussi qu'ils défient largement le sort ?

C'est ainsi que le 3 août 1944, j'entends au téléphone la voix de Bordas. Elle m'annonce, avec une indicible tristesse, la mort de mon vieux camarade Jean Maridor. Jean et de Bordas étaient encore au *91 Squadron*... Ils s'étaient spécialisés, l'un et l'autre, dans la chasse des *V1*... Et ce diabolique engin était certainement un des adversaires les plus dangereux... En effet, plein arrière, il offrait une surface vulnérable assez réduite et vraiment difficile à atteindre... On pouvait évidemment le tirer à deux cents mètres sans trop de danger, mais il était très difficile de le toucher à cette distance...

Si l'on attaque de trop près, alors on risque fort de sauter avec le terrible engin. Pour ceux qui ont connu Jean au combat, il ne fait pas de doute que notre camarade, après une attaque sans résultat, s'est mis en colère en voyant le *Doodle-Bug* se rapprocher de la capitale anglaise malgré son tir... Voir exploser le *V1* au cœur de Londres ? Pas question pour un Maridor !... Alors Jean a poussé sa vitesse et s'est rapproché de la torpille volante. C'est à cinquante mètres qu'il a déclenché le tir de ses canons et de ses mitrailleuses... Et cette fois, l'engin n'a pas résisté à cet assaut. Il a explosé. On pense que c'est un morceau de la tuyère de fonte qui est venu arracher l'aile droite du *Spit XIV*... Jean était à trop basse altitude pour pouvoir sauter. On a retrouvé son corps dans les débris de son appareil. J'ai une peine cruelle et profonde. Je me sens à la fois las et déprimé...

Pourtant, je dois me donner entièrement à ma tâche. Car depuis la disparition de Schloesing, on m'a confié le commandement du groupe «Alsace»... Je n'ai plus matériellement le temps d'analyser mes sentiments... Et le seul souvenir de Jean et de beaucoup d'autres m'empêche de flancher...

Le 2 septembre 1944, nous quittons Bayeux après un dernier regard au champ de bataille de Falaise en passant, et par un temps assez brumeux, nous gagnons Bernay... L'accueil de Bernay est excellent. Ce n'est pas comme à Bayeux et, ici, nous sommes partout reçus à bras ouverts. C'est vraiment notre France et la Normandie avec des repas plantureux et des vins fins dans une région qui n'a pas trop souffert de la guerre et où les fermes sont encore d'excellents fournisseurs de denrées rares.

Vin d'honneur à la mairie selon une vieille coutume de notre pays! Ici se place un incident à la fois curieux et désagréable. Nous déjeunons, un jour, dans un bon restaurant et le patron nous demande de signer le Livre d'Or de la maison. Pourquoi pas? Après avoir dessiné une croix de Lorraine sur l'une des pages, nous signons tous les uns après les autres... Je feuillette le livre, une écriture gothique sur l'origine de laquelle il n'y a pas à se tromper... Suivent des signatures de grands as de la chasse allemande, le général Galland en tête... Nous ne sommes ici, il est vrai, qu'à quelques kilomètres de Beaumont-le-Roger, le repaire de nos ennemis acharnés... À la pensée qu'ils ont «ripaillé» ici avant nous, je me fâche et je déchire la page... Et la nôtre...

Plus tard j'ai souri en pensant à ce geste... Les nécessités d'une Europe unie ont fait de nos anciens adversaires des alliés... Et la réputation du général Galland comme chasseur et comme gentleman est intacte... Mais en 1944, nous n'en étions qu'au stade de l'estime entre combattants courant les mêmes dangers, mais qui restaient des ennemis à ne pas fréquenter...

Bernay, pour moi c'est un terrain, dans les pommiers, un pauvre petit terrain sur lequel s'est tué, par un beau dimanche d'août, un camarade qui avait échappé aux dangers les plus terribles, avant de finir sa vie dans un accident au décollage.

Un dimanche matin, des paysans et des citadins entourent le terrain pour voir de plus près ces *Spit* dont on leur a tant parlé... Il était difficile de les écarter car ils voulaient tout voir et nous questionner. Et ils venaient tout juste d'être délivrés. Mais la guerre continuait et les patrouilles décollaient sous leurs yeux pour aller à l'ennemi.

Le lieutenant René Royer, à la tête d'une patrouille, prend l'air au grand émoi des spectateurs locaux ! À quelques mètres du sol, c'est la panne idiote au décollage, l'hélice qui se bloque. Royer, pour éviter de percuter dans la foule, vire tant qu'il peut, mais l'avion, privé de sustentation, s'écrase. Et René est tué sur le coup... Il était arrivé avec moi en opérations en 1941 et le moins que l'on puisse dire est que mon pauvre René, mon ami, en avait vu de toutes les couleurs... Je n'étais pas loin de le croire invulnérable ! Un grand vide dans le groupe et dans l'escadre...

Nous quittons Bernay pour Gamaches, au sud d'Abbeville. C'est que nos camarades de l'Armée de Terre n'ont pas perdu de temps et foncent derrière les Allemands qui ne pensent plus qu'au Rhin... Gamaches, c'est triste, c'est même lugubre... Enfin, le 13 septembre nous sommes à Lille et, là, tout change...

Les Lillois sont charmants, les filles ravissantes... et le marché noir florissant. Dancings, boîtes de nuit, dîners, etc. Les anciens de l'Armée de l'Air ont un club qui est présidé par le capitaine Omer Mahieu... On nous invite, on nous réinvite... Chers anciens de Lille... Nous avons été sensibles à vos gentillesses...

Cependant la guerre continue et les bombardements en piqué de la région d'Anvers appartiennent à notre lot de travail ainsi que des missions de mitraillage sur les troupes allemandes en Hollande... Ce pays semble mort... Mais on aurait tort de trop s'y fier... Le 16 septembre, au cours d'un bombardement en piqué de la gare de Rosendael, Michel Brunschwig a son appareil touché par la Flak juste au moment où il vient de lâcher sa bombe. Le radiateur percé, il parvient cependant à passer le canal Albert et prend feu à 800 pieds entre Anvers et Malines. C'est la limite pour sauter. Michel le fait et se blesse à l'atterrissage dans un champ labouré. Une population plus que sympathique l'entoure aussitôt et le réconforte.

Le 19 septembre, nous recevons l'ordre de nous baser à Verwelghem, près de Courtrai. C'est à une trentaine de kilomètres de Lille et nous ne perdons pas pour autant nos récents amis... Missions de guerre et vie mondaine... Le groupe totalise un nombre impressionnant de chars, de trains, de véhicules en tous genres, depuis notre arrivée sur le sol de France... Notre escadron tient de loin le record.

Je me rends un jour en Angleterre. En atterrissant, on m'apprend la disparition en mer de mon ami le *Squadron Leader* Kyneston, ancien commandant du *91 Squadron*. Le brave « Kyn » a été durement touché par la Flak en attaquant au sol. Comme il était cantonné en Angleterre, il s'est lancé dans la traversée. Il a dû évacuer son avion au-dessus de la Manche et on ne l'a pas retrouvé. Cela me peine car Kyneston laisse le souvenir d'un garçon dont la droiture, la joie de vivre et le courage au combat faisaient de lui le meilleur et le plus apprécié des camarades et des chefs...

Le 28 septembre, jour faste pour le groupe, les lieutenants Gallay et Dabos rejoignent, du côté de Dusseldorf, deux superbes *Me 109*... Gallay liquide très vite le premier et le « P'tit Dabos » s'accroche sérieusement avec l'autre, si sérieusement que le Me finira par emboutir une ligne à haute tension, provoquant la plus formidable étincelle que Dabos ait jamais vue.

Octobre 1944, c'est pour nous le mois des batailles de la poche de Breskens et de l'île de Walcheren. Installé au sud et au nord de l'estuaire de l'Escaut, l'ennemi s'accroche partout pour interdire aux Alliés l'accès du port d'Anvers.

Il s'est retranché spécialement dans le village de Schoondijke, au sud de Breskens... Pendant deux jours, les 10 et 11 octobre, deux avions décollent de notre base, toutes les cinq minutes, pour lâcher leurs bombes et tirer leurs obus sur ce malheureux village... Les ordres sont de couper la route avec les débris des maisons ! Le 10 dans la matinée, le village est tout entier en feu. Et le soir, il peut être considéré comme rasé... Mais dans les ruines l'ennemi tient encore et la Flak légère reste intense... Dans la « poche », nous prenons dorénavant à partie tout ce qui bouge, jusqu'à des mouvements suspects dans des fermes isolées et aussi des tranchées construites en zigzag... Avec les bords des routes, tout y passe... L'ennemi nous tire dessus de tous les azimuts... Les groupes « Cigogne », « Île-de-France » et le *74 Squadron*, qui travaillent avec nous, ont des pertes notables.

Chez nous, Descourtis est porté disparu. Il est prisonnier de guerre. Girard et Laurent, leurs avions touchés, se posent sur le ventre dans les lignes canadiennes. Robidet revient sans coupole et blessé à la nuque. D'autres avions rentrent pleins de trous. Nous attaquons aussi Walcheren et la Flak nous y fait bonne mesure.

Schoondijke est enfin libéré. Nous y allons le 22 voir les effets de nos attaques. Nous trouvons les habitants, en pleurs, dans la boue, dans le froid, regardant les ruines du pauvre village. À deux kilomètres au nord, nous retrouvons les restes, dans son avion, de notre camarade l'adjudant Dubois de « l'Île-de-France », abattu quinze jours plus tôt. Les Allemands avaient essayé sans succès de dégager son corps.

À la fin du mois, il n'y a pratiquement plus de «poche» ... Seul tient le petit port de Knokke. Ce mois-là, nous bombardons sérieusement la poche de Dunkerque en piqué. Elle est très bien défendue par l'amiral Frisius et c'est miracle que nous ne perdions personne, malgré les précautions que je prends pour conduire mon groupe sur l'objectif... Les autres groupes ne peuvent en dire autant. Nous recevons, par deux fois en vingt-quatre heures, des félicitations de l'Armée de Terre, devant Dunkerque, pour la précision de notre tir. Ces félicitations proviennent de la division d'infanterie tchèque et du 11e *Royal Armored Corps* (colonel Liky) qui s'efforcent, avec les troupes françaises (colonel Le Hagre et commandant Obin), d'isoler complètement treize mille Allemands dans Dunkerque. Nos pilotes sont satisfaits de ces félicitations de leurs camarades de combat à terre.

Le 20, près de Tilbourg, le lieutenant Gallay est abattu par la Flak. Il parle à la radio et on le sait vivant.

En dehors du lieutenant Robidet, le groupe s'est enrichi du capitaine Béguin, héros du groupe «Normandie-Niémen», as aux huit victoires, Légion d'honneur, croix de guerre, Ordre pour la Patrie et Ordre du Drapeau rouge; et du capitaine Fourcaud qui, après une brillante campagne en 1939-1940 et un beau passé dans la Résistance, nous arrive d'un groupe anglais: Fourcaud, quarante-deux ans, trois enfants (il n'avoue que vingt-huit ans et ses pièces indiquent qu'il est né en 1916 et fut breveté militaire... en 1926!) Il va au *B Flight*. Deux recrues de qualité pour «l'Alsace».

Le 1er novembre, six heures du matin, nos troupes débarquent à Walcheren et deux commandos de notre Marine prennent Flessingue. Impossible de les aider le matin. Mais l'après-midi, nous «sonnons» les batteries côtières les unes après les autres... Le 4 novembre, nous aidons les Polonais sur Breda. Nouveaux venus en provenance d'*Operational Training Unit* (École d'Application Chasse): lieutenant Lanos et aspirant Corveler (*B Flight*) avec le sous-lieutenant Etlin et l'aspirant Le Flécher. Girardon et Roos vont au repos et nous les regrettons.

Le 11 novembre, à Paris, au cours d'une cérémonie aussi discrète que rapide, le commandant Martell, le capitaine Béguin et moi recevons la croix de la Libération. Émotion intense et joie suprême. Je pense aussi qu'il me sera agréable de montrer un jour aux miens cette magnifique récompense. La guerre continue. On fera ce qu'il faut jusqu'au bout... Mais c'est tout le groupe qui est fier... Et ça s'arrose...

La joie que nous avons tous ressentie pour Béguin sera de trop courte durée. Promu commandant de l'escadrille Strasbourg à la place de Girardon, le capitaine Béguin « leadait » *Yellow* lorsque, touché par un obus de Flak lourde, il fut abattu en flammes et explosa au sol, non loin de Wesel, le 26 novembre. Nous avions appris à le connaître et à l'aimer. Sa simplicité et sa modestie étaient à la hauteur de son courage. Il était et il restera des nôtres.

La *Yellow*, ce jour-là, fut complètement dissociée par la Flak. Dabos rentra « au ras des marguerites » avec un avion touché. Il se faisait « allumer » chaque fois qu'il essayait de monter. Corveler, dont c'était la première sortie, s'était trouvé sur l'Allemagne beaucoup plus au sud qu'il ne le pensait. Il demandait désespérément des *homing* et était persuadé qu'ils lui étaient fournis... par les Allemands... Il se posa une demi-heure après le *Squadron* avec à peine cinq gallons d'essence... En voilà encore un qui ne dira jamais : « C'est drôle, la Flak »!... Depuis le 25 septembre, le *Squadron* est installé sur le terrain d'Anvers-Deurne...

Nous avons, ce qui est bien normal, un mois de décembre froid et triste... Les possibilités de voler sont moins nombreuses après quelques missions sur la Hollande. Von Rundstedt enfonce la 1re armée américaine...

Nous avons très froid en vol... Nous rencontrons, mais sans histoire, les fameux nouveaux jets allemands : les *Messerschmitt 262*.

Ils essaient parfois de nous attaquer puis refusent le combat et se «tirent» à une telle allure que nous ne pouvons songer à les poursuivre... À chaque fois, c'est la même aventure. On les aperçoit avant qu'ils nous aient vus. Je manœuvre le groupe pour qu'ils ne puissent nous attaquer plein arrière. Ils attaquent quand même en espérant placer une passe de tir qui peut être redoutable :

— *Watch your tail, Chaps,* ils piquent sur nous.

Nous virons serré au bon moment et les *262* passent sans pouvoir nous suivre, emportés par leur vitesse... Cependant, à chaque mission, nous voyons monter dans le ciel, dans le lointain des lignes ennemies, le *smoke trail* (la traînée de fumée) tremblotant des *V2* ; c'est comme un long tire-bouchon de vapeur... Nous n'allons pas tarder, hélas, à faire avec eux une plus ample et très néfaste connaissance...

Anvers est sous le feu des *V2*, bruit énorme, spectacle effrayant un peu partout en ville et autour de la base, maisons éventrées, corps brisés... De temps à autre, un *V1* – vieille connaissance – passe en pétaradant. C'est vers le 10 décembre qu'un *V2* tombe à cent mètres de notre *Dispersal*. Douze de nos avions sont liquidés. Le 16, le sergent Girard va au cinéma en compagnie d'une jeune fille. Notre pauvre Girard, si gai, si insouciant, sera parmi les 822 morts que l'on dégagera des décombres...

Le 20 à cinq heures de l'après-midi, alors que le groupe est *released* depuis une demi-heure, un coup sur notre *Dispersal*. On retire des décombres le corps du lieutenant Lentz, notre pauvre « Jojo » a eu la tête arrachée, deux mécaniciens sont tués, Mailfert, Maynard et Filliol sont blessés légèrement et Bouret plus sérieusement. Dix-huit avions sont détruits.

Le 1er janvier, à minuit et une minute, les vœux de l'ennemi : un *V2* à cinquante mètres du mess des officiers... Pas de dégâts. À minuit deux minutes, un *Ju 88* passe au ras du mess et mitraille le terrain. À huit heures du matin, je rentre en voiture d'un réveillon passé à Anvers. Nous ne volons pas, notre piste étant verglacée. Les Polonais assurent les patrouilles au départ d'un terrain en herbe. Mais Laurent et son équipe font des prouesses pour décoller quand même. Alors la D.C.A alliée se réveille et, comble de stupeur, je la vois ajuster, sous mes yeux, les deux *Spit* en vol. Par miracle, ils s'en sortent mais Laurent, touché, devra aller « aux vaches » dans la triste campagne... Quelques jours plus tard, le groupe est retiré des opérations après vingt et un mois d'une lutte ininterrompue et c'est aussi ma centième mission de guerre, au groupe « Alsace », depuis mon arrivée ! Période de repos qui arrive à point. Les pilotes sont terriblement fatigués. Il est temps d'arrêter.

Avant de repartir pour l'Angleterre, j'essaie de revoir mes parents au cours d'une courte permission... En principe, c'est accordé et je vais enfin retrouver les miens. Mais au moment du départ, le grand quartier général me demande de me rendre en Écosse, sans délai, pour reformer le groupe. On me dit qu'il n'y a pas un instant à perdre !

Pour les autres, permission générale bien méritée. Moi, je reste sur place pour régler les demiers détails et recevoir... les journalistes... Un grand journal du soir français publie un panégyrique du groupe « Alsace ». La cinquième citation du groupe est arrivée et il reçoit la médaille militaire. J'en suis très fier. Martell et moi sommes promus officiers de la Légion d'honneur et Michel Boudier reçoit la croix de la Libération... Il semble que déjà nous appartenons au passé... J'allais presque dire à la légende... Mais il n'en est rien !

Maintenant le groupe est au repos en Écosse... Chacun fait sa petite arrivée personnelle... Les anciens sont dispersés un peu partout. Brunschwig part au Maroc. Guinamard et de Verneilh deviennent de brillants instructeurs à l'O.T.U. (*Operational Training Unit*) avec Legoff. Mailfert retourne en Afrique du

Nord et Raoul-Duval s'en va se faire transformer sur bimoteur. Laurent, notre cher Pierrot, part aussi au repos. Et les nouveaux arrivent. À notre deuxième séance de vol à Turnhouse, le 8 mars, vers 10 heures du matin, le lieutenant Tanguy de Penfentenyo de Kervereguin se tue au cours d'un piqué, son appareil se casse en pleine «ressource». De Penfentenyo avait eu un accident à l'O.T.U., en septembre, et en était sorti avec une vertèbre fêlée. Après trois mois dans le plâtre, il avait obtenu des toubibs la faveur de terminer son stage avec un lourd corset. Guéri, il avait refusé sa convalescence. Il venait d'arriver au groupe.

Les pilotes français se faisant de plus en plus rares, nous recevons au groupe sept pilotes anglais, fraîchement émoulus des écoles... Et le 9 mars 1945, surprise ! Le secret avait été bien gardé. J'embarque à la tête de mon groupe dans les *Dakota* qui transportent le *Squadron* entier, d'un seul coup d'aile, vers la Hollande et la bagarre.

Nous retrouvons le *Group Captain* Guinness et la *145 Wing* et, naturellement, l'ambiance habituelle d'un terrain d'opérations de guerre. D'ailleurs nous serons «opérationnels» dans cinq jours seulement, c'est-à-dire le 15 mars et déjà les chefs de patrouille vont reconnaître la *Bomb line...*

Voler côte à côte, presque en vol de patrouille, avec un *Jerry* ?

Mais cela m'est arrivé le 21 mars... Décision, ce jour-là, des commandants d'unité : missions de reconnaissance sur les points sensibles de l'ennemi... Missions par patrouilles de deux avions...

Je décolle le premier avec le lieutenant Bourguignat, en direction de la base allemande d'Arnhem... Le jour se lève, la visibilité est très bonne et nos deux avions, volant au ras du sol, tombent pile sur des *pilots transports* allemands, rejoignant leur base. Les deux cars et leurs passagers sont détruits, sur-le-champ, à coups de canon... Mais la Flak s'est mise dans le coup et mon avion a été touché. C'est à ce moment-là que j'aperçois deux *FW 190*, en circuit de piste, autour de leur terrain d'Arnhem... L'un d'eux est en «finale» d'atterrissage, trains et volets dehors... Comme mon avion continue à bien répondre aux commandes, je réduis ma vitesse au maximum, et je me place à cinquante mètres derrière l'avion ennemi... C'est du tir posé à cette allure et déjà je recommande au malheureux pilote ennemi de s'adresser en vitesse au Bon Dieu pour le salut de son âme... La croix du collimateur est sur son fuselage et j'appuie doucement sur la détente... Il y a un vague bruit de bouteille d'air qui se vide... La Flak ennemie a détérioré mon système de mise à feu des armes. Mes canons et mes mitrailleuses restent muets. J'enrage. D'autant plus que, dans un feu d'artifice sensationnel de la défense du terrain, qui semble bien peu se soucier de toucher son *FW*, le chasseur ennemi et le *Spitfire* se dégagent ensemble, et côte à côte, de la Flak !

Le même jour, le lieutenant Borne revient avec un impact de Flak dans une aile... Petit trou, mais commande des ailerons coupée ! Mais de la même mission, le sous-lieutenant Etlin ne revient pas... Et les missions succèdent aux missions dans une Allemagne qui se couvre de plus en plus de fumée, depuis le blanc laiteux jusqu'au noir d'encre...

Le 23 dans la soirée, le *Group Captain* réunit les pilotes au mess. Cette nuit et au cours de la journée du 24, l'armée traversera le Rhin... L'«Alsace» assurera la protection aérienne à quinze cents mètres au-dessus des lignes. Attaques au sol également prévues. Mission difficile, car la visibilité verticale est pratiquement nulle. Un voile de fumée, montant jusqu'à sept mille pieds, recouvre l'objectif. Mais l'enfant se présente bien : je veux dire que l'opération est réussie. Le *Squadron* a fait merveille. Borne immobilise un train, de Saxcé détruit une partie de la gare de Zwolle. Flak intense cependant et plusieurs avions sont irréparables. Notre travail continue les jours suivants, plafond bas, Flak sévère...

Nous voilà le 1er avril et Pâques est noyé dans la pluie et les plafonds bas. Un vent violent prend la piste de travers. Et pourtant les ordres viennent d'arriver: «*all out effort*» (mettez le paquet), quels que soient le temps et la réaction ennemie. Le *Group Captain* assiste au *briefing*. Il est inquiet et même nerveux, et recommande la prudence à ses pilotes.

Toutes les dix minutes, des reconnaissances armées doivent quitter la base et attaquer l'ennemi qui se replie dans le nord de la Hollande... Missions dangereuses entre toutes, car ces gens-là ne sont pas manchots et l'ont prouvé maintes fois! Le plafond atteint parfois mille pieds (330 mètres), mais souvent la moitié! Et le vent nous secoue terriblement, fait glisser et déraper les malheureux *Spit* alourdis par les réservoirs supplémentaires et l'armement. Le lieutenant de Larminat, commandant d'escadrille, ne revient pas. Son N° 2 l'a perdu de vue après l'attaque d'un train bien défendu. Wolloshin, de la *RAF*, était le N° 2 du sergent Cristinace. Il lui signale un train et pique dessus. Cristinace est touché dans son réservoir d'essence de fuselage, derrière sa tête. Il se dégage, cherche son N° 2 et ne le retrouve pas. Il rentre et se pose sur une roue avec de l'essence plein la carlingue.

Les sous-lieutenants Foissac et Le Flécher sont à une centaine de mètres au-dessus d'une forêt. Le Flécher voit une tour de Flak et va ouvrir la bouche pour prévenir Foissac. La tour tire. Foissac passe sur le dos et s'écrase en feu.

Une fois de plus – je ne les compte plus – je suis touché par la Flak... Et les nouveaux pilotes du groupe, qui n'avaient pas une idée précise sur la Flak, savent maintenant ce que c'est. Sept sections du groupe ont pris l'air ce jour-là. Sur douze pilotes, trois ne sont pas revenus... Et le soir, au bar, nous fêtons nerveusement Pâques et le 1er avril!

Le 2 avril, le groupe effectue sa 430e mission. La météo s'améliore. Ça va mieux. Plafond très haut. Comme visibilité. Nous déclenchons, Phiphi de Saxcé et moi, de très beaux feux d'artifice en atteignant des camions de munitions ou de fusées, dans le nord de l'Allemagne. La bataille d'Arnhem bat son plein. De là-haut, le duel d'artillerie est un très beau spectacle.

Chez nous les renforts arrivent. Et c'est tant mieux car la fatigue nerveuse commence à se faire sentir de plus en plus.

Je les admire. Ils sont tous très jeunes, pleins de fougue et ne sont visiblement pas atteints par le « complexe Flak »... Mais cela ne va pas durer longtemps. Les sous-lieutenants Bihet, Saint-Pulgent, Ratel et le sergent-chef Pottier nous arrivent du groupe de chasse 2/7... Ce jour-là, nous apprenons, avec quelle joie, que le lieutenant de Larminat et le *Warrant Officer* Roberts viennent d'être délivrés par l'avance de l'armée canadienne. Nous les attendons avec impatience.

Dans les journaux, on parle déjà de paix et d'après-guerre ! Et pourtant, nous nous battons, chaque jour, avec une fureur accrue et on nous rend tous les coups. La Flak ne diminue pas. Je rentre encore avec un avion bien « sonné ». Je fais tout de même le compte des coups au but que j'ai encaissés. C'est la dix-huitième fois que je suis touché depuis le début des hostilités ! Est-ce que la chance continuera à être ma compagne jusqu'au bout ?

Le 10 avril 1945, vers le milieu de l'après-midi, le sous-lieutenant Arnaud de Saxcé tombe au champ d'honneur. Il conduisait une patrouille de quatre avions, quelque part dans le nord de la Hollande. Au cours d'une attaque au sol, son avion est touché par la Flak. Réflexe normal, Arnaud reprend de l'altitude et se dirige vers nos lignes. Mais l'avion devient impossible à tenir et Arnaud annonce à la radio qu'il va sauter. D'ailleurs son avion prend feu. Arnaud saute après avoir incliné son appareil. Par malchance, son parachute s'accroche au plan fixe de l'avion, qui vient de se mettre en piqué, et entraîne Arnaud dans sa chute.

J'ai souvent pensé à cette dernière minute : Cher Arnaud, je sais que tu as lutté de toutes tes forces contre ton mauvais destin mais que, pas un instant, ton cœur n'a flanché... À cent cinquante mètres du sol seulement, le parachute se détache enfin du plan fixe... Mais il est déjà trop tard. D'ailleurs le parachute, déchiré, reste en torche... Arnaud de Saxcé vient s'écraser à quelques mètres de son *Spit* en flammes...

Nous t'aimions, cher Arnaud, nous tous, tes camarades, nous te respections et nous t'admirions. Tu étais dans ton troisième tour d'opérations et ton expérience était magistrale : excellent *leader* que l'on suit les yeux fermés, si j'ose m'exprimer ainsi, même sur Zwolle... Franc camarade, plein de modestie et de bonne humeur, avec un moral à toute épreuve...

Nous savions tous très bien que tu te cachais chaque fois qu'il était question pour moi de t'envoyer au repos... Désormais, l'avion du commandant de l'escadrille Strasbourg s'appellera « Sous-lieutenant Arnaud de Saxcé »...

28.
Le groupe Alsace en Allemagne

Le 16 avril 1945, à 19 h 15, mon carnet de vol indique un mouvement d'une qualité exceptionnelle. Je fais, avec le groupe, notre premier atterrissage sur le sol allemand, à B.105, un peu au nord de Lingen...

Nous sentons tous que la fin approche. En vérité il est temps car nous sommes tous atteints par une fatigue morale et physique terrible... Nos raisonnements et réflexes sont touchés... Mais je me suis juré de ne pas lâcher mon groupe avec lequel j'ai effectué, depuis ma prise de commandement, toutes les missions de guerre sans exception. J'essaie bien de m'obliger au sommeil, mais ce sommeil-là n'arrange rien et n'apporte pas le calme. Ça m'est égal, j'irai jusqu'au bout...

Ce n'est d'ailleurs pas ainsi que j'avais imaginé la première nuit en Allemagne... Pauvres conquérants... Après un bon moment au bar, les pilotes rentrent s'étendre sur la paille, à huit par tente, roulés dans une simple couverture... J'ai quand même le privilège, en tant que commandant du groupe, d'avoir ma tente personnelle. À la pointe du jour, nous sommes déjà en « excursion » pour attaques au sol. Ce n'est pas toujours du gâteau. Le sergent Pottier, pris dans la Flak intense d'un train piégé, ne reviendra pas. Nous espérons tous qu'il aura pu se crasher quelque part. C'était un nouveau venu au *Squadron* mais il en avait déjà l'esprit et nous l'aimions tous pour sa bonne camaraderie.

Le 20 avril, c'est le lieutenant Borne, commandant d'escadrille, qui est abattu par la Flak, toujours la Flak (il est probable que le dernier coup de canon allemand aura été tiré par la Flak), en attaquant au sol, près de Oldenbourg. Son N° 2 l'a perdu de vue et n'a pas donné l'alerte. Nous espérons longtemps le revoir. Dans la soirée, nous attaquons un aérodrome par bombardement en piqué. C'est le sergent Alepée qui avait repéré ces avions le matin même... Et naturellement, Flak intense...

Au cours d'un bombardement en piqué qui va suivre, mon N° 2, le sous-lieutenant Le Flécher, touché, doit sauter en parachute. C'est dans la région de Brême, au-dessus de la mer. Le Flécher, bien que Breton, ne sait pas nager. Grâce au vent, son parachute évite la flotte mais, passant les lignes amies, va s'étaler dans le no man's land, devant les lignes allemandes... Et la mitraille fait rage... C'est à quelques mètres de la mer et les Allemands s'emparent de Le Flécher. Il ne sera pas longtemps prisonnier.

Le soir, le *Squadron* fait une sortie-bombardement sur des positions d'artillerie près d'Emden. Il est extraordinaire que personne ne soit touché malgré la densité de la Flak...

Aussi étrange que cela puisse sembler pour des pilotes qui ont coutume de répondre au *Scramble* parfois deux ou trois fois par jour, notre dernière mission de guerre se déroulera le 28 avril au matin... Nous ne savons pas encore que la météo va nous mettre à l'abri, sans que nous l'ayons voulu, des derniers coups possibles du sort...

Mais ce matin-là, et pour une dernière mission, je dois reconnaître que c'est un travail assez particulier. Le commandement, qui sait que la fin de l'Allemagne et – par voie de conséquence de la guerre est désormais une question de jours et peut-être d'heures, veut, en se servant d'un champ de manœuvres où tout ce qui est devant est encore l'ennemi, inaugurer une nouvelle tactique...

L'« Alsace », groupe de chasse, effectue, à 11 000 pieds au-dessus des nuages, un bombardement aveugle en vol horizontal... J'avoue m'être fait largement répéter les premiers ordres... La visée est effectuée quelque part dans nos lignes par les soins d'un radar :

— *Attention for bombing 4-3-2-1-0... top...*

Nous nous sommes regardés avec un certain ébahissement avant de partir dans cette aventure... Mais non, ce n'était pas un canular et tout s'est réellement passé comme je viens de vous le dire... Bien mieux, ce diable de contrôleur a demandé à *Yellow 3* de resserrer sur son équipier afin que la formation soit nettement homogène...

Nous avons tous regretté, en riant, que cette mission ait été la dernière. Nous nous serions très facilement habitués à réaliser des missions de bombardement avec, par exemple, une puissante escorte de pour nous protéger...

Je vois sur mes carnets que le 30 avril il pleut, il neige et qu'il fait un froid de canard sur notre terrain sans vie... Le Duce est mort.

Le 2 mai, le temps est toujours aussi mauvais, mais les nouvelles sont excellentes. Hitler a remis sa vilaine âme à Dieu alors que le Diable était tout de même plus indiqué. Les 900 000 hommes des troupes allemandes d'Italie du Nord se sont rendus sans condition... Cela commence à aller vite. Comme le temps s'améliore un peu dans l'après-midi, *Flying Officer* Donavant effectue un essai d'avion pour la mécanique et fait un passage sur le terrain. Il tente un tonneau lent, à trop basse altitude, et percute un moulin à vent en bordure du terrain. Brave garçon, rieur, Donavant sera notre dernière perte durant les hostilités. C'était un excellent camarade, détaché de la *RAF* chez les *Free French*...

Le 4 mai, la journée a été aussi humide que les précédentes... Trois pilotes vont, comme chaque soir, se distraire à contempler les progrès de la *Bomb Line*. Ils suivent le petit tracé de la ligne droite et jaune sans se douter un instant que l'heure est solennelle...

Soudain, l'escalier retentit de hurlements qui pourraient faire craindre un largage sur le terrain d'une section de canaques aéroportés... Précédant tous les officiers d'Intelligence, déchaînés, le *Wing Commander* passe la porte d'un bond, en criant :

— Voici la grande nouvelle que vous attendiez tous : les troupes allemandes de Hollande, de la Frise, d'Allemagne du Nord et du Danemark se sont rendues sans condition au Field Marshal Montgomery. Les hostilités cesseront demain matin à huit heures...

Il atteint difficilement la fin de son message qui est couvert par les hourras de toute la *Wing*. La guerre est finie pour nous... Je reste un peu écrasé dans mon coin. Je sens que je rends toutes les marques d'amitié que l'on me prodigue et je sens aussi, sur mes épaules, tomber les mains fraternelles de tous mes gars, de tous ceux qui survivent, de tous ceux qui, maintenant, sont à peu près certains de connaître la fin de cette aventure...

Dans la fumée des cigarettes, dans le cadre si familier de ce bar d'escadre, voici que surgissent peu à peu, sortant de l'ombre, des visages connus, ceux de camarades que nous avons aimés et qui sont partis un jour pour ne plus revenir... Ils viennent en foule, amicaux et silencieux, ces visages qui ont conservé, dans la douceur de notre souvenir, le dernier bon sourire que nous préférions... Alors Jaco, c'est fini... Plus de combats dans le soleil, plus d'attaques désespérées sur des trains inondés de Flak, plus de *FW* et de *Me 109*... Et l'on va enfin examiner de près ces *Me 262* qui ont si vite le feu aux fesses... Alors Jaco, on va revoir ceux que l'on aime... Des yeux amis m'interrogent et je les reconnais tous, nos disparus, Jean Maridor et Arnaud et tous les autres... Les vivants m'assènent de solides bourrades... Les morts entrent dans mon cœur au moment même où s'y confondent les joies de la victoire et les petits et inévitables regrets d'abandonner cette vie terrible de gens d'armes... Et nos *Spit*, ces démons familiers...

Dès le lendemain, le calme un peu revenu, j'envoie des petits détachements de pilotes sur les lieux où nous avons perdu des camarades. Le frère du lieutenant Borne arrive par avion et part en jeep avec une équipe. On espère que notre camarade a été seulement blessé et évacué sur un hôpital. Hélas... On retrouve son avion écrasé dans un champ marécageux. Il faut de longs efforts, avec l'aide des Canadiens et de prisonniers, pour dégager le corps. Borne s'est fait descendre à sa 185e mission, à un mois exactement de la fin des hostilités. Nous rendons très simplement les honneurs militaires à notre ami...

Borne, de Saxcé, Schloesing, Mouchotte, tant d'autres, nous ont ouvert le chemin de la France et de la liberté... Je suis épuisé à l'extrême. Mais ma joie est intense. Car enfin, c'est vrai, la paix est là... L'enfer est terminé. Je veux m'évader de tout cet entourage guerrier, je veux oublier ces avions qui ne m'ont jamais trahi... Je ne pense plus qu'à ceux que j'aime et que je crois avoir le droit, maintenant, de rejoindre...

In memoriam

Il y a plus de vingt ans déjà ! Je viens de relire ces lignes qui n'ont qu'un mérite : elles sont le reflet exact de la vérité. Elles sont sorties des carnets de vol d'un pilote de guerre qui, comme tous ses camarades, a fait de son mieux. La chance l'a servi. Je veux dire par là que son avion et lui-même sont toujours revenus de près de mille heures de vol de guerre, réalisées en quatre années au-dessus de l'Angleterre et de l'Europe.

La mort a fauché autour de moi. Des visages ont brusquement disparu. Des hommes, que nous aurions tant aimé retrouver dans les heures bénies de la paix, ont inscrit leur nom sur la trop longue liste des « tombés en plein ciel de gloire »... Ceux qui ont eu ma chance conservent pieusement, comme je le fais, le souvenir de nos disparus en combat aérien... Dans la cohorte, trop épaisse, trop lourde, des morts au champ d'honneur, ils forment – et on nous le pardonnera – une Centurie bien à part... Nous avons partagé leurs soucis, leurs peines, leurs joies parfois. Ils nous ont dépassés sur la route du sacrifice. Ils ont tout donné, après avoir partagé fraternellement, avec nous, l'amour profond que l'on éprouve pour un avion de chasse libre, dans un ciel libéré...

Pourtant, à tous nos camarades morts en plein ciel, je désire joindre le souvenir d'un homme qui n'était pas pilote. Dans le lieu béni où ils prennent un éternel repos, ils comprendront, j'en suis certain. Puisqu'il s'agit de mon père.

Aussi loin que je m'enfonce dans mon passé, je vois, à chaque page, le visage de mon père.

Je suis un soldat. Je me suis efforcé de vivre en soldat, en limitant, dans toute la mesure du possible, l'emprise si naturelle des sentiments. Mon père l'a voulu ainsi. Mais c'est en vain. Son visage demeure pour nous le plus beau du monde. Je l'ai vu pour la dernière fois en 1940. Je quittais la France et notre Bretagne, meurtries et occupées. Avec tant d'autres, j'allais chercher ailleurs les armes que le destin forgeait pour la délivrance.

Le médecin-commandant Andrieux, chef d'une antenne chirurgicale démobilisé, après les jours sombres de la campagne de France, reprend sa tâche au service de la collectivité dans une petite cité en Bretagne. L'Allemand est là. Il parle, il agit en maître. La *Kommandantur* occupe Castel-Rhu. C'est un château en briques rouges sans caractère particulier. Il appartient à la famille. Notre maison lui fait face. Le médecin Jacques Andricux regarde souvent le château et ses hôtes avec un étrange sourire. Le médecin Jacques Andrieux est avare de mots quand il s'agit de l'ennemi. Il empêche même les siens d'exprimer leur colère et leur haine. Il tempère les propos que tient si bien son fils. Le docteur Andrieux, dès le mois d'août 1940, a réuni quelques amis très sûrs. Dans cette Bretagne hostile, fermée dès le début à l'occupant, dans ce village où la vie s'est réinstallée tant bien que mal, se crée tout de suite un groupe qui va devenir un réseau. Les Anglais ne l'ignorent pas longtemps. Le réseau JOHNNY est lancé.

Les renseignements affluent. Un poste de radio émet de la ville même. Il change d'emplacement après chaque émission. À la fin de 1940, quand je m'évade de France, à bord de l'*Émigrant*, j'ignore tout de cette activité. Le docteur Andrieux se méfie de la fougue de la jeunesse. Il veut aussi que le combattant, exilé volontaire, ait le cœur et l'esprit libérés de toutes craintes pour les siens.

Le 11 mars 1942, alors qu'un terrible froid paralyse la cité, le docteur Andrieux quitte son cabinet pour se rendre près d'un malade. Deux officiers l'arrêtent, le font pénétrer à nouveau chez lui. On fouille la maison, sans résultat. Ma belle-mère, ma sœur, mon jeune frère, sont atterrés. Mon père, encore en blouse blanche, disparaît, encadré par les hommes de la *Gestapo*.

Mon père est écroué à la prison de Brest. On l'envoie à la maison centrale d'Angers. Il est au secret le plus complet. On le retrouve peu de temps après à Fresnes, qui est, généralement, la dernière étape avant le poteau d'exécution.

Le 10 juillet 1942, un télégramme d'un avocat parisien à la solde des Allemands : *« Docteur Jacques Andrieux sera jugé demain, 11 juillet, par tribunal militaire allemand, rue Boissy d'Anglas. »*

Ma jeune sœur gagnera la capitale. Elle sera à temps à l'entrée du tribunal. Mon père descend d'une voiture. Il voit sa fille. Il ne peut faire un seul geste. On le pousse vers ses juges. Le procès durera deux jours. Faut-il donc tant d'heures pour en arriver à une sentence prévue ? Les portes s'ouvrent enfin. Voici mon père, encadré par ses gardes ; il se dirige vers ma sœur : *« Je suis condamné à mort »*, dit-il, *« je serai fusillé dans trois jours. Ils ne m'épargneront pas. Courage... »* Il n'aura pas le temps de dire un mot de plus. On l'entraîne.

Pourtant le docteur Andrieux se trompait. La mort ne voulait de lui qu'après un long martyre. La peine capitale est commuée en travaux forcés.

Le docteur Andrieux n'a jamais revu les siens, ni sa Bretagne. Dans l'énorme troupeau des patriotes aux mains des nazis, mon père est allé vers son destin, de camp en camp, d'une torture à l'autre : Rheinbach, puis Inzert, un camp de représailles où mon père a vu décapiter à la hache un instituteur. (Son crime ? Il avait ramassé des épluchures de pommes de terre.) On retrouve son passage à la sinistre prison de l'Alexanderplatz de Berlin. Il est envoyé à Sachenausen en juin 1944. Le docteur Coudert le demande comme aide à l'infirmerie. On l'affecte à un *Kommando* de travailleurs. Un Polonais lui écrase les doigts dans une machine. On l'ampute. Il fera partie d'un convoi vers Bergen-Belsen dès le début de 1945. On n'a jamais su ce qu'étaient devenus des milliers de ces héros, ou plus exactement comment on les avait exterminés. On ne l'a jamais su. Le docteur Jacques Andrieux, mon père, repose peut-être dans une lointaine fosse commune. Son cœur et son esprit n'ont pas quitté les nôtres.

Général Jacques ANDRIEUX.
15 août 1965.

Lexique

Organisation succincte de la *RAF*

Pendant toute la durée des hostilités et jusqu'au débarquement, la *RAF* était organisée en Grands Commandements Fonctionnels :

– *Fighter Command* (Commandement de la Chasse) ;
– *Bomber Command* (Commandement du Bombardement) ;
– *Coastal Command* (Défense des Côtes) ;
– *Training Command* (Écoles).

Cette organisation devait être modifiée dès le Débarquement pour les besoins tactiques et opérationnels en vue de soutenir l'effort mené par les troupes au sol. (21e Groupe d'Armées commandé par le général Montgomery et la 1re Armée américaine).

Les Grands Commandements se partageaient ensuite en Divisions aériennes ou *« Group »*.

Chaque *Group* se découpait en Escadres ou *« Wing »* et chaque *Wing* était articulé en Escadron ou *« Squadron »* et comprenait généralement trois *Squadron*.

Ces *Wing* avaient leurs terrains propres (ex. : La *Wing* de Tangmere, la *Wing* de Biggin Hill).

Vient ensuite l'élément de base opérationnel qui est l'Escadron ou *« Squadron »*.

Chaque *Squadron* s'articule en deux Escadrilles ou *« Flight »* : *A Flight* et *B Flight* – commandées chacune par un *Flight-Commander* (*Flight-Lieutenant* ou capitaine).

Ces deux *Flight* sont directement sous le commandement d'un *Squadron Leader* (Commandant), la *Wing* est commandée par un *Wing Commander* (Lt-Colonel), la base aérienne de Chasse est placée sous l'autorité d'un *Group Captain* (Colonel), chaque Division aérienne ou *« Group »* par un *Air Vice-Marshall*.

Chaque Escadron possède ses avions marqués par un groupe de lettres.

Ils sont généralement interchangeables entre *Flight* et cela en fonction de la disponibilité technique des avions.

Chaque Escadron possède également son *« Call sign »* ou indicatif (ex. : pour le *91 Sqn.* : Whisky, etc.).

Le nombre d'avions alloués par Escadron est de 25.

Les pilotes sont affectés à l'Escadron (administration) mais mis à la disposition du *Flight* pour les opérations.

Chaque Escadron reçoit un effectif de 32 à 35 pilotes (théorique) dont le tiers est représenté par les chefs de patrouille – c'est-à-dire les *leaders* à l'intérieur de la formation de combat.

Comment se présente un *Squadron* en formation de combat ? Les 12 avions volent en *« fingers formation »* (en doigts de la main). Le *Squadron Leader* est au milieu du dispositif avec 4 avions : Red section.

A Flight à droite (Yellow) : 4 avions.

B Flight à gauche (Blue) : 4 avions.

Les patrouilles de 2 avions sont distinctes à l'intérieur des *Flight* et forment la cellule homogène de la Formation.

Les numéros 1 et 3 sont toujours *leaders*. Les numéros 2 et 4 sont toujours équipiers et ont pour mission d'assurer à tout moment la surveillance du ciel autour de leurs *leaders* et de les avertir en cas de danger.

Le *Squadron* dispose également dans ses effectifs :

– d'un officier de renseignements (*Intelligence Officer* ou, en terme imagé, le *« Spy »*, chargé de tenir à jour les différents renseignements concernant l'activité aérienne ennemie (défense côtière, défense anti-aérienne) ; chargé également de recevoir les ordres opérationnels, par télétypes (*Form D*).

– d'un officier des détails ou *« Adjudant »* chargé des questions administratives et en même temps officier d'État civil chargé de prévenir les familles en cas de mort ou de disparition (*missing*).

– d'un sous-officier mécanicien très qualifié (le *« Chieffy »*) assurant la coordination technique du premier échelon (poste très important puisqu'il commande directement les sous-officiers mécaniciens, radios et armuriers).
– d'un planton ou *« Time-keeper »* chargé de recevoir les appels téléphoniques des Centres d'opérations radar ou *« OPS room »* chargé également de la surveillance de la théière sur le feu...
Les ordres d'opérations étaient transmis aux *Wing* ou aux *Squadron* par télétype, le message de détail s'appelait la *Form D*.

Les ordres d'alerte arrivaient par téléphone spécial du Contrôleur de l'*« OPS room »* au *Squadron* et étaient exploités immédiatement.

Noms-code donnés aux différentes missions dans la *RAF*

Rodeo : mission de chasse en général.
Sweep : mission de chasse sur une région déterminée.
Jim Crow : mission de reconnaissance le long des côtes (2 avions).
Rhubarb : mission offensive à basse altitude par météo favorable – mission de harcèlement.
Circus : mission d'accompagnement de bombardiers.
Ramrod : opération de chasseurs bombardiers.

Code horaire

Le code horaire est employé dans la chasse pour désigner en l'air les objectifs (ex. : 12 00 H. signifie objectif droit devant ; 06 00 H., plein arrière ; 09 00 H., 90' à gauche ; 03 00 H., 90' à droite).

Mots usuels

Readiness : état d'alerte.
Show : une mission.
Briefing : amphi au cours duquel les ordres sont donnés pour une mission déterminée.
Radio-location : terme anglais pour Radar.
Boost : mesure de pression à l'admission : surpuissance.
Strike : mission d'assaut.
Scramble : décollage immédiat.
Pub : public house, bistrot.
Hangover : gueule de bois.
Stand-by : alerte renforcée (prêt à décoller).
Release day ou *day off* : jour de repos.
Bomb line : ligne imaginaire qui détermine la frontière amie et ennemie.
Dog-fight : nom donné au combat tournoyant des avions de chasse.
Hit and run : jeu du touché-barre.

Avions

MESSERSCHMITT 109

Contemporain du *Spitfire*, le *Me 109* reste pendant toute la guerre l'avion de chasse le plus répandu (25 000 environ furent construits) mis à la disposition des escadres de la Chasse allemande (*Jagdgeschwader*) sur tous les fronts :

– moteur en ligne Daimler-Benz de 1 200 CV puis de 1 800 CV.
– armement : 3 canons de 20 mm dont un axial et 2 mitrailleuses légères.

Avion de petite dimension, ayant un habitacle étroit et peu confortable. Le *Me 109* possédait des qualités en vitesse pure et grimpait admirablement. Un train d'atterrissage très étroit et fragile le rendait délicat par vent de travers ou par atterrissage sur des terrains d'opérations mal nivelés.

FOCKE WULF 190

Dès la fin de 1941, sur le front de l'Ouest, le *FW 190* possède toutes les qualités d'un excellent chasseur qui en font pendant un moment un adversaire très dangereux du *Spitfire* – 15 000 à 20 000 exemplaires ont été construits.

De construction entièrement métallique, petit, rapide, robuste ; toutes ces qualités jointes à une extrême souplesse font du *FW 190* un des meilleurs chasseurs du moment.

Puissamment armé de 4 canons de 20 mm à tir rapide et de 2 mitrailleuses lourdes de 13 mm, ce qui représentait, à cause de sa cadence de tir extrêmement élevée, un volume de feu double de celui du *Spit*.

Vitesse de l'ordre de 650 à 680 km/h.

Une deuxième version du *FW 190* est sortie en fin 1943 – identifiée en opérations en début 1944, la modification porte essentiellement sur le moteur qui lui change la silhouette. Muni d'un moteur en ligne de 2 000 CV, les pilotes le surnomment « long nose » (long nez).

Son armement est également modifié et sa vitesse est plus grande (environ 730 km/h) mais la différence technique qui existe alors entre les avions ennemis et alliés n'est plus importante, ce qui fait que le « long nez » n'aura jamais la réputation du *FW 190* première version.

SPITFIRE

Le *Spitfire* n'a pas besoin d'être présenté, il est connu de tous. Sa réputation mondiale le donne en effet comme le meilleur chasseur de la période 39-45.

Il serait inutile de préciser ici les caractéristiques de tous les types de *Spitfire*. En effet, une trentaine de versions différentes furent construites faisant un total de 22 759 avions.

En six années de guerre, ses caractéristiques changèrent considérablement :

– de 100 % en puissance (moteur) ;

– de 40 % en poids ;

– de 35 % en vitesse pure ;

– de 80 % en vitesse ascensionnelle.

Dessiné en 1934 par l'ingénieur anglais R.J. Mitchell, le premier *Spitfire* effectue son premier vol en 1936. Sa vitesse maximale était alors de 550 km/h. Ce qui en faisait déjà l'avion de chasse le plus rapide.

/ LE SPITFIRE MARK V

Mis en service au printemps 1941, il est équipé d'un excellent moteur, le Rolls-Royce 1 150 CV. Son armement s'est amélioré : 2 canons d'aile de 20 mm et 4 mitrailleuses.

Avion extrêmement maniable et rapide pour l'époque ayant cependant un point sensible dû au refroidissement du moteur par liquide. Quelquefois délicat à l'atterrissage à cause de la fragilité de son train et d'une certaine facilité à passer sur le nez.

/ LE SPITFIRE MARK IX

Avion plus puissant, plus robuste, arrive en service en 1942. Équipé d'un Rolls-Royce Merlin 61 de 1 600 CV de 12 cylindres en ligne refroidis par liquide.

Il atteint la vitesse maximale de 650 km/h avec une vitesse de croisière de 380 km/h et un plafond de 13 000 mètres, il devient un excellent outil pour contrebalancer les qualités agressives du *FW 190*.

Il deviendra l'avion de chasse le plus répandu dans le camp allié après le retrait du *Spitfire Mark V*.

Il a été construit à 5 665 exemplaires.

/ LE SPITFIRE MARK XII

Excellent avion surclassant très nettement les autres chasseurs ennemis. Moteur Griffon surpuissant ayant une vitesse de croisière très améliorée et dépassant largement les moyennes jusque-là jamais atteintes. Puissance de feu accrue. Devient un instrument redoutable dans les mains de pilotes expérimentés. Construit en petit nombre (100 exemplaires), seuls, deux *Squadron*, le *91 Sqn.* et le *41 Sqn.*, en furent équipés.

/ LE SPITFIRE MARK XIV

Plus puissant que le *Spitfire Mark* XII (moteur Rolls-Royce Griffon 65 de 2 100 CV), il est l'avant-dernier de la famille des *Spitfire*. Il garde toutes les qualités de ses prédécesseurs (rayon de virage entre autres) et a, en plus, une vitesse ascensionnelle extraordinaire (14 000 m en 14 minutes). Puissamment armé (4 canons), il devient l'ennemi redoutable du *FW 190* qui perd ainsi tous les avantages que lui permettaient le *Spitfire V* et le *Spitfire IX*.

– Vitesse maxi en vol horizontal approchant 800 km/heure.
– Vitesse de croisière : 550 km/heure.
– Plafond supérieur à 14 000 m.
– Armement : 4 canons.

Il fut très largement employé en Grande-Bretagne à la chasse au *V1*.

Construction aéronautique de guerre en Grande-Bretagne

Il est bon de noter que la construction aéronautique anglaise a atteint pendant toute la durée des hostilités (1939-1945) le chiffre record de 131 549 avions (chasse, bombardement, observation et services).

La *Royal Air Force* a perdu en missions de guerre plus de 112 000 officiers, sous-officiers et hommes de troupe, dont 80 400 en opérations aériennes de guerre, et plus de 27 000 avions.

Table des matières

Achevé d'imprimer en juillet 2018 par Pulsio (Union Européenne)
pour le compte des Éditions Heimdal, Georges Bernage, éditeur.